上海宗教文化研究中心资助出版

道悟人生
道家、道教智慧故事

葛壮 ◎ 编著

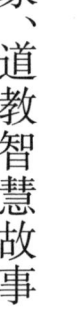

上海社会科学院出版社
SHANGHAI ACADEMY OF SOCIAL SCIENCES PRESS

荐序

葛壮先生刚完成一部新作《道悟人生：道家、道教智慧故事》，嘱我写一个序。葛先生是我的老师，也是老朋友，有了新著，理当祝贺。然而写序一事，本人自忖才疏学浅，唯恐画蛇添足，影响先生大作整体质量，惶恐不安。但是书的内容关乎道家、道教，自然也就斗胆在这里说几句，希望能不辱嘱托。

什么是智慧？这是个深刻的哲学问题，哲学家、教育学家、心理学家、宗教家等，都在参与讨论，会有些不同的回答。道教徒当然也对此有所思考，有自己的见解。

一切所谓智慧都是在人生中面对各种复杂问题时正确判断、处理的能力，也是克服面临困难的计谋、决策。显然，智慧是一种人的综合应变能力。但是，我们理解的智慧，也有与世俗不同的地方。世俗生活中免不了时时面临矛盾，要求随时加以解决。解决这些矛盾，都要针对具体的事与人，即一定的时空场景，要求有具体的对策。我们都希望能够高效地解决问题，也能够规避其中的风险。《道德经》中说"事善能"，就是这个意思。在有些人看来，这就是智慧了。然而，这只是道门中人说的"智"或智能。"慧"，则要求有更高的眼界，更广的视野。那就是在崇敬大道的基础上，一切体道而行，从大道中获取对整个世界、整个人生的根本觉悟，并将它付诸实践。在这些根本问题面前，作出选择，排除困惑。如：世界的本原是什么？人生活在这个世界上，最高的价值或者说终极的意义在哪里？由什么引导我们走正确的人生道路？哪里是我们的安身立命之所？道门中人之所以提倡"和光同尘"，就是要人放下各种计较、机巧之心，定下心来好好体悟大道的真谛。因为道是无形无象的，它生成化育一切，又成为一切的根源、万物化生的规律。古人称"形而上者谓之道"，既入于形而上之境，光凭人的感觉和思虑，不足以体悟，而种种机巧之心，计较之心，肉欲之求，反而会干扰对于大道的体悟。所以，历代高道对于纷纷扰扰的世界，会有冷静、客观的分析，对它的发展趋势能了然于心，能顺势而为采取相应的对策。这样，道教主张的智慧含义，就包括超越性的形而上的层面和生活中的妙计巧思两部分。当然，在实际生活中，这种大慧和临事的智巧，无法完全分开。只是要求把大慧与大智融为一体，而将对大道的追求、体悟放在最高的位置，常说的"尊道贵德""与道合真"，才是一切大智大慧的根本源头。葛先生书中写的一百个故事，有些涉及人生、国家、民族根本关头的判断和对策，也有些是面对身边矛盾的机敏处置。但当中蕴含的是大智与大慧的统一，是人们运用道门智慧的具体经验。

这一百个故事中，有对生死的了悟和坦然面对，也有对于权贵的戏弄，有在纷扰的乱世中对于发展大势的把握和因势利导的教化，有对处于某种困惑中的人们的点拨。从中可以看出，道门讲的智慧与我们的价值引导和道德规范是紧密相连的。这些智慧故事，也都具有劝诫世人、抑恶扬善的意义。如果削尖脑袋去钻营，为了蝇头小利而争逐，损人利己，逢迎拍马，欺上瞒下，机关算尽，虽可以有一时的成功，当事者自以为有智慧，但那其实不过是奸诈阴谋，表面是一时得利，实际上却种下恶果，逃不脱最终的惩罚，天道好还，种下恶果必有所报。那种所谓"智慧"，与真正的智慧南辕北辙，其实是真正的愚蠢。我们支持生活中的各种奇妙对策、巧思精艺，只要能造福于民，都应当肯定。但是我们还要有更高的追求，进一步上升到对世界、人生的体悟，对大道的坚守。至于那些脱离了道德底线、有违公序良俗的算计，素来为道门鄙夷和鞭挞。

上面说的，是平时对于"智慧"内涵的一点思考，也是读了这本书后，发出的一点感慨，权且用之答葛先生之雅意。

是为序。

（中国道教协会副会长、上海市道教协会会长）

2018年11月18日

自序

《道悟人生：道家、道教智慧故事》通过一百则涵盖不同层面的传统的道家与道教故事，向读者展示了中国传统文化的精妙深广和独具魅力的思想；同时，在每则清新脱俗的故事后面，都附有作者个人的参悟与评断。古时高士真人流传后世的道术与道理，历史上不同人物的众生相及其错综复杂的社会人际关系，大千世界的各种奇闻趣事，都透射着先秦道家及后来道教文化的智慧，不乏解读人生真谛的助益之处，由此也尽显了全书的特色。

本书的出版得到了上海宗教文化研究中心（Center for the Studies of Religion and Culture, CSRC）的大力支持。该中心成立于2009年岁末，作为上海市民族和宗教事务局下属的政策研究型智库，旨在借助政、学、教三界资源，运用多种社会科学研究办法，对中国当代宗教问题展开广泛而深入的研究，为政府制定公共政策提供参考依据，促进宗教与社会和谐发展。本书的付梓刊行，即直接受益于中心的鼎力相助。

笔者以为，在当今社会，大力弘扬中国传统文化的重要性不言而喻，经由不同的渠道和途径来展现中华传统文明宝库中的绚丽色彩，包括向社会上大众读者讲述与剖析富有哲理的道家和道教的智慧故事,既是时代赋予我们的历史使命,也是赓续和传承中华传统文化的一种努力,本书的主要社会意义也体现于此。

葛 壮

(上海宗教文化研究中心特聘研究员)

2018年8月

目　录

荐序　　1
自序　　1

石木匠与栎树社神　　1
丑道士给出的选择　　4
河上公教训汉文帝　　7
石人治病的荒唐事　　10
黄粱一梦后的觉悟　　12
高道左慈戏弄权贵　　17
以貌取人的淮南王　　23
权臣王敦怒杀郭璞　　26
三颗头颅合葬同埋　　30
唐明皇的碰壁之辱　　34

罗真人戏耍唐明皇	37
张九哥剪帛化蜂蝶	43
陈抟老祖笑而坠驴	46
陈抟老祖棋定华山	49
管仲参破失驹之事	54
田子方以骄色傲人	56
阳里华子的健忘症	59
齐景公被晏子窃笑	62
酒色之徒驳倒政客	64
晋国郤雍治盗送命	67
赵襄子的忧患意识	69
三计妙用力保楚地	71
公与私的偷盗之别	76
商丘开的高超道术	79
梦境中的错位人生	83
顺应时势才能成功	86
五王爷大战团仔公	89
冯铁丸崂山修道记	94
天师灭蚊手下留情	102
镇山护庙的王灵官	107
两棵罗汉松的来历	113
寇谦之巧遇成公兴	117
四大铁人抗击金兵	123
何仙姑卖药说道理	126

韩湘子给叔叔拜寿	132
李凝阳借尸还魂记	138
邋遢道人巧分银两	143
人心不足泉也倒流	146
神医华佗的真本事	149
华佗诊疗直言不讳	155
触柱身亡的白侍郎	159
桂林城隍误打孝子	162
上海城隍显灵救民	165
城隍借兵击退河神	168
读书郎成为新城隍	170
城隍庙高挂大算盘	173
喝闷酒的城隍老爷	175
魏伯阳炼丹试徒弟	178
从射母鹿到斩妖邪	180
匠石运斤成风之谜	182
食肉终生未必有福	184
孔子领受渔父教诲	187
吴王射杀灵巧猴子	193
云将与鸿蒙的相遇	195
田子方夸师讽魏侯	198
孔子见人一语不发	200
周文王重用姜太公	202
孔子从老子处问道	205

扁子为学生而长叹	210
壶子识破神巫面目	212
子贡邂逅灌园老人	215
圣人与佞人的区别	219
魏王与贤人的对话	221
孔子对颜回的教诲	224
孔子为叶公解烦恼	229
断足者王骀的德行	232
申徒嘉正言驳子产	235
相貌丑陋的大贤者	238
忘却利禄的修心者	241
不受封赏的屠羊说	244
华子与颜阖的故事	246
困厄于陈蔡的孔子	249
为避禅让而投深渊	251
孤竹国的两位贤人	254
神龟托梦难逃一死	256
境界不同的三种剑	258
盗跖怒目斥骂孔子	262
庚桑楚放言论尧舜	269
南荣趎受教于老子	272
鲁国国君供养海鸟	276
真正知晓大道之人	278
黄帝向广成子问道	281

老聃对孔子论仁义	284
士成绮两度见老子	286
田开之谈养生之要	288
齐桓公打猎撞见鬼	290
顺乎水势的泅水者	292
大葫芦与大樗之用	294
颜阖向蘧伯玉求教	296
生死存亡浑然一体	298
临尸而歌的好朋友	301
阳子居受教去骄态	304
徐无鬼慰问魏武侯	306
山木与家鹅的命运	310
一言止杀的丘神仙	312
山中宰相巧画双牛	315
长生术引起的议论	318
费长房随壶公学道	320
未卜先知的逄子康	325
知乱避世的郭文举	328

附录　道教文化所含蕴的地域特色　　333

石木匠与栎树社神

战国时期有位姓石的木匠，人们称呼他为匠石，有一次到齐国去，途经曲辕，看见路边一棵硕大无比的栎树，被人尊为社神。这棵栎树的树冠大到可以遮蔽数千头牛，树干周围有百尺粗，树身高达山头，几丈以上才分出枝杈。此树旁枝中可造大船的就有十多枝。树下聚集的观赏和朝拜者如集市般拥挤和热闹。可匠石走过树旁，却对其毫不在意，依旧脚不停步地向前走去。他的徒弟站在树下看了半天，然后跑步赶上师傅问："师傅，自打我拿了斧头跟随你学艺以来，还从未见过这么高大的树，这么好的木材，你为何连看也不看一眼，脚步也不肯停一停？"

匠石说道："你不必说了，这只是一棵什么用处也没有的散木罢了。用来造船，会沉没；拿去做棺材，很快就会烂掉；做器皿的话，又不牢固；用它做门户，就会流出污浆；用来做柱子，则容易被虫蛀空，实在是无用之材。正因为它无用，所以才会有如此长的寿命。"

木匠回到家中，半夜里忽然梦见栎树神前来，树神对他说："你用什么样的标准来评论我？你拿我和那些文木比较吗？那些梨树、橘树、柚子树之类的都是有用的果树，每年果子熟了，人们就来摘取，摘完了果子，树干和枝叶也被折断、打落而慢慢地枯萎死去了。果树因为它有用而遭受苦难，往往很快地死去而不能享受天年。世间万物有许多灾害都是自身招惹的，我多年来一直寻求无所可用来保护自己，几经危险，才达到今天的境界，这正是我所追求的大用处。如果我也有用的话，还能保证活到今天吗？你我都是上天造就的生灵，怎可以用你的标准来评价我呢？你只是一个将死的散人，又怎知道什么是没有用处的散木呢？"

匠石醒后，回忆梦中情景而恍然大悟，并把栎树之神的话告诉徒弟。徒弟不解地问道："一棵追求无用的树，又为何要成为树神呢？"

木匠叱责道："闭嘴，不许胡说！它只是寄托于做社树，却招来不理解者的批评和指责。倘若它不是社树的话，岂不早就让人们砍倒了吗？这是它为了保全自己而采取的特殊方式，与普通人的看法当然是格格不入的。你用常理揣度它，岂不相差得太远了吗？"

无用之用，乃为大用。被世人尊为社神的栎树，在木匠的评头论足中，竟然成为看似硕大无朋，却是完全无半点用处的"散木"，而且，还要以此谬论来误导徒弟，于是，惹得树神难压心头之火，托梦前去教训那自以为是的"散人"匠石。同时，树神一番"所谓有用者，以其之能苦其一生"的话语，实在也是世上很多自恃聪明才智的人要予以警醒的，拿当下很多人以当大公司的"白骨精"（白领、骨干、精英）就沾沾自喜的情况而论，殊不知，绝大多数人在冠以这些"白骨精"头衔后,将会牺牲掉自己大部分甚至是全部的私人时间和搭上健康的代价。只有不使自己完全沦落到仅供公司或老板利用的境地,以貌似"无用"而不被人过度地役使,才是保全自己健康人生的很好策略。

从另外一个角度来看,匠石长期干木匠活,对树木的材质应该说了然于心,在一般人中间也是跻身于能够识断木材的"专家"之列的,但偏偏这样的"专家"之语,一旦讲错,其谬误产生的负面效应更大。为了不让谬种流传,由其实追求"大用"的栎树出面修理这样一位专家级"散人",并借着梦后觉悟的知错者来教诲尚不开窍的徒弟,实在也是很有意思之事。今人在现实生活中往往也会看到类似的现象发生,有不少所谓的"专家",明明是出于误判的"砖家级"武断之语,却鲜有人指出其谬。其实,是人都会犯错,开口说话也难免失言,倒是不妨学学匠石的榜样,及时觉悟,知错即改,不也是很好吗?

丑道士给出的选择

众所周知,李林甫是盛唐时期唐玄宗朝的著名宰相,也是一个以"口蜜腹剑"而出名的阴谋家,在他为相二十年间,广兴冤狱,诛杀异己,其作为实际上为后来发生在天宝十四年(755)的"安史之乱"预埋了祸根。唐代作家卢肇在《李林甫外传》里,描写了奸相李林甫与世间的高道"丑道士"的两度相见,那能够预知未来之事的丑道士,曾两度点化李林甫。两人的第一次相见,是在李林甫二十岁时。其时,李林甫还没有读过书,不过是混迹于东都洛阳的一个游手好闲的市井之徒。可丑道士却告诉李林甫:"我在人间停留了五百年,只看到你一个人位列仙班,所以,你应该白日飞升成仙。倘若你不愿马上成仙,就可在人间做上二十年的宰相,大权由你一人独揽。你权衡一下到底作何打算,三天后再回答我。"孰料贪恋人间福禄的李林甫,并不愿意急着白日飞升去做仙人,而是甘愿待在人间,做了二十年的宰相。对李林甫这样的选择,丑道士觉得十分可惜。他又警告李林甫:"当二十年宰相,生杀大权都在你一个人手上。你不可做阴毒残忍的事情,而应广积阴德,多救拔世人,这样的话,三百年后你仍然可以白日飞升。"

丑道士还告诉李林甫："你做官的机遇已经来了,快去京师长安吧!"李林甫拜别丑道士后,来到长安,不到十年,果然官拜宰相。只是在爬上宰相大位后,李林甫却完全把丑道士的忠告置之脑后,他施展权术、阳奉阴违、排除异己,可谓坏事做尽做绝。转瞬间,二十年的宰相期限已满,那位丑道士又翩然来到相府,丑道士责备李林甫不听他当年的告诫,故此上天要谪罚李林甫在人间六百年后才可以升天。奸相李林甫想知道自己被上天谪罚后,将会面临怎样的遭遇。于是,丑道士就让李林甫坐在床上安神静虑,然后引导李林甫出门远行,并给李林甫一枝竹竿,作为坐骑,两人穿云跨海,来到一个极其遥远的国度。丑道士告诉李林甫,这里苦差事不少,正是上天发配李林甫受苦受煎熬的地方。然后,丑道士又让李林甫骑上竹竿飞回长安城里的相府。睁开双眼后,李林甫发现自己依旧坐在原来的床上。一代奸相李林甫这才涕泗交流,表示要痛改前非。

古人的小说主旨在于劝喻高居相位的秉政者要做到广施仁政、多积德,否则,作奸犯科害人者必遭天罚。其中,作为两度现身人世的神仙——丑道士,对奸相李林甫的事前忠告,以及事后将李氏带到谪罚现场观看究竟,都含有极大的警示作用,至于李林甫后来的幡然悔悟,显然是作者刻意的美化。因为作者小说中借丑道士之口,点明了李林甫是名列仙籍,将来终究要白日飞升的"谪仙人",所以才会有所谓的痛改前非之表示。

我们姑且不去看奸相李林甫的"慧根"或"仙气"如何,也不奢谈什么善恶因果报应。单就上述故事中丑道士首度出现时与李林甫之间的会晤结果来讲,不难发现,故事中对人性的丑陋所作的巧妙挞伐,实在称得上是鞭辟入里。显然,通晓天机的丑道士一番点明前途的忠告,对其时在洛阳只喜好打猎击毬的混世者李林甫来说,丝毫不起作用,后者根本不在乎什么"白日飞升"为仙这样的永久福报,却很看重那瞬间的宰相权位,这也是对世人往往会觊觎或恋栈那落在自己眼前权力诱惑的最典型之刻画。试想一下,在面对丑道士给出的同样选择时,我们会不会也重蹈李林甫的覆辙呢?恐怕有很多人会说,这绝对像时髦的广告词中所说的那样,是"挡不住的诱惑"。

俗话说得好:权力是暂时的,荣誉是过去的,财富是身外的,只有健康和快乐才是属于自己的。人的一生何其短暂,要想安逸快乐地度过一生,就需要我们去参透人生的真谛,一切顺其自然,甚至要求能够做到抵御权力的诱惑。至少,不去千方百计、劳神费心地追逐那终究会成为过眼烟云的名利地位,也就必然会减少许许多多与之俱来的烦恼、压力和遗憾。

河上公教训汉文帝

西汉初年的河上公,结草庵于河滨,平日里既修黄老之术,还教授《道德经》。这个修道老人在与汉孝文帝刘恒邂逅时的表现,与社会上一般草芥之民那种战战兢兢、诚惶诚恐觐见当朝天子的情景可谓大相径庭。在后来东晋葛洪所著的《神仙传》中,将此场景描述得栩栩如生。

在汉初崇尚道学的风习熏染下,汉文帝个人对《道德经》也是十分欣赏,甚至颁旨,要手下的大臣们都得熟读和精通《道德经》,违者都不让其踏足宫廷台阶。换言之,不如此照办者,即不熟悉老子《道德经》之人,就没有资格过问朝廷的政事。而文帝自己对《道德经》碰到不了解的疑惑处,在周围臣下都莫能解答时,通过侍郎裴楷的上奏,知晓陕州河上有这么一号高人,就专门遣派人向河上公询问过《道德经》的真义。河上公的回答是:"道尊德贵,非可遥问也。"他的回应态度清楚地挑明:你这个做皇帝的如果不纡尊降贵地来登门求教,并执弟子之礼,像《道德真经》这样尊贵经典所包含的精深道理,我是不会轻易授人的。

于是,汉文帝亲自赶到草庵,以请教其详。可河上公还是架子搭足,索性不出来迎迓皇帝一行。河上老人的这种怠慢,让大驾光临的皇帝十分不爽,刘恒遂叫人搬出所谓"溥天之下,莫非王土;率土之滨,莫非王民;域中四大,而王居其一,子虽有道,犹朕民也,不能自屈,何乃高乎?朕能使民富贵贫贱"的说辞,以及强调君民之间的贵贱区别来数落该老人,但河上公却根本不买这个账,他踊身跃起至空中,离地足足有百余尺,并且止住于虚空中,并俯首下视,气定神闲地说道:"我上不至天,中不累及到人,下又不触及地面,哪里还是你的什么子民啊?陛下能令我富贵贫贱吗?"

见状大为吃惊的刘恒,这才察悟到对方是神人,于是下马车,并稽首致谢。在有九五之尊的皇帝施行了如此叩头大礼的情况下,河上公这才将二卷《道德经》的注释赠送给文帝。

以上的故事内容设计,其实颇有深意,贵为天子的刘恒,也只有乖乖地改变了自己原来侮慢老人的态度,才能得到他非常想要的能够解惑释疑的二卷《道德真经》之注释,遑论世间一般的想要获取学问真章的凡夫俗子?至于河上丈人对待皇帝老子的行止,更是有悖于世间的常理。其人先是要求皇帝亲自上门讨教,接着又用那形同"脑筋急转弯"的智能方式,即腾空跃起身子,来回答汉文帝的责问。这绝非普通庶民所能具有的胆魄,只有神仙之辈才会有此德行和胆识。

不过,河上公教训那自以为是的君王,其事本身倒也不乏积极意义:一是让久坐龙椅、日夜沉溺在臣下和嫔妃们的一片阿谀颂赞声中的皇帝品尝到难得的来自仙真的率直"教诲",这对高高在上的统治者而言,实在是有利无害的好事;二是借此可崇仰及推广尊师重道的社会习尚,世人亦可从皇帝的行为中领悟尊崇有道师长的重要性。

中国封建社会向来就是等级森严，官本位的观念更可以说业已渗透到全社会的方方面面。在普罗大众面前，一班衙门的小吏都可以颐指气使，甚至是飞扬跋扈、横行霸道，更别说那高高在上的大官权贵了。而上述享有九五之尊的汉文帝，最后乖乖地领受河上公的耳提面命之事，却显现了人们容易忽略的一个场面，即在汉文帝拿所谓"域中四大，王居其一"的命题来说事时，河上公狡黠地跃至空中，出其不意地用此妙答让刘恒吃瘪，此事也将活神仙河上公的智慧体现得淋漓尽致。面对至尊帝王的诘问，普通人只怕早就方寸大乱地慌了神，哪里还有心思巧舌如簧地作出应对，而河上公却能如此笃定地镇静答复，显然说明在其心目中，并没有太把那皇帝老子当回事。遇见权贵能够镇定自若地不失去自我，是大智大勇者的秉性使然。事实上，那些看似至高无上的统治者，往往会对敢于直言相对的人心生敬意，汉文帝与河上公的接触就是最好的例证。

石人治病的荒唐事

在东晋葛洪所著《抱朴子·内篇·道意》中，曾提到这样一件怪事。据称在汝南彭氏的墓旁，立有一石人。某位农妇去市集去买数块饼，路过此地。当时她就歇脚于树下，并随手把饼放在路边石人的头上。后来该老妇由于匆忙走开，忘记将此饼取走。事后其他行人路过这里时，看到石人头上竟然搁放着可以食用的饼，觉得非常诧异，于是问起个中的缘故。有人想当然地猜测此事，并将此现象解释成该石人有神灵，会治病，才会引来那些病愈者前来用饼祭谢石人云云。

这个穿凿附会的传言，经过人们的口耳辗转相传，到后来更是越说越玄乎。据说头痛者只要摸一摸石人头，腹疼者只需触摸一下石人的肚腹，然后再抚摸自己患病的部位，好像没有不痊愈的。这个神奇的传说越传越厉害。于是，千里之外都有人前来求石人治病。祭祀的物品也由最初的饼变成鸡鸭，又升格为牛羊；还为石人搭起了帐篷，祭祀的弦乐声则连绵不断。如此者竟有数年之久，直到原先那位置饼于石人头上的老妇闻听此事后，向大家告知了事情的原委，这才杜绝了众人前去祈求石人治病的现象。

高道葛洪在该篇中还揭露了其他诸如"桑树生李""骨中得鲍""灵水治疮""马氏诳人""李宽扮仙"等现象,这些事情都与"石人治病"一样,荒诞不经,它反映了当时社会上迷信淫祀现象的泛滥,也揭橥了普罗大众心理上固有的那种盲从或随大流的特征。对民众而言,很多事"宁肯信其有",似乎相信一回这些怪诞之说,对自己也无伤大雅。作为金丹道的重要代表,抱朴子葛洪为此提出,禁绝其时江表地区(今江浙一带)盛行的"李家道",他强调了"药石之效",而反对类似的"祝祭之谬"。

葛洪的这些劝喻,在今天看来,依旧具有一定的垂示作用。其实,类似这样的现象,世人常会碰上。俗话说:"病急乱投医。"不少人在自己或至亲的家属罹患来势汹汹的重病后,往往一时不知所措,也会很轻易地去相信一些江湖庸医的胡言乱语,有的还会被神汉巫婆所蒙骗,或是受到所谓的气功大师能治疗百病的蛊惑,也有的会相信各式各样的道听途说,而对某地的大树、怪石等崇信不疑,认为这些能够为他们解决病魔之灾,等等,有的人面对这样的境况,甚至会方寸大乱,完全没有了自己应该具有的判断与思索能力,从而心甘情愿地上当受骗。这正是智慧缺失的最典型例子。看来,面对那些明眼看上去就荒诞不经的事情,切勿人云亦云地去穿凿附会,或者以讹传讹;只有对万事万物皆去用理性加以分析,才会令"石人会治病"的荒唐事真正绝迹。

黄粱一梦后的觉悟

中国成语中有"黄粱一梦"之句,也有作"一梦黄粱""黄粱美梦"或"邯郸梦"的,常用以形容结果一场空的意思,多带有讽刺的涵义。其出典是唐人沈既济所撰的传奇小说《枕中记》的故事。在有关八仙的传说中,钟离权点化吕洞宾的故事也与此相仿。

《枕中记》的故事大意是:唐开元七年(719),郁郁不得志的卢生,骑着青驹穿着短衣进长安赶考,孰料发榜后名落孙山,不由得更加垂头丧气。在回家的旅途中,经过邯郸古城,在客店里歇脚时,邂逅得到神仙术的道士吕翁(明剧作家汤显祖创作的《邯郸记》,将吕翁改为八仙之一的吕洞宾),倒霉的卢生自叹贫困、前途渺茫。道士吕翁二话不说,即刻取出一个瓷枕头,让卢生枕上小憩片刻。卢生倚枕而卧,马上就进入了梦乡。在梦中,卢生先是娶了美丽温柔的妻子,在仕途上也是前景光明。高中进士后,即升为陕州牧,又升任京兆尹,此后不断地加官晋爵,最后荣迁为户部尚书兼御史大夫,还做到了等同于宰相的中书令,被敕封为燕国公。其膝下的五个孩子也都是高官厚禄,均和名门望族喜结良缘。到老时卢生儿孙满堂,可谓享尽荣华富贵。八十岁时,因生病而久治不愈,最终难免一死。临到断气时,卢生突然惊醒,转身坐起,方知是南柯一梦。他往左右一看,一切如故,那个道士吕翁正坐在自己的旁边,而此时店主人蒸的黄粱饭(即小米饭)还没煮熟呢!

这个故事一直流传到现在。因故事本身奇趣而寓有深意,人们便在邯郸市北面的王化堡村(现名黄粱梦村)修建了一个吕祖祠,因庙内有精工雕刻的卢生睡像,故此该庙又被称为睡公庙、吕仙祠。该庙建于宋,经过历代的修整,现保存至今的是明清时期建筑。它由中轴线上的钟离(前殿)、吕祖(主殿)、卢生(后殿)三大殿,东西行宫和里外院三大部分构成。其中,卢生殿为后殿,殿内有一尊用大青石雕刻的卢生睡像。卢生头西脚东,头枕青瓷枕,两腿微曲,侧身而卧,睡意正酣。刻工精细,惟妙惟肖。石床高二尺、宽三尺、长五尺,与睡像连成一体。北面墙壁上绘有壁画,展现了卢生一枕而睡,一觉而梦,将"富贵荣华终幻因,黄粱一梦了终身"的意境和寓意表现得非常生动。有关黄粱梦的碑碣、匾额颇多,较有代表性的如金代学者元好问为吕祖祠题诗曰:"死去生来不一身,定知谁妄复谁真?邯郸今日题诗者,犹是黄粱梦里人。"

如果说《枕中记》里的卢生在睡梦中的景象还可算是差强人意,那么,八仙传说中的吕洞宾在唐宪宗元和五年(810)的睡梦中展现的另一种境况,却与开元七年的卢生所梦完全不可同日而语了。据说在这年,已有二十一岁的吕洞宾才识过人、满腹经纶。他和绝大多数年轻人一样,怀揣着在科举考试中建立功名之憧憬,梦想着能够在官场上谋取一官半职,以达到封妻荫子及享受人世间荣华富贵的目标。为此年轻的吕洞宾离家而赶奔长安去应试。

吕洞宾一路上晓行夜宿，饱经旅途劳累。一日来到一家客店，在拴马卸鞍进店后，他一眼就看到一个袒胸露腹、披发赤足且相貌古怪的道人。一番交谈后，道人探知了吕洞宾志在仕途，便随手递给其一个枕头，说道："你且睡下，我来给你一个官职，让你可以得偿所愿，以显耀你的门庭！"吕洞宾接过枕头，躺下后竟酣然入梦。在梦中，吕洞宾在殿试中高中状元，接着就是不断晋升，位极人臣，还曾梅开二度，两次迎娶富贵人家的美女，真是一时春风得意。没曾想在四十年后，身居显要的他却犯下大罪，龙颜大怒的皇帝将其罢官抄家，祸不单行的不如意之事接踵而至，最后是妻离子散、家破人亡，只留得其孑然一身，形单影只。穷困潦倒之际，老迈的吕洞宾还要在风雪交加的路途上踉跄而行，突然间又耳闻马嘶人喊，回头但见一队人马在后面追赶不止，意图索取他的性命。吕洞宾被吓得惊出了一身冷汗，这才从梦中惊醒。而此刻在小店中，却是风景依旧，吕洞宾进店前才拴好的白马仍在嘶鸣，那长相古怪的道人则端坐在自己的身旁。

见其已寤，道人哈哈大笑道："我蒸的黄粱还未熟，你的四十年荣华梦可是结束了！"吕洞宾顿时感到其话语中藏有玄机，于是打听缘由。道人答道："只有让你从梦中知晓一心求官的下场，你才会萌生学道的念头。"已经彻然醒悟的吕洞宾不由地喟叹道："真是宦途如梦，红尘俗世不可留恋啊！"说完，他倒身便拜，并求问道人的尊姓大名。这位道人说："我名钟离权，字云房。"言毕悄然不见。吕洞宾知道这是汉钟离在点化他，于是决定放弃去长安参加科举应试的机会，决意养生修道，做一个快活逍遥的活神仙来济世度人。

以上两个版本的"黄粱美梦"故事,前者是落榜的书生在梦中得偿所愿;后者是进京赶考的学子踌躇满志,却从梦中悟道。二者虽有相同的蒸煮黄粱伴美梦之要素,结果却是大相径庭,后者劝人修道的意味更浓。不过二者的共同之处,也都非常清晰地点明了"人生如虚幻之梦"这一主旨,什么荣华富贵、什么官宦仕途、什么封妻荫子,到头来还不是一场空。在两则故事里的道人眼中,世人那追逐名利的种种丑态,都不过是一枕黄粱而已,全变得十分的可笑。

事实上,古往今来,能参破人生中争取名利之谬的人又有多少?在传统中国官本位观念的长期熏染下,即便是现下最赶得上时髦的莘莘学子,哪怕再怎么新潮,也多以投考公务员为目标,似乎"悠悠万事,唯此为大",一个个犹如过江之鲫,都急着寻觅那升官晋职的终南捷径。从进入21世纪以来,我国投考国家公务员的队伍日益庞大,就可见其一斑。诚然,大学毕业后的工作职位是保障人生生活质量的重要因素,尤其是公务员领取的"公仆"薪水,冠以"阳光工资"而名正言顺地比社会上其他行业要优厚许多,更成为时下许多年轻人的觅职首选。但倘若过于蝇营狗苟地去钻营或耽溺于这种追求,且乐此不疲地不能自拔,包括一些在职场中或机关中已经有一官半职的人,还得陇望蜀地想着怎么再设法晋升上去,副科级转正了就想那副处级,副处级到手了又惦记着哪天能再转成正处,正处熬了几年,又要千方百计地去争取"破处",来设法弄顶厅局级的红顶子来戴戴。真的有了厅局级的冠冕,又在心底悄悄萌生了爬到省部级的野心,真可谓欲壑难填!

这些同样的贪欲,在对钱财的渴望上也屡见不鲜,孔方兄的魅力和乌纱帽一样,让多少人都难挡其诱惑!很多人干脆是棺材里伸手——死要钱,不依不饶地将聚敛财富进行到底。如此这般地在"名利"二字上"前腐后继",贪腐的现象屡禁不止,都业已成为困扰我们的社会并积重难返的一种政治顽症和痼疾。

　　如果更多的人在看完黄粱一梦的故事,特别是第二个版本的故事后,能从汉钟离的警世良言中感悟到相对的哲理,能对道人的"枕头"——作为享受名利实质上的象征加以拒绝,不再贪恋那虚幻的东西,而是实实在在地等着黄粱煮熟而果腹饱肚、安逸平稳地过好自己的人生而少点折腾,当然也会减少许多相应的烦恼。那么,不用真的去什么深山岩穴或洞天福地去辟谷、炼丹、修道,只消洞彻了追逐名利、到头成空的道理,一样会对世间很多俗事看得开,从而能更好地调节好自己的情绪,令自己的人生质量得到提高。

高道左慈戏弄权贵

东汉末年的庐江人左慈,字元放。年少时就知晓五经,兼通星纬之术,当时见汉朝气数将尽,天下纷乱四起,不由感叹道:"值此衰运,官高者危,财多者死,当世荣华不足贪也。"于是放弃学经成儒做官吏的念想,改学道术,成就了一身本事,尤明六甲,并能役使鬼神为自己服务。他曾经在天柱山中修炼精思,据说得到石室内的《九丹金液经》,掌握了能够变化万端的本领。

东汉末年的枭雄曹操闻听左慈的名声后,就召其入宫,还专门将左慈关于一密室中,使人守视,并断其谷食,不给他提供口粮,每天只给他二升水,一年后才将左慈释放出来,但见左慈颜色如故。曹操大为赞叹,说:"我还自以为天下没有不吃饭的人呢。"于是,曹操就想师从左慈学道。左慈说道:"学道当得清净无为,不是尊贵之人所适宜的选择。"被拒绝了的曹操恼羞成怒,遂起杀心。

左慈知道不可久留,于是恳求曹操放行。曹操说:"为何你又忽然想到要离去了呢?"左慈挑明了说:"您想杀我,我这才求归去啊。"曹操说:"没有此意,不过先生是一个有高尚志向的人,本来也是不会久留的啊。"曹操还嘱人为左慈设酒践行。左慈说道:

"今当远行,愿求能分杯饮酒。"对此曹操称善而允诺。当其时,正是天寒地冻之际,温酒还尚未热,左慈解下身上的佩剑用以搅酒,不一会儿,就像写字者磨墨时的情形那样,他那用来搅拌酒的佩剑都尽化入酒中。

起先,曹操听到左慈请求分杯饮酒,心里还在思忖左慈应当请自己先饮,然后才以剩下的留给自己饮用,没想到左慈拔簪以划杯酒,酒即中断,一分为二。左慈当即饮用了其中的一半,将另一半交给曹操,曹操顿时感到不快,也就没有饮酒。左慈又乞求自饮之,饮毕,以杯掷向屋栋,那酒杯悬于屋栋摇动,就像那飞鸟在俯仰上下,好似想落下而又不落下,一室之人莫不瞩目看着那酒杯。就在这当口,左慈就像遁地一般已是踪迹全无。曹操再问其情况,下人回报说左慈已回到自己的住处。曹操闻此,更加动了杀机,非要取左慈的性命不可,遂下令宫廷内外都来搜捕左慈。追赶的人明明看见左慈走入一群羊中,却转瞬就看不见其身影,于是怀疑他变化为羊,以致不能辨别其人。追捕的官员只好对羊群说道:"曹公只是想见一下先生,不会为难先生的。"讲完此话后,只见有一只大个的羊,跪下开口说话。官兵们相互说:"看来这只跪下的羊,就是左慈了。"于是又想上前擒拿此羊,不料所有的羊只不论大小都作跪伏状,这下追赶左慈的人也不知左慈所在,只好作罢。

事后有知道左慈住处的人向曹操禀告其下落,曹操立即派遣官吏收捕左慈,左慈不是不会隐身之术,只是有意让人知道其神化的本领,于是故意让追捕者抓获而银铛入狱。狱吏想拷问他,可是屋里有一个左慈,屋外也有一个左慈,都不知哪一个才是左慈的真身。曹操闻听此事后，愈发地嫌恶左慈，于是下令将左慈引出来当街斩杀。不久，有七个和左慈长得相似的人前来，官员收捕其中的六个，却少了一个。没一会儿，刚才的六个"左慈"统统不见，后又见左慈走入市集，于是官府关闭市集东南西北四门而追索其人。或有不识之人问起左慈的形貌长相，传言左慈瞎了一只眼睛，穿着青葛巾单衣，官方称凡有看见相貌穿戴如此人者便可拿获。谁知此时一市中人都是瞎了一只眼睛，身穿葛巾单衣，一时竟不能分辨真伪。曹操又下令全部追逐之，如见到便杀。后有人见到左慈，便砍断其头以献曹操，曹公大喜，可真的拿到手上仔细端详，却只是一束茅草罢了。

有从荆州来的人说，曾看见左慈在荆州出没。荆州牧刘表以为其妖言惑众，和曹操一样，刘表也想把自己看不顺眼的左慈杀掉。左慈对这些当官老爷的心思已然知悉。刘表出行时炫耀兵威，并且想见识一下左慈的道术，左慈则慢条斯理地前去谒见刘表，说自己有薄礼愿用以犒赏军队。刘表说："你只是一个人，我的军队士兵众多，非你个人所能打点得了的。"左慈重新表明了此番意思，刘表于是使人去取物品。左慈有酒一器、肉脯一束，而十多个人都扛不动，左慈就自个上前去取，他以一刀削肉脯于地上，并请一百人来运酒和肉脯到兵营去犒劳士兵。每人各分有酒三杯、肉脯一片，吃喝下去如同寻常的酒和肉脯滋味，有万余人都得到酒肉，而器中的酒却如故，肉脯的数量也不减半分。座中又有宾客数十人，一个个喝得酩酊大醉。刘表见状不禁大惊失色，从此不敢再起杀害左慈之意。

左慈数日后离开刘表，东去进入孙吴境内。当时东吴有个叫徐随的人,也懂得一些道术。此人居住在丹徒。左慈路过徐随家门,其门下有客车六七乘,这些人对左慈扯谎说:"徐公不在。"左慈听罢便告辞而去。徐府的这些门客们见其牛都在杨柳树梢上走动,而刚上树却又不见牛,下了树又看到牛在树上行走,他们又看见车毂中都生出了荆棘,长有一尺,既斫不断,又摇不动。门客们非常害怕,赶紧回报徐公,说:"有一个瞎了一只眼的老者来到门前,我们欺骗了他,说您老不在,此人走后,一会儿就使车和牛都如此,不知何意?"徐公曰:"哎呀,这是左公在愚弄我啊,你们这些人哪里可以欺骗他啊,还不快去追他啊!"这些门客分头前去追逐,等找到左慈,立即一字排开来叩头谢罪,左慈这才消气,于是遣这些人回去。等到他们回到徐府,但见赶车的牛还系在原处,车毂中也再没有什么荆棘了。

　　左慈见到吴主孙权后,孙权素知左慈有道,遂以礼相待和敬重其人。谢送是孙权的侍臣,他知道曹操和刘表都忌讳左慈有惑众的本领,于是也向孙权进谗言,想借孙权之手来杀掉左慈,后趁出游之际,特地叫上左慈同行,并下令左慈走在自己的马前,意图从后面刺杀左慈。而左慈却是穿着木屐,手里拿着青竹杖,非常缓慢地步行,但常保持在马前百步左右的距离,无论谢送是用鞭策马,或操持兵器追赶,终不能追上。谢送这才知道左慈真的是有道之士,自己根本奈何不了他,于是放弃了杀其之念。

　　后来左慈向跟随他学道的葛玄说:"我应当到霍山中去炼合九转丹了。"等到九转丹成,也就成仙远去了。

　　上述出自《神仙传》中关于东汉末年高道左慈的故事,让人读后觉得很有意思。故事中那些不可一世的达官贵人，如"挟天子以令诸侯"的曹操，以及坐拥荆州军事重镇的统治者刘表，都可算是东汉末年社会动荡之际冒出来的政治枭雄，这些人的本事之大，自不待言。但作为高高在上的封建统治者，往往也会有人性上的弱点，那就是十分忌讳拥有自己所不可能掌控之能力的杰出人物，所谓卧榻之旁，岂容他人鼾睡，这种"天下之大，唯我独尊"的心理误区，有时就是独断专行的政治人物难以避免的毛病。不唯左慈多次险遭杀身之祸，历史上著名的曹操杀杨修之故事，不也是因为后者的聪慧，让曹操产生了无比的嫌恶和忌讳的心理，以致杨修这位人中才俊最后惨遭身首异处的命运。无怪乎，人们会有"伴君如伴虎"的说法，就是现在，有的人为了揣摩上级的心思，还真须动足脑筋，活得相当地累。

　　在现代社会中，如果你面对的是曹操、刘表这样的专横和刚愎自用的上司，甚至遭遇到那些孙权的侍臣谢送之类的家伙，专门给你下绊子或设套子，或用现代人的话来说，挖个坑害你，设法置你于"死地"（不是真的肉体消灭）的那些人，倒不妨采用一下高道左慈的做法，直截了当地向对方展示自己的本事，或是教对方像曹操那样难以得逞，或表面上让其耍威风，实际上却是令其本人受到戏弄；或者以自己的本事，让对方买账，像刘表、谢送之流最后自动中辍其念。因为，一味地去迎合对自己有敌意的上司或图谋陷害自己的对手，是无济于事的，人际关系险恶无常，谁能想到有时看似友善的对方会在背后捅你刀子呢？故事中的孙权，也算三国时坐拥江东富庶之地的一代豪雄，相对于曹操、刘表来说，他对待左慈的态度要好得多，但生活中就偏偏会有谢送这样的奸佞小人，他所干的正是名副其实的背后下毒手之事，所幸高道左慈早有所察，孙权的礼待并没有磨灭其应有的警惕。

古语说得好：害人之心不可有,防人之心不可无。左慈这次使用的,还是戏耍曹操时用过的类似道术,让谢送自惭形秽地终止恶念。

总之,"该出手时就出手",必要时敢于亮剑示人,正是个人展现大智大勇的好机会。在公众面前适时地露一手,让持有敌意者不敢小觑自己！或许,这就是高道左慈戏弄权贵的故事留给我们的启示吧。

以貌取人的淮南王

淮南王刘安生平酷爱道术，为此他还常常摆下宴席款待同道的亲朋好友。天下人都知道淮南王有此雅兴，前来求见拜谒的不计其数。某年正月里的一天上午，有八位白发老者驾临王府大门，向门人宣称要参见淮南王。看门的仆人便进府内向王爷禀告此事，没想到刘安一听是八个耄耋老人来求见，就提不起兴趣。人才中年的他，根本不打算见这些垂垂老矣的糟老头子，但又觉得人家大老远地登门造访，直白地加以拒绝，显得有点太不懂礼数，于是，就让看门的下人别用他的名义拒人于千里之外，最好自己设法去打发这些不速之客。

俗话说，宰相家人七品官。看门人知道了淮南王的意思后，觉得心中有底了，于是趾高气扬地回到大门前，向那八位还在等待回话的老人们宣称道："我们王爷喜欢练习长生不老之术，从你们的长相岁数上，就可以猜到，你们这些人恐怕没有这个本领，我也就不敢去惊动我们的王爷了。"说话听声，锣鼓听音。八位老者一听就知道淮南王刘安这是嫌弃他们长得太老，而有意避开不见。于是乎，这八个人在离开后，立刻变化成八个眉清目秀、俊朗脱俗的童子，重新来到淮南王的府邸前，叩打门环求见。这回在接到看门人的禀报后，一听是八位仙童模样的同道前来拜访，素有喜欢接待同道之习惯的刘安可高兴了，他下令赶紧召见来客，并马上吩咐下人准备奏乐设宴等事宜，用了最为隆重的礼节来招待这八位来宾。席间，难抑兴奋之情的刘安，还一边操琴，一边高歌。后人把其遗留下来的歌曲，整理为专门的琴曲，并将此曲定名为"淮南操"。

大凡世人多有厌衰怕老的心理特征，试问有哪个会不喜欢自己的身边始终洋溢着青春的气息，不愿意举目皆是一个个充满健康活力的身影？现代社会残酷的竞争规律，让命运之神一再地将青睐的目光投向年轻人的群体，大众媒体喜好关注的天平也基本上毫不犹豫地向那有着年龄优势的青年人倾斜。这正像流行歌曲中唱到的那样："从来只有新人笑，有谁听到旧人哭？"是故，还有很多人为了在职场中分得一杯羹，不惜"老黄瓜刷绿漆"一般地装嫩，个中的滋味，只消问问那些在政府机关、公司职场中经常要往自己两鬓飘雪的头上焗油染黑的中老年男女们，如果他们愿意作答，就可明白其实有很多人的头发黑漆漆地像铺马路的柏油，大部分是假冒伪劣的化装结果，真正的黑发早已不属于这些上了岁数的人群。

尽管如此，绝大多数的人们还是喜欢将自己打扮得更加年轻一些，原因是什么？相信看了上述《搜神记》中记载的这则故事，答案也就不言自明了。就连修道已经很有些名气的西汉淮南王，尚且未能免俗，看人只注重外表。而以貌取人的毛病，在经过两千多年的时间转换后，不还是像有缺陷的基因一样地不断复制在我们当代人的头脑中吗？刘安在这里的表现，倒并不是什么前倨后恭，因为他并不知道自己接待的八位眉分八采、面如朗星的可爱仙童，其实就是之前被他叫下人给打发掉的那八位皓首白眉、老态龙钟的老者。但事实上，这位有天潢贵胄之尊的王爷还是看走了眼，没有想到自己终究是被神仙们戏耍了一回。

这个篇幅甚短的故事，从两个方面提醒我们在处世时必须表现出来的智慧：一方面，针对人们普遍的视觉感受和由此产生的心理特征，得尽量注意修整好自己的边幅，这也是体现对别人的尊重。同时，将自己尽可能地打扮得年轻一点，有利于自身形象的展示，也可以提振自己的信心，更有利于改善他人对自己的评价。在现代社会的各种竞争中，适当地"装嫩"，应该是无法舍弃的聪明选择。

另一方面，千万不要重蹈淮南王刘安的覆辙，即只看重他人的外表，却不留意其内涵。上述八位仙翁从"吃闭门羹"到"成座上宾"的不同经历，并不是因为其内里掌握的道行和仙术法力有什么改变或增减，他们只是做了改头换面的小把戏，就让贵为淮南王的刘安，不顾宗室贵族应有的尊严而乐颠颠地亲自操琴唱歌，并且自始至终地一直蒙在鼓里，徒然成为历代人们茶余饭后的笑料。

权臣王敦怒杀郭璞

东晋初年,明帝在位期间,时任大将军的王敦兵权在握。此人出身著名的琅琊王氏,与官居相位的堂弟王导两人是一武一文,把持着朝政,以致时人称为"王与马共天下",指的就是位列门阀世族之首的琅琊王氏与皇族的司马氏共同在偏安江左的东晋小朝廷中分享着权势和利益。即便如此,个人野心勃勃的王敦还是图谋举兵闹事,从而达到可将司马氏家族从皇位上掀翻下来,让自己坐上龙椅的目的。

王敦身边的幕僚中,有一个名叫郭璞的文士。此人才高八斗,满腹经纶,见识广博。当时王敦将其起用为记室参军。郭璞对王敦的阴谋诡计一眼就看透了。他对王敦的谋反行止十分不满,故此屡屡进言,隐含讽谏之意,想以此来谏止其事。例如,王敦手下时任大将军掾一职的颍川陈述(字嗣祖)是当时颇有美名的士人,素为王敦所倚重,可没有多久就去世了。郭璞对这位同僚的辞世哭得非常伤心,一边哭,还一边呼号着说:"嗣祖!嗣祖!你这一死还真是焉知非福啊!"他这是暗指陈嗣祖死得是时候,总比不久后有可能顶着叛逆随从的罪名死于兵燹要好些。因为在陈述死后不久,果然发生了"王敦之乱"。可对于郭璞的这些讽喻,王敦就是执迷不悟,他总在盘算着如何早点登上那九五至尊的龙椅呢。一天,大将军设宴,酒酣耳热之际,王敦向郭璞问道:"昨晚我梦见一根巨木直竖而刺破天,不知其意如何?"

郭璞说:"此梦可不是什么吉兆啊,木上破天就是一个'未'字,将军近日遇事,切不可轻举妄动。"

王敦听罢,大为不满。活神仙一样的郭璞这番话,让他暗暗吃惊,脸色顿时难看了许多。因为他知道郭璞其人的道行很深,说话一般多有应验。但大将军还是有点不甘心,就像一个赌输却不服的赌徒一样,他再度下令要郭璞继续占卜。

郭璞摆弄占具完毕后,对王敦说占卜的结果不明。这下,王敦益发不悦,他有意找茬子,便向郭璞问道:"依你看,我的寿命有多少?"

郭璞答道:"将军若是无端地举事,则祸即来至;若将军明智,率兵归回武昌,则寿未可估量也。"王敦听了,很不耐烦地问道:"那你的寿命又是多少呢?"

郭璞脸色不变地回答道:"就在今天的正午时分了。"正是中午时光,被郭璞激怒了的王敦即刻命令武士把郭璞缚绑后推出,在南岗斩首。

几天过去,没想到那前些天已被开刀问斩的郭璞又出现于市集,人们见到他,都纷纷上前与他交谈,或寒暄几句。大将军麾下有亲兵见到郭璞在市集上闲逛,赶紧回府向王敦禀报。王敦闻讯,大惊失色,遂下令开棺戮尸,但打开入土数日的棺材,只见棺中空空如也。此后的王敦终日恍恍惚惚,不知所适。不久,他果真举兵犯上作乱,但与朝廷大军一交战,顿时溃不成军。王敦战败后,发病而死,年仅五十九岁。之后其尸首被戮,还被暴尸于光天化日之下。

中国有句古话说得好,叫作"良药苦口利于病,忠言逆耳利于行"。虽说世人皆知这个道理,但临到自己头上,很多人却不愿意听到和自己主观意愿相背离的话语。有的人身为下属,即便所说的话句句是为着上司的利益着想,但只要是话不投机,即刻会"大祸"临头。东晋初期的权臣王敦和其手下的幕僚,即担任记室参军的郭璞两人之间,就上演了一出下属为向上级进谏而被处以极刑的历史悲剧。古往今来,类似的故事不知发生和重复上演了多少,就连那位在历史上以从善如流而名垂青史的明君唐太宗,不也一度对长孙皇后发过狠话,说自己真想杀掉身边那个经常进谏的"乡巴佬"魏征吗?

由此可见,统治者亦有普通人的七情六欲和心理上的误区,往往对真实的好话是听不进去的,除非下属所言和自己想做想说的正好合拍,方才会觉得受用而入耳。我们仍旧以王敦为例,根据《晋书·王敦传》记载,王敦因为平时荒淫过度,史称"体为之弊",即身体都有些吃不消了,而"左右谏之"的结果,却是王敦很爽快地予以接受了。他表示,此事非常容易办到,于是打开自己的后屋,将婢妾数十人驱赶出来,并将她们全部放行,其金屋藏娇的数量如此庞大,让时人都瞠目结舌。此刻的王敦,扮演的不正是一个全然接受手下意见的聪明人吗?因为他知道自己的身体生理状况出了问题,也知道这与其性生活过于频密和糜烂有关,所以当下属针对这点谏劝时,才会让他动心。而郭璞的谏劝是在给其勃勃的政治野心兜头泼冷水,这却是志在篡夺帝位的王敦根本听不进去的话语,无怪乎他要对不识相的郭璞下毒手了。

被后人尊为风水界祖师的郭璞,是有道术在身之人,所以事先能知道很多身后事,也能准确地预测他人和自己的寿限。更重要的是他还会死后重生,显然,这种神仙本领不是常人可以做到的。当然,为进逆耳之忠言进行谏劝而掉脑袋的事,今人恐怕是很难再遭逢的,但同样的道理依旧摆在那里:有时,向上司呈递中肯的意见,却会给自己的地位升迁、晋职、加薪等带来直接的麻烦,或者自己在领导或老板眼中的印象,有可能从此就被定格为"另类",即俗话说的"不待见",这不啻现下意义上的"杀头"。

再换一个角度来看,如只说人家喜欢听的话,社会上也就没有什么敢于直言和发表谠论的诤友了,整个社会甚至会出现"乡愿"充斥的情形,这同样是不正常的。

看来,为求自保,有些该说的话,我们还真得斟酌再三才能说出口。毕竟,说出去的话,是泼出去的水。在让上司或长辈听从你自以为是"良言"的话语前,不如三思而行,亦不妨先换位思考一下,站在对方的立场上来考虑问题,或许,我们会让生活中各色各样的"王敦"们欣然接纳自己相劝的良言呢。至于听得进去,还是听不进去,就由它去吧。

风水鼻祖郭璞,终因直言犯上而人头落地,类似的历史教训不胜枚举,有什么启示?在如今的中国社会中,人际关系相当复杂,打交道时的话语还需斟酌再三,遑论险象环生的官场,稍不小心,殷鉴不远,像郭璞一般被处以极刑尚不至于,但从此官星陨落,却是不争事实。

三颗头颅合葬同埋

战国时候,楚国有一户工匠,男的叫干将,女的叫莫邪。他们奉命替楚王铸剑,经过三年,才终于煅铸成一雌一雄的对剑。可刚愎自用的楚王却非常恼怒,以为这对以铸剑行家著称于江湖的夫妇是在故意拖延时间来怠慢王命,于是要加害他们。

当时莫邪怀孕期已满,即将临产。干将就对妻子说:"我替大王铸剑,经过三年方才铸成。大王一定十分恼怒,我此去必然被杀。你如果生下的是儿子,长大后让他为我报仇。告诉他,出了家门远望南山,有一块上面长棵松树的石头,剑就藏在石头的背面。"

干将说完,带了那柄雌剑去见楚王。楚王果然大怒,并派人去干将家查看。使者回来禀告:"干将铸了两柄剑,一雌一雄。如今他只是把雌剑拿来交差,雄剑却被他藏了起来。"听了使者的禀报,楚王更加愤怒,于是命令手下立即把干将杀了。

不久,莫邪生下了一个男孩,取名为赤比。等到十几年过去,赤比长成了一个壮实的少年。有一天,他突然问起母亲:"娘,我的父亲在哪里?"

莫邪凄怆地答道:"你父亲为楚王铸剑,经三年才炼成。可大王嫌太慢,发怒杀了你的父亲。你父亲在被杀前曾叮嘱我,说出了家门远望南山,有一块长着松树的石头,石头背面就藏着那把雄剑。他要你用此剑来替他报仇。"

于是,赤比按照父亲的遗言,出家门朝南眺望,看不见有什么大山,却看见堂前松树下横卧着一块大石,就上前用斧子将石头劈开,从中得到了一把剑,这就是父亲干将铸成的那把雄剑。赤比得剑后,日夜想着要报杀父之仇。

远在都城里的楚王常做噩梦,梦见一个少年,两眉分开将近有一寸,手里提着剑,口口声声嚷着要向楚王报仇。楚王心里害怕,于是悬赏千金捕捉梦中之人。赤比听说后,立即离家逃亡。他逃进山里,边走边哭,哭声凄切悲哀。有一过路的术士听到哭声,同情地问:"你还是一个孩子,为什么哭得那么伤心?"

赤比回答道:"我是干将、莫邪的儿子。楚王杀死了我的父亲,我要报仇!"

术士上下打量了他一番,说:"哦,你就是那个少年啊,听说楚王悬赏千金,要取你的人头,你如肯将头和剑交给我,我就一定能为你报仇。"

赤比报仇心切,痛快地答应了,随即拔剑自刎,双手捧着头和剑递给术士,其身体却依然直立不倒。过路的术士为之感动,遂对着无头的赤比说:"我是一定不会让你失望的。"此话出口,赤比的尸体这才倒了下去。术士提着赤比的头去见楚王,一直为此惴惴不安的楚王看见少年的人头,心中大喜。

术士对楚王说:"这是勇士的头颅,只有用沸水煮才会烂。"

楚王吩咐手下照办。结果将赤比的头在沸水中煮了三天三夜，却依然不烂。不仅如此，最后此头还一下子跳到了地上，满脸怒气，两目圆睁。术士见状就对楚王宣称："此人的头煮了三天都还没烂，只有大王亲自上前看着，或许会烂。"

楚王听了术士的话，下令卫士把刚才跳出来的人头重新放入鼎内，自己也从王座上面站了起来，并朝大鼎走去。术士跟在后面。说时迟那时快，术士迅疾如闪电一般地用剑从背后猛地把楚王的头也割了下来，楚王的头颅一下子滚落到了沸水中。而这时，术士也把自己的头割了下来，一样地滚入了盛满沸水的大鼎里。只见三颗头颅在沸水中上下翻滚，不多一会儿就全烂了。被这发生的一幕惊呆了的大臣们，好一会儿才清醒过来，他们急忙上前从沸水中捞出三颗头来，却无从分辨出哪颗是楚王的头，于是只得把三颗头骨与楚王的尸体合葬在一起。所以在汝南北宜春故城境内的楚王墓又叫作"三王墓"。

《搜神记》中记载的这则故事，在鲁迅的《故事新编》中也出现过，其中，复仇少年的名字由赤比改作眉间尺。干将、莫邪是铸剑为生的行家，这对夫妻的名字也是江湖上古剑的名称，常被视作名剑的象征。雌雄宝剑既然花了那么大的功夫制作而成，却偏偏遇上一个专横冷血的君王不奖反惩，实在让人感到不值。但古代的专制统治就是这样黑暗，君要臣死，还不是随心所欲之事。聪明的工匠干将事先已估计到必死的结局，也就干脆不让楚王得到雄剑，而且要妻子告诉遗腹子，将来为自己报仇，故事的内容主要就是围绕着采取何种报仇的方式而展开。

值得一提的是，本则故事中的复仇方式可谓另类，赤比将自己的头毅然割下来用作复仇工具,已经是匪夷所思之事。特别是那位过路术士采用的将三个人头混煮在沸水里,让人难以辨别何者为君王头颅的做法,实在高明。从此,王室祭奠的君王对象,只能是由此三颗头颅来共同分担其身份,让三颗仇雠相向的头颅一起来分享最高统治者才有的葬仪礼遇,这实在是对原本高高在上的王权一种绝妙的讽刺和嘲弄。这样的复仇,远比简单地行刺楚王要厉害多了。

这个故事中还有一处颇为感人之处,复仇少年赤比的刚毅坚忍和那位术士的诚信机智,以及春秋战国时代人与人之间的信任,通过寥寥几笔对话,就相当传神地展现在读者的眼前。面对当下社会中人际关系之间诚信的极度匮乏状况,古人那种即便素昧平生,却是一言既出驷马难追的气概,只怕在当下已难以复制了。这也相应地凸显出时下强调的重建"诚信"价值观的重要性。

唐明皇的碰壁之辱

唐朝的著名画家吴道子被人尊为"画圣",又名道玄。其出生在公元685年前后,卒年不详,古时阳翟人。吴道子生活的年代是唐玄宗李隆基当政的盛唐时代,吴道子个人擅长人物、山水画,更善于绘制佛教与道教的人物。他一生曾创作了大量壁画,有三百多幅。其画技可说是出神入化,达于独到境界。吴道子自己也系神仙人物,得道后易名为道元。

唐玄宗久闻吴道子的盛名,一日召其入宫,道子奉旨进入后宫。拜见后,玄宗就命其作画。吴道子问道:"画何物,画在何处?"

玄宗用手指着一堵白色的墙壁说:"爱卿可在墙上作画,就尽你所能作画吧。"

吴道子向皇上要了几幅白幔,挂在了墙上,又准备了墨浆一桶。但见吴道子用手掀起了挂在墙上的白幔,然后,提起一桶墨浆,用力地往墙上泼去,随后仍用白幔覆盖好。顷刻间就完了事,然后再去拜见唐玄宗。

玄宗问:"所作何画?"

吴道子说:"山水、人物俱有,请陛下观之。"

吴道子命令宫人将白幔撤去,但见原先的白壁上峰峦叠嶂,流水弯弯,林木参天,人物茅舍、奇兽异鸟无不齐具。而且画中还呈现了林风萧萧、树梢摇曳,山坳之间但见炊烟袅袅的盛世景象,真是一派绝妙清幽的天然美色。李隆基对着画满了山水人物的白壁,细细观赏良久,不由大为感叹地称赞道:"宫中画师虽然众多,却都及不上你啊。"

这时,吴道子慢慢地走上前去,指着画中的一处山谷对玄宗说:"陛下知否,此山岩之下有一个石洞,洞中住着一位仙翁,如果陛下有兴趣,不妨叩此洞门,必有人会答应的。"

玄宗根本不相信,当即用手叩之,果然,从洞中走出一个仙童,垂手立于洞侧。

吴道子对玄宗说:"陛下,此洞景致甚佳,今臣先入,陛下可随后而来。"

说毕,道子一跃而入画中,等到抵达洞口时回首,招呼玄宗,玄宗抬起腿来准备走入洞中,谁知"砰"地一下,坚硬的山石把玄宗撞得额痛鼻酸,眼前金星乱冒。原来根本就不能走入其中。正在此刻,吴道子又回过头来笑笑,并径自进入洞中,洞门也就在此刻关上了。玄宗是恼羞成怒,却又不知所措,只好对着令其吃足了苦头的白壁干瞪眼。

这时宫外侍卫疾步奔入宫内,向玄宗启禀道:"画师吴道子已一人骑驴出宫而去。"玄宗闻听后大怒,他再回头看看那墙壁,此刻哪里还有什么山水人物之画啊,自己眼前,仍是一堵白墙而已。

封建社会的历代皇帝都被黎民百姓尊为"天子",但上述出自《明皇杂录》的这则故事,却把有九五之尊的唐明皇尽情地挖苦了一番。确实,没有得道的皇帝,在已经得道的"画圣"眼中,只是普通的凡人一个,最后只能尝到头撞南墙的滋味。至高无上的权力和地位,在这种凭借法术"穿墙入画"的场合,统统变得毫无用处。人生中还有一些东西,也是凭靠着权力、金钱无法获得的,譬如健康,就需要自身不断地锻炼来获得,还要掌握维持健康体魄和保持愉快心情的相关知识,以及养成合理的生活习惯。不然的话,我们在寻求养颜增寿的过程中,亦会遭逢类似唐明皇"穿墙入画"时的碰壁窘况。

罗真人戏耍唐明皇

罗公远又名罗思远、罗公达,也叫罗真人。彭州九陇县人,有人说他是晋成帝咸和年间修道成真的。曾历经隋唐数百年,往来于青城罗川、漓沅一带。

唐开元初年三月,罗真人游于鄂州。这天,鄂州刺史正设宴于园亭,地方上的名流士绅都去赴宴和游园。正在热闹之际,有一位仪容端庄的男子踱着方步而来,其人高八九尺,一身白衣随风飘拂,尤显洒脱。门吏从未见过此人,见其并无门帖,就阻止他入园,因此,发生了争执。此时,忽然有个童子大声叱斥道:"谁让你离开职守来此凑趣,还不速速回府。"

白衣青年回头一看是童子,不再言语,迅即离去。门吏也未见过这童子,就追问他:"你同那个后生是什么关系,来此地干什么?"童子不语。

"你从何处而来,姓甚名谁?"童子依然不语。

门吏见状,大起疑心,于是就拉着童子去见刺史。刺史看是个孩子,就敷衍地问:"你姓甚名谁,来此何干?"

"我姓罗,名公远,刚才看到守江龙出府,就尾随至此。"

刺史以为童子戏言,哪里会相信,又问道:"你讲他是守江龙,那么守江龙来此又做什么呢?"说完,刺史就哈哈地笑了起来。

"你们不要笑,如不是我,这个宴席早就砸了,他是专程来此找刺史比试比试的。"

刺史心里想何必与小孩子认真呢,便说:"你要游园就去游园吧,不要再讲了。再说比试也罢,不比试也罢,未见其形怎么比啊!等它现形我再同它比试。"

"此言当真?"童子正色地面向众人说道:"大人要见真龙,我愿引来相见,各位有兴致的请后天同大人一起在津亭下相会。"童子说完土遁而去,踪迹不见,刺史和宾客们见状都猛然一惊。

隔天清晨,刺史率领幕僚、宾客等一行来到津亭下。不一会儿,只看见童子由江上而来,到了江岸,他蹲在岸下围了一个小长沟,然后引水入沟,招呼刺史等人站立沟旁。众人见沟内别无他物,只有一条五寸长的白鱼沿沟四周游弋,每游一周长大一寸,变到尺许,猛地一挺,跃出沟外,径自游去江中,而且随其游处,是一片烟雨蒙蒙。童子急忙唤刺史、宾客离江岸登上高处的津亭。众人知会有变,逃命似的爬上岸朝津亭奔去。等他们刚上岸没走几步,空中烟雨尽消,黑雾阴霾横地袭来,咫尺之间方向不辨,刺史等众人战战兢兢、颤抖恐惧地紧挨着童子,童子暗自感到好笑。又一会儿,只见雷电交加、大雨如注,江中掀起数丈高的巨浪。约莫小半个时辰,方才雷止雨住,天欲放晴,一个幕僚忽地发现江心有条白龙跃出水面。刺史随手所指看去,果然一条白龙腾空飞起,龙首与云相接,转眼消失于空中。刺史吓得目瞪口呆,半晌无言。

童子揶揄道:"刺史大人要见真龙,见了龙,却又为何如此心惊胆战呢?"

"嗯,这个……"刺史惭愧而又尴尬,不知回答什么才好。

自此之后,童子成了刺史府的座上客,刺史优礼以加。他进府以后,刺史方知他就是罗公远,童子只是其变化的形体,事后以真相现身的罗公远看上去是一派道貌、飘然洒脱。

唐明皇李隆基以好道著称,宫廷中本来已有张果老、叶法善等高道了,但他还是诏令天下,专门访求世上高道。刺史心中不愿罗公远进宫,但又不敢向朝廷隐瞒,为之而游移不决。罗公远理解刺史的心情,安慰他道:"大人不必顾虑,道缘自有深浅,你我固有缘分,然我与皇上也有夙缘。我走之后,你好生修炼,及早归田,不必留恋尘世。"

鄂州刺史无奈,只得向唐明皇推荐。数年以后,他自己果真按照罗真人所言,辞官引退,不知去向。

罗公远进宫后,朝夕与唐明皇、张果老、叶法善等人相处,但他同唐明皇等人并不十分投缘,彼此的关系处得有点僵。

四川剑南有种特产,俗称"日熟子"。一天唐明皇、张果老、叶法善以法术取之,施法后确信午时会到。此时罗公远走进内房,与三人围着丹炉等候送来的"日熟子"。看着午时已到,"日熟子"还没有送来,过了午后一直等到夜晚,仍不见使者送来。张果老、叶法善面面相觑,心中起疑,对唐明皇讲:"莫不是罗君在戏弄我等?"

罗公远微微一笑,将丹炉门打开,从炭灰中拔出一根被火烧得通红的铁筷子。随即使者由空而降,持着"日熟子"来到炉前。见状,叶法善诘问使者,为何延误时辰。

使者说："小神持果而来，刚要进城，骤然城内烈焰弥天，无路可以通过，直到刚才烈焰退去，才能来见诸公。"唐明皇、张果老、叶法善闻言后失色，知道刚才延宕之事，系罗真人作法搞怪所致，故此心中不悦。经历了这件事后，唐玄宗一心想压制罗公远，于是经常要他同张果老、叶法善等其他高道来比试法术，但公远常胜，张、叶屡败，唐明皇就更不高兴。尤其叫他难堪的是，罗公远不管人前人后，还总要微言讽谏，使他这个皇帝下不了台。

这天，唐明皇在宫中要罗公远传授法术。罗公远说："陛下玉书金简已格九清，宜沿袭唐虞的无为之治，继承汉代文景时期的节俭。怎能舍弃威震四海的帝王之尊和万乘之贵，不顾宗庙之重和社稷之重，轻易地去学那种不足挂齿的阘茸小技？如若你真要学我的法术，也必须以齐民、爱民为怀，深入民间。试问天下哪有穿着道服、胸藏传国玉玺的道士呢？"

罗真人拒绝传授法术，唐明皇以为他抗旨，就百般辱骂。公远秉性耿直从不买账，反而是走下台阶，历数唐明皇的过失。唐明皇本来就恼他不传道术，此时又见公远反揭自己的短，于是，怒不可遏地拔剑就劈。公远隐于旗杆里面，明皇就劈旗杆，公远隐于柱子里，明皇又将柱子击为数十块，每块里都有罗公远的身形。唐明皇看硬的不行，就来软的，又求又拜。公远拗不过唐明皇，不得已只好传他隐身法术。唐明皇在罗公远前试炼隐身，每次都灵验。但离开罗真人自练，就像狐狸留尾巴一样，不是衣带露在了外面，就是将裤衩露在外面。唐明皇学不周全，却要耍赖，他怪公远不尽心传授，如此积怨日深，以致他千方百计地要加害公远。公远闻而笑之，不辞而别。唐明皇见罗真人走了，越加愤怒，却又奈何他不得。

几年以后，有个使者叫仙玉的自西川还京，出青城，道上正遇罗公远西行。两人寒暄以后，公远对仙玉说："我曾在晋成帝咸和年间入蜀，栖息林泉以修真为怀。后来听说天子好道，乃舍弃烟霞之乐，来往尘世，欲以至道来教人主、化万民。但皇帝置我于别殿，天天陪他炼灵丹、传法术。我告诉他天下不靖，府库藏辇充血，三田不虚，六气未洁，需修十年方能成道。他却等不及而怀有杀机，这个皇帝竟如此暴虐。我原想严加惩戒，只念他同列丹华之籍，有玉系之旧，姑且作罢。"

说到此，罗真人从袖中取出了一封书信，交给仙玉道："这封书信你拿去给皇帝，上面书我姓名罗公远，乃静真先生弟子。他见此或有所悟，否则只能咎由自取了。"

仙玉接过书信后，罗真人则踏云而去。

作为高道仙真，罗公远对那同列丹华之籍，且对道教十分钟爱的唐玄宗李隆基，其实还是十分客气的。否则，对方欲置自己于死地，岂有不加以惩戒教训之理。虽说也是道教中人，罗真人却以国家百姓为重，并不欣赏李隆基那不顾宗庙社稷的利益，不管自己万金之躯的身份，只是一味地沉溺于炼丹、传习法术的行止。在罗真人看来，皇帝这样做是不务正业。而微言讽谏、直面数落，乃至戏耍，甚至包括传书点化，本质上都还是为了皇帝坐稳自己的江山。只是好道入魔的唐明皇听不进去这些。从开元年间的盛唐，到天宝年间的"安史之乱"，好端端的一个盛世局面，毁于一旦，大唐就此由盛转衰，究其原因，最高统治者唐明皇的昏聩，也是不容忽视的重要因素。故事中唐明皇荒废政事，笨拙地试炼隐身之术的丑态，在法术高明的真人眼里,实在可笑之至。现实生活中我们也经常可以看到一些附庸风雅的达官贵人或巨贾富商,非要在他们不熟悉的学术领域内显摆自己,其实,结果只会像那隐身术学得不周全的唐明皇一样,不免将自己的"裤衩"露在外面,贻笑大方。

张九哥剪帛化蜂蝶

宋仁宗庆历年间,京城汴梁(今河南开封)中有个叫张九哥的,城里人都说他是个有道会法术的人。一日,宋燕王登上高楼,看见张九哥在街上行走,后面跟着一群嬉闹的孩儿。听闻过其底细的燕王便唤人叫来张九哥,问他:"你有道法吗?"

"没有。"张九哥答。

"那你会什么技艺呢?"

"我只会耍一些让人快活的本事。"

燕王听了哈哈大笑,吩咐左右赐酒给张九哥。过了几天,燕王遇见了张九哥,又命手下随从赐九哥一壶酒。

几年以后的一天,张九哥来到燕王的宫门前对门官说:"你向燕王通报一声,说张九哥前来辞行。"

门官小觑张九哥,根本不予通报,张九哥便硬是往里面闯,两下便吵将起来。

那燕王听见自己府邸的门口有人喧哗,就召来门官询问,门官说是张九哥要见燕王,燕王一听,便急急奔出,热情地招呼道:"九哥,九哥。"

张九哥进入宫里，对燕王说："承蒙王爷赐酒给我，过些天我将外出远游，所以特来向王爷告别。"

于是燕王吩咐左右摆酒设宴，为他饯行。

席间张九哥对燕王说："我会一些小技艺，想让大王高兴高兴，可以吗？"

燕王不解："什么技艺呢？"

张九哥便向燕王借锦罗一匹、金剪一把。只见他将锦罗折叠起来，用剪子剪成蜜蜂、蝴蝶形状，不一会儿栩栩如生的蝴蝶、蜜蜂就纷纷从剪下飞出。锦罗剪完，蝴蝶、蜜蜂不计其数。有的绕着燕王的衣袂打转，有的聚集在宫女的钗髻上，更有在庭院中漫天飞舞的。燕王见了，真是又惊又喜。蝴蝶翩翩、蜜蜂嗡嗡，大家高兴地观赏了一阵以后，张九哥说："我还是收了吧，不然要把王爷的锦罗给弄丢了。"随即将蜂蝶一一呼入手中，重新化作锦罗。只可惜锦罗缺了一端，形状恰似一只蝴蝶。

燕王问："这蝴蝶还能回来吗？"

张九哥说："这蝴蝶被宫人捕获，已呼唤不来了。即使能够回复到原物，锦罗仍会留下痕迹的。"

燕王见九哥神力高超，便问九哥，自己能够活多久？张九哥说可与城里开宝寺的佛塔同寿。两人开怀畅饮之后，张九哥起身告辞。

好多年以后的某一天，佛塔遇灾倒塌，也就在这一天，燕王无病而薨。

中国古代的社会向来等级森严，官民之间往往横亘着无形而巨大的沟壑，有天潢贵胄血统之尊的宋燕王却偏偏喜结布衣之交，在历来的王公贵戚中算得上是个另类。他不嫌九哥之低贱，待之以礼，敬之以酒。更可贵的是，他也不像有些追求新奇的达官贵人那样，喜欢向高道刨根问底或硬要对方表演法术，燕王只是请张九哥喝酒而已，别无他求。

到了九哥辞行之日，势力的门官以貌取人，燕王闻听是几年前的白丁朋友造访，竟连忙出门相迎，口中不迭声地招呼着九哥的名字，那种令人倍感亲切温馨的场面，着实让当事人动情。无怪乎，张九哥主动提出表演技艺，用金剪锦罗为道具，变化出活生生的蜂飞蝶舞的画面，甚至懂得道法的张九哥也不顾"天机不可泄"的禁忌，向打听阳寿的燕王吐露今后"塔倒人薨"的生命秘密。这正是所谓"精诚所至，金石为开"的最好写照。我们平时待人，如能做到像燕王那样不分贵贱地交友，发自内心地真诚待人，也一定会取得对等回报的。无独有偶，据史书记载，曾做过孙吴政权丞相的顾雍的孙子顾荣，西晋时与陆机、陆云兄弟同时入洛阳，号称三俊。"八王之乱"时期，在赵王司马伦门下做官，一日顾荣与同僚宴会吃烤肉，发现烤肉者相貌不凡，又露出想吃的样子，就割了点让烤肉者吃了。同座不解，顾荣解释："岂有终日执之而不知其味？"可见他为人还挺厚道的。及至赵王司马伦政争失败，顾荣险被株连，救他的正是当时吃他烤肉之人。

陈抟老祖笑而坠驴

希夷先生陈抟,是五代时的著名高道。他素来就有管理国家的才能和抱负,当初五代的时候,从后梁到后周,封建朝廷像走马灯似的更换。陈抟每当听到一次帝王改朝换代的消息后,在好几天内,都会皱眉蹙额地不开心。有人来问他,他都瞪起眼睛不作任何回答。有时陈抟拿了镜子对着自己照,非常自信地说:"我将来不是仙人就是帝王。"

一天,陈抟骑着毛驴走在长安的大街上,突然遇到两个人,不觉放声大笑,一下子从驴背上坠了下来,口中连连说道:"原来真龙天子还在人世间呐!"

这两个人就是来长安游览,后来成为宋太祖的赵匡胤与他的大臣赵普。

陈抟握着宋太祖的手说:"我们可以一起买碗酒喝吗?"

宋太祖说:"可以,我们与学究赵普先生一起去吧。"

陈抟傲慢地用眼睛斜视了一下赵普说:"也行,也行。"说完就跟随他们一起,走进了一家酒店。到了酒肆,赵普就在酒席的左边坐了下来。陈抟不高兴地一把拉过赵普,训斥道:"你不过是帝王宫殿中的一颗小星星，竟敢坐在上席，可以吗？"说着就将赵普按在了酒席的右座上。此时，陈抟已看出当时还只是后周军官的宋太祖有帝王的迹象了。

后来陈抟带领了数百名品行顽劣的少年到汴州去，半路上听到宋太祖登上皇位的消息，又惊又喜，不觉哈哈大笑。人们就问他是什么原因，他再次哈哈大笑地说："世间从此可以安定了。"并作诗道："鼾鼾睡了四十年，不觉东方日已明。"说完就到华山隐居正式出家当了道士。宋太祖数次起用他，陈抟都不肯出山。认为天下从此安定的陈抟，隐居于深山后，咏嘲风月，笑傲云霞，全然不把红尘世情放在自己眼里。

公元960年，时任后周大将的赵匡胤发动陈桥兵变，黄袍加身，成为北宋开国皇帝。经过南征北战，终于结束五代十国的分裂状况，形成中国历史上相对统一的政治局面。这是值得称道的历史伟业。取自《太华希夷志》的这则故事，背景就与此相关。人称"睡仙"的陈抟老祖口中所称的"世间从此可以安定了"，从这个意义上讲，倒也是很准确的预言。

常言道，人贵有自知之明。故事中的陈抟老祖，才高八斗，学富五车，所以在五代兵燹不断的多事之秋，会自诩有神仙或帝王之相。这种自信，源自对时局的认识，对自己掌握的才识及本领有绝对的把握。可一旦看到生活中还有比自己更符合"帝王条件"的人选，陈抟的反应先是从胯下的毛驴身上坠落，并承认了真命天子是别人，且在人间，接着就是带了几百名顽劣少年要到汴州去参与逐鹿中原的事业，说明陈抟还存有几分政治上的野心，但陈桥兵变的消息让他彻底坚定了修道成仙的念头。有"睡仙"之称的陈抟，明白自己在管理国家方面无法和赵匡胤相匹敌，于是再也不肯离开华山半步，就此与政治无缘。史称其享寿百余年。

　　人生有时也要面临几种截然不同的抉择，自己最适用哪一种人生道路，不仅要仔细思量，更重要的是要对自己有充分的了解。从以睡功名传遐迩的陈抟来看，其练就的高深莫测的睡功，的确是他得享期颐高寿的重要因素。陈抟的睡功诀即所谓"蛰龙法"，亦称"胎息法"，传至后世又衍生为多种多样的内丹修养功。而这些，正是在他离开政治，专心致志地修道后，所作出的对人类探索延长生命奥秘的最大贡献，这同样是可以名垂青史的一番伟业。

陈抟老祖棋定华山

"赢棋定华山"是著名高道陈抟与宋太祖赵匡胤之间下棋的故事,在宋朝以后脍炙人口,并且伴随这座名山一直流传至今。

西岳华山奇峰高耸、山势险要,山上有座供奉西岳大帝的古庙,不远处有一个仙洞,称为"希夷洞",洞中住着一位道号为"希夷先生"的修道者,此即著名的"陈抟老祖"。

这一天,一位小道童奉陈抟老祖之命来到山下,见一红脸大汉昏迷不醒,道童用丹药救醒他后,引他上山来见老祖。而这红脸大汉正是后来的宋太祖赵匡胤。赵匡胤与道童不一会儿来到希夷洞前,见那洞前松柏参天,密密麻麻的枝叶遮蔽日光,甚为优美。一座白石台摆靠柏树旁,陈抟老祖正在与另一位道人对面而坐,用三十二个白玉石棋子论输赢。

赵匡胤的象棋曾压倒汴梁城,此时,他也不由自主地入了迷,静悄悄立于执黑棋者的身后观看。他哪晓得其中奥秘,只见执白棋者将车放在黑马嘴边,诱惑黑棋来吃,以便舍车捉将,准备大获全胜。正待黑棋上当,"吃车走不得!"匡胤在后不知不觉暗打出口,执白棋者用眼角余光将匡胤扫了一下,没有言辞,只顾走棋。

执黑棋者静观思谋,好像听了对方的话而改变了主意,同时也发现了白棋的破绽,便不行马,另出一计"围魏救赵"之策,不出几个回合,反赢了白棋。输家给对方两锭金子,开口怪罪道:"多嘴。瞅不见上面的'观棋不语真君子,看着多言是小人'吗?"

两道人很快摆棋再战,行不多时,只见使白棋者用炮轰对方卒林,当局者迷,旁观者清。匡胤想方设法欲使白棋夺回一局,暗示"发炮不能擒将,反倒自家空虚"。执白棋者炮口急转,挡住马腿,化解双马卧槽的败局。匡胤不知其实人家下棋是设局,专门诱其上钩。

此刻,执黑棋者看了看匡胤,感觉火候已到,便以激将法言道:"红面君子,您在这场所,也太没有棋规,要你不要多嘴,你偏要多嘴。既是这等名手,敢与我下上三盘,才能称得上顶天立地的汉子。"

"那我就与你下上三盘,看你再能小瞧我吗?"匡胤当即应战。

"好,痛快!"一旁的执白棋老者火上加油,说应该有个约定,"不知是赌金子,还是赌银子,先要讲好。"经过一番的讨价,决定每盘彩银五十两,不准赖账。匡胤在白棋老者的位置就座,白棋老者于旁监局作证。赵匡胤执白棋先行,孰料首局即被执黑棋者,也就是陈希夷用弃车法杀败。

首局失利后,匡胤心中甚为不服,想夺回所失银两,言道:"第二局赌一百两,如何?"老祖笑嘻嘻地说:"一百两,好,就依君之言。"二人又把棋子摆好,这盘该老祖执黑先行,他用仙人指路开局,很快又让匡胤缴械投降。

赵匡胤在汴梁城号称"魁首",今到关西连败两局,输掉财帛事小,棋艺不精,难免被人取笑。为了翻本,他决定狠心一博,对老者道:"这盘相赌,将前两局一百五十两合并,我若赢了一同退掉;若您赢了,我照数还您如何?"陈抟笑着说:"三百两彩银也不少,只怕拿不出来,那可是脸面蒙羞之事啊。"匡胤听了这等话,为了翻本,只得忍气吞声。

第三盘本该赢者先行,老祖却有意让给对方。匡胤心中欢喜,起步就想在棋势上压倒对方,使出咄咄逼人的凶悍招数,陈抟却是攻守兼备,用柔克刚;激烈之间,宛如战马奔腾嘶叫,又似惊涛骇浪,一浪胜于一浪。陈抟乘风破浪,连出妙手,至残局时巧妙地运用"千里单骑马巧胜炮马卒士象全",最后直捣黄龙,将死了对方。

匡胤这盘又被老者赢去,而且身边并无财帛,好不懊悔,寻思片刻说道:"老人家,刚才这盘本该我赢,错失一着,不算,若赌银子,重来。"老者闻听后变了脸,大声斥责道:"荒唐,想出哄骗孩童之语,什么事都应光明磊落才是,况且这只不过是棋乎?愿赌服输,君子无更;既然输了,让我们将三百两彩银救济他人,说那无行之语,自己蒙羞不说,反被人家笑谈。"匡胤实无贵重物品,赖也不成,走也不成,只好讨饶道:"我全身上下不值三百两,咋办?"老者说:"别说你那身衣服,就是五爪龙袍也不稀罕;实在没有家产的话,或指一条路,或指一座山,立一张卖契就作罢。"匡胤一听,心想,这老道原来是个痴人,待我混他一混,问明老道姓氏后,赵匡胤随意拿起一块石片,就在峻峭的岩石上划道:

"东京赵匡胤,因无钱使用,愿将这华山一座,言定价银三百,卖与陈姓之业,永无租税,恐后无凭,亲笔卖契于石山为证。"

赵匡胤这一划不打紧,山神土地见未来的真龙天子卖掉了华山,这可是万古千秋之事,谁个不依,忙将白印字变黑。肉眼凡胎的赵匡胤看到也甚感惊奇。他这才感到,面前的陈抟老祖道行实在高深。临别时,赵匡胤执意要行弟子礼,陈抟多次拒之,后被诚意感而应允,又将自己身边多年的"蟠龙棍"与棍法传于匡胤,并说以后自有用处。匡胤感激不尽,说:"仙翁,弟子敢问今后前程吉凶何如?"陈抟早已知晓其会有此一问,遂递一封早准备好的函帖于他,然后与另一老者化清风而去。匡胤捧起函帖细看:"陈抟书奉赵公子足下:适因清闲无事,特邀西岳华山仙翁遣兴下棋……陈桥始基,才得天下兴隆;烛影摇红,便是火龙升运。"匡胤反复思阅,只解前半段意思。其实,函帖已预言了自安史之乱(755—763)二百年后要出现的大治局面。后果真如此,960年,陈桥兵变,赵匡胤黄袍加身,江山一统。匡胤不失前言,免收华山数十里的地税钱粮。

到了真宗时代,皇帝多次遣中使宣召,欲降以爵禄,陈抟称疾不应,真宗认为不给皇帝面子,怒曰:"江山尽属皇朝管,不许荒山老道眠。"陈抟哈哈大笑,叫中使带话:"江山愿属皇朝管,卖与荒山老道眠。"陈抟引中使观看太祖匡胤当年卖山契约,中使转告真宗,皇帝只好依此,再没有惊扰他。陈抟"赢棋定华山"的故事却流传了下来。

虽然还是发生在高道陈抟和尚未当上皇帝的赵匡胤之间的传奇故事,但与上一则故事有明显不同的是,此则故事里的陈抟仙气十足,已经全然没有半点政治上的期许和作为,只是考虑如何从未来天子那里讨些便宜,是故才会设局下棋来赢了赵匡胤,然后让未来的真命天子将整整一座西岳贱"卖"于自己。金口玉言既开,其后赵宋官家也难以奈何得了在华山修道的老睡仙。巧妙地利用对方的身份布局,以满足自己占有华山为永业和免去钱税的利益,陈抟老祖的如意算盘打得还真是地道。

此则故事中的红脸汉子赵匡胤,在乍听陈抟老祖要其指山立契抵银子的建议时,还想当然地以为自己遇见了痴人愚者,毫不犹豫地就以石片作笔,划字据于山岩上,自以为得计。其实,最大的输家终究还是他,毕竟一座华山,岂是区区三百两纹银可以置换得来的?虽说不知者不为罪,此时的赵匡胤还无法探知未来之事,眼前拿不出打赌输掉的银子之尴尬,可以靠这样的看似荒唐的卖山立契之事来解脱,无疑是求之不得的好事。但要知道,天底下哪有什么无缘无故掉馅饼的大好事啊,看似容易得来的好事背后,大多有陷阱大坑等着你跳下去,赵匡胤一条军棍打下四百军州的皇帝梦做成,是不是沾了那条"蟠龙棍"的仙气还难说,至少,贵为天子的宋太祖,在那天下棋后的表现是很蠢的。现实生活中的我们,倘若也遇到类似陈抟老道这样的高人,不妨提醒自己,别轻易为眼前利益所迷惑,人生似棋局,落子之前三思而行,凡事思前想后,总比贸然行事要来得稳妥些。

管仲参破失驹之事

齐桓公打猎,因追逐猎物,迷失方向而误入一个山谷。他看见一位老翁,便上前问道:"此山谷叫什么地名?"

老者说:"这里叫愚公谷。"

齐桓公问:"为什么会叫这个地名呢?"

老者说:"这是出于我的缘故。"

齐桓公觉得很奇怪,便对老者说:"我看老先生的仪容外表不像愚昧的人,为何因你而叫此名呢?"

老者说:"让我来告诉你其中的原因吧。我曾经饲养过一头牛,牛产犊后,牛犊长大,我把牛卖了,又买回来一匹马驹。有个后生少年跑来对我讲,牛应当产牛犊,怎么会产马驹呢,说完他就硬将马驹牵了去。左右的邻居知道这事后,都说我太愚蠢了。所以就把此山谷叫作愚公谷。"

齐桓公听完说:"说你不愚,还真的有点愚,那你为什么要让他将马驹牵走呢?"

第二天,齐桓公上朝,将自己在愚公谷的见闻经过告诉了管仲,管仲急忙整理衣帽向齐桓公请罪:"这个事情是我的过错,假如尧舜盛世，或由皋陶制定法律，应该不会发生随意牵走别人马驹的事情。今天，如果换一个人，遭遇和老者一样被欺凌的情况，他决不会让人牵走属于自己的马驹。老者之所以被牵走马驹，是因为他知道在诉讼中有不正之风，这才会任人牵走马驹。请大王容许我退朝之后就去着手修改律法吧。"

春秋时期有一代贤相之美称的管仲，能够从国君带回来的见闻中参破个中奥秘，即从普通百姓愚公在被人强行牵走马驹后作出的反常之举上，联想到国家的律法制度存在着不完善的弊端，可见其着实有过人的识见。这也正是管仲能振兴国力，让齐桓公成为历史上的春秋五霸之首，帮助齐桓公完成"九合诸侯，一匡天下"之伟业的重要原因。闻过则改，善莫大焉。古人可以如此举一反三，今人同样可以触类旁通。在遇见生活中一些让人感到纳闷和想不通的"怪事"时，我们若能像管仲那样以史为镜地加以比照分析，肯定会对我们解决问题或提高办事效率有所助益。

当然，这个取自西汉刘向所著《说苑·政理》的故事，儒家说教的意味固然很浓，但毕竟处于当时的时代，黄老道家思想的影响在其中也隐约可见，故事中的愚公，应当属于当时隐居山野的修道之人。正像齐桓公看到的那样，其仪容外表不似愚昧，所以，此翁之言，不过是讽喻，让自己讽谏的意思通过说类似的反话来表达，其人智慧亦可想见。

田子方以骄色傲人

魏文侯在攻克中山国之后,匆匆赶回魏都安邑。田子方随从殿后。中途,太子击遇见田子方后,急忙下车,快步走到田子方车前,田子方却纹丝不动地端坐在车上,对他说:"烦你转告君主在朝歌等候我。"

太子击看到田子方态度这样傲慢,还真的有点不高兴。他向田子方诘问道:"不知天下是穷人以骄色傲人呢,还是富人以骄色傲人呢?"

田子方答道:"当然是穷人以骄色傲人咯,富贵者有哪个敢用傲然的态度待人的?国君傲然于人,必亡其国,如今我尚未见到有准备亡国而傲人的君主;士大夫傲然于人,必定会失去其封地采邑,如今我还没有看到准备失邑而傲人的士大夫。穷人没有这些顾忌,如感到有什么不惬意的,会提上鞋跟立刻走人,什么地方没有贫穷啊?所以,我讲穷人会以骄色傲人,富贵的人不敢。"

太子击听罢田子方的这番话,一言不发。他赶上了魏文侯的车骑后,就立刻将田子方的话讲给父亲魏文侯听。魏文侯感叹地对儿子说:"若不是你的缘故,或许我还听不到这些话呢。我用礼贤下士的态度去和田子方交朋友，自从结交之后，上下君臣之间的关系就变得亲近了，许多百姓也远道来归，这些成功的原因在于我能够'知友识士'。就以征伐中山国来说吧，我以武德礼待大将军乐羊，三年后，他就取得了中山国，这是礼遇武将的结果。所以，我见到的只是进取，没有发现凭着个人才智向我傲然施以骄色的。倘若真的让我得到恃才骄矜之人，何愁魏国的业绩赶不上古人呢？"

俗话说："穷人气大。"生活中的不得意和经济上的拮据窘迫，都会让阮囊羞涩者们在心态上产生愤激之情，有时甚至会产生仇富的心理。如上述故事中田子方所说的，穷人没有什么顾忌，也就是俗话中所讲的：光脚的不怕穿鞋的。相对有着各种"坛坛罐罐"怕打碎的富贵人士而言，穷人反而具有富人没有的"骄色"。

不过，细究故事中的意思，其实还是指那些有才干与抱负的寒素清白之士、没有封地和财产的穷人，在智力上、精神上完全可以有恃才骄人的底蕴和本钱，而这正是魏文侯这样的有志向的国君希冀网罗的人才。田子方应当就是属于这类"以骄色傲人"的穷人吧。他回答太子击的一番话和魏文侯后来听闻后的感叹，都表明了"礼贤下士"是很有益处的。我们在现实生活中倘若真的碰上一些恃才傲物之人，与其像太子击最先的反应那样，不问青红皂白地对那些才能与乖张脾性兼而有之者产生排拒，真不如像"知友识士"的魏文侯那样，去虚怀若谷地向那些带有傲然骄色、也有真才实学之人汲取优点呢。

从另一方面来看，站在社会上绝大多数地位低、财产少的普罗大众角度，刘向《说苑·尊贤》中田子方傲然待人的行止，确有值得褒扬之处。正所谓威武不能屈,贫贱不能移,穷人气大,不该是嫉妒和仇富的愤懑之"气",而应当是志向之"气"。穷人也有天赋异禀,那就是自由,堂堂正正地做人,无欲则刚。不在生活中当那阿谀权贵和趋炎附势的小人,那不也是令人感到无比自豪的事情吗?不过,以现在社会强调的情商要求而言,田子方对待太子的态度过于倨傲,不值得效仿。因为尊重他人,也是自己人格的一种展示。凡事过犹不及,如果刻意地去对任何人都傲然相处,只会让人讨厌憎恶。

阳里华子的健忘症

宋国有个叫阳里华子的人,在其中年时,就得了健忘症。他每天清早取了东西,到晚上就会忘记;晚上若是给过别人什么东西,到第二天早晨,就会忘记得一干二净。平时在道路上会忘记行走,到了屋内,他又会忘记就座。现在已经不知道过去发生过的旧事,过后又记不住刚才发生之事。阳里华子的全家老小都为他的健忘感到苦恼。家属去敦请史官来为其占卜,无法应验;请来了巫师专门为他祈祷,同样不见起色;把医生找来为他看病,连药石都攻克不下阳里华子的这种健忘症。

鲁国有个儒生听闻此事后,自称能医治阳里华子的健忘症。阳里华子的老婆与儿女表示,愿意拿出一半的家产来换取鲁国儒生的药方。

儒生说:"这病不是卦兆就能占验出来的,也不是靠人祈祷可以驱除的,更不是用药石能够攻克消除掉的。让我来试试看,是否可以感化他的心境,改变他的思虑,或许可以治疗他的病吧!"

于是,家属按照儒生的要求,把阳里华子放到露天受冻,当感到冷了,他就要求给加衣服;又不给他吃饭,阳里华子饿了,就求人给他吃的食物；阳里华子还被家人关在暗处，当他觉得受不了时，就要求光亮。到这时，儒生就很高兴地告诉华子的儿子："这种病已可以治好，不过我的方术是保密的，世代家传，从不告人，你得替我屏退华子身边之人，让我单独和他在屋内住上七天吧。"

阳里华子的家人听从了儒生之言，可并不知道其葫芦里卖什么药，谁都搞不清儒生在屋里搞些什么名堂，总之，阳里华子多年所患的健忘症居然就一下子被根除了。

阳里华子恢复记忆后，脾气竟然是暴戾万分，整天不是怒骂老婆，就是惩罚儿子，甚至手拿干戈来追逐驱赶那鲁国前来给他治病的儒生。宋国的老百姓们见其性格狂躁得实在离谱，就动手制伏了阳里华子，并责问他为什么要这样恩将仇报。

阳里华子说："以前我健忘时，头脑在一片空白的渺茫空旷中，根本不觉得天地是有还是无。现在却让我一下子回忆起所有的往事，几十年下来的存亡、得失、哀乐、好恶，纷纷乱乱，全都涌上心头。我恐怕将来的存亡、得失、哀乐、好恶同样会像今天这样来扰乱我的心，即便我再想要有片刻的工夫来忘记这一切，难道还能做到吗？"

子贡在听到此事后，觉得非常奇怪，就把此事告诉了孔子。孔子说："这里面的奥妙不是你能了解的啊！"说罢，孔子掉转头，要自己最满意的高足颜回记住这件事情。

出自《列子·周穆王》的这则故事，里面主人公阳里华子虽人才到中年，却罹患了健忘症，其症状酷似现代社会人们十分担忧的阿尔茨海默病。按照常理，那位从邻近鲁国来的儒生用祖传的方术医治好病人，后者应该感激涕零才是；华子的家属事先表示要以一半家产换取药方，宋国的百姓事后将华子抓住询问其暴怒狂躁之因，都是基于这样的考虑。可偏偏阳里华子不这样认为，他觉得健忘让自己可以处在空白渺茫的澄净状态，乃至天地的有无都可以感受不到，而让纷乱的俗事杂念充斥于脑中，反而是件痛苦的事情。

　　阳里华子的说法看似荒诞，其实有一定的哲理。鉴于种种心理活动都与人的意识、欲念及联想紧紧相连，以致会引发无穷无尽的烦恼。所以重视养生的道教人士就提倡"不思"和"坐忘"，所谓"道不在烦，但能不思"，"不思"二字实为彻底排遣各种心里烦恼的最佳方法。现代人生活节奏之快和工作压力之大，远非古人可以比拟。要做到不思、坐忘，无异于天方夜谭，也无此必要。但尝试着时不时地有意让自己忘却一些纷扰的俗事，还是可以做到的。倘若在人生逆旅中，每个人都会遭逢的衣食之忧、声色诱惑、胜负计较、得失盘算、荣辱考虑等，有短暂的片刻统统可被置于脑后，"不思"当然也就"不烦"，而"心不劳"的结果，对形体的健康自然也会有益处。

齐景公被晏子窃笑

齐景公游览牛山，该山的北面正邻近他的国城。齐景公看到秀丽的风貌，很有感触，乃至痛哭流涕地说道："美哉！我的国家！草木茂盛，古人为何要一个个离开这个国家而死呢，再假如古人都不死的话，我将离开这里而到什么地方呢？"

身边的随从大臣史孔、梁丘据听了后，也都跟随着主公哭泣起来，他们说："臣子依赖大王的赏赐，腐烂的肉，只要能得到的就吃；低劣的马、不平的车，只要能得到的就乘，就是这样。我们还不想死呢，何况你是国王啊。"

晏子一个人却在旁边暗自发笑。齐景公揩干了眼泪，面向晏子说："我今天游览，觉得很悲伤，史孔和梁丘据也都跟着我流泪，你却一个人偷偷发笑，为什么呢？"

晏子回答："假使贤明的君主能够长久地拥有自己的国家，那么太公、桓公就会长久地拥有这个国家了；假使勇敢的君主能够长久地拥有自己的国家，那么庄公、灵公就会长久地拥有这个国家了。这么多君主都将拥有这个国家，那您现在就只能披着蓑衣、戴着斗笠站在田地之中，一心只考虑怎么干好手中的农活了，哪里还有闲暇去想到死呢？您又怎么能得到国君的位置而成为国君呢？就是因为他们一个个成为国君，又一个个相继死去，才轮到了您，您却偏要为此而流泪，这是不仁。见到不仁的君主，又看到阿谀的臣子，我见到这两种人，所以才独自偷笑。"

齐景公听后自感惭愧，就举杯自罚，同时又罚两个臣子各两杯酒。

晏子使楚的故事世人皆知，其智慧也由此名垂青史。但晏子窃笑齐景公和那两个佞臣的故事，知道的人恐怕就要少了许多。齐景公的可笑，在于其喟叹和伤感实在是毫无道理，以致作为臣子的晏婴也忍不住要指责其国君的"不仁"了。而更可笑的是那两位跟着主子作哭泣状的佞臣，如此无病呻吟地在那里惺惺作态，难怪要遭到晏子的嗤笑。

生活中，我们也经常会见到有人莫名其妙地发些无谓的感叹，但就因为其身份地位放在那里，言不及义的话语居然也就带上了权威性的印记，也就真有那么一些阿谀奉承之辈，会让人发笑地附和。碰到这样的场面，如简单地袭用晏子的态度，丝毫不给面子地指出对方言谈举止中的欠妥之处，显然有唐突之嫌。但至少我们可以从引自《列子·力命》的这则故事中看到齐景公和史孔、梁丘据君臣三人的可笑状，尤其是以后两人为前车之鉴，少一点奉承拍马，多一点做人的尊严，至少可以像晏子那样暗自偷笑，反而有可能赢得如齐景公那样有权威者的尊重。

酒色之徒驳倒政客

　　子产任郑国的宰相,掌握了国家的政权。三年之后,好人服从他的教化,坏人害怕他的禁令,郑国得到了治理,各国诸侯都害怕郑国。子产有个哥哥叫公孙朝,有个弟弟叫公孙穆。公孙朝嗜好饮酒,公孙穆嗜好女色。公孙朝的家里,收藏的酒达一千坛,积蓄的酒曲堆成山,离他家大门还有一百步远,酒糟的气味便扑鼻而来。在他沉迷于酒菜而荒废正事的日子里,全然不知道社会时局的安全与危急、人们的悔恨与宽宏、家业的大小有无、家族的远近亲疏、生死存亡的悲哀和喜乐,即使是水火兵刃一齐出现在他的面前,他也一概都不知道。公孙穆的后院并列着几十个房间,里面都住着精心挑选过的年轻美貌女子。在他沉湎于女色的日子里,公孙穆排除与一切亲戚的往来,断绝了与所有朋友的联系,自己躲到了后院里,不分昼夜,三个月才出来一次,就这样他还觉得不惬意。但凡发现乡间有美貌的处女,他就一定要用钱财把她弄来,托人做媒并引诱她,必须到了手后才会罢休。

　　作为亲兄弟,子产日夜为他俩忧愁,于是悄悄地到邓析那里去讨教对策。子产说:"我听说修养好自身后可推及家庭,治理好家庭然后可推及国家,这是说从近处开始,再推广到远处。我治理郑国已很成功了,而家庭却混乱了。难道是我的方法错了吗?有什么办法可挽救我这两个兄弟呢?"

邓析说:"我对此事也奇怪很久了,只是没敢先说出来,你为何不在他们清醒的时候,用性命的重要去晓谕他们,用礼义的尊贵去诱导他们呢?"

子产采用了邓析的话,找了个机会去见两位兄弟,告诉他们:"人比禽兽尊贵的地方,在于人有智慧思虑。智慧思虑所依据的是礼义。成就了礼义,那么名誉和地位也就来了。你们放纵情欲去做事,沉溺于嗜欲,那么性命就危险了。你们听我的话,早上悔改,晚上就会当官得到俸禄了。"

公孙朝和公孙穆说:"我们早就懂得这些道理了,做这样的选择也已经很久了,难道要等你讲了以后我们才会明白吗?人生难得一遇,死亡却容易到来。以难得的生存去等待容易到来的死亡,还有什么可考虑的呢?你想尊重礼义,以便向人夸耀,抑制本人性情以招来名誉,我以为这还不如死了为好。为了要享尽一生的欢娱,饱尝人生的乐趣,只怕肚子破了不能放肆地去喝酒,精力疲惫了不能放肆地去淫乐,没有工夫去担忧名声的丑恶和性命的危险。而且你以治理国家的才能向我们夸耀,想用漂亮的词句来扰乱我们的心念,用荣华富贵来引诱我们改变意志,不也十分鄙陋而可怜吗?我们想进一步地和你辩论一下,善于治理身外之物的,外物未必能治好,而自身却有许多辛苦;善于调理身内心性的,外物未必混乱,而本性却十分安逸。以你的能够治外,那些方法可以暂时在一个国家内实行,却并不符合人的本心;以我们善于治内,这些方法可以推广到天下,君臣之道也就用不着了。我们经常用这种办法去开导别人,没想到你却反而要用你的办法来教育我们吗?"

听了两位兄弟的一番言论,子产感到茫然,无话可说。过了些天,他把这事告诉了邓析。邓析说:"你同真人住在一起,却还不知道他们,谁说你是聪明人啊?郑国的治理不过是偶然的,并不是你的功劳。"

在历史上,公孙三兄弟中的子产享有鼎鼎大名。这个受孔子推崇的政治家,在两位沉溺于酒色的手足面前,竟会笨嘴拙舌地无言以对。子产用来劝诫兄弟的说辞,是那样地苍白无力。古人常以"修齐治平"来作为勖勉之词,儒家思想也大多崇尚有为和积极向上,子产的成功似乎印证了这点,他在对话中也曾据此对兄弟加以晓谕和诱导。但另两位更善于治内和修身养性,且懂得享受生活的快乐,故此双方不同的价值观在碰撞后,只能出现"鸡同鸭讲"的效果,很难用今人的眼光来评判孰优孰劣。但公孙朝和公孙穆两位活在当下,及时行乐的行止,倒也符合道法自然、率性求真的理念。从这个意义上讲,邓析最后对这两位冠以"真人"的名号,及他对子产的批评,多少体现了对前者的肯定。历史上邓析因撰写《竹刑》而被子产杀了头,后者的铁腕和严苛,也可见一斑。与这样的政客相比,两位"真人"要可爱多了!

晋国郄雍治盗送命

晋国苦于强盗太多。有一个叫郄雍的人,能看出强盗的相貌,单靠看他们的眉目之间,就可以得到他们的真情。晋侯叫他去查看强盗,千百人中都不会遗漏一个。晋侯大为高兴,告诉赵文子:"我得到一个能人,全国的强盗就都没有了,何必要用那么多的人呢?"

赵文子说:"您依仗窥伺观察而抓到强盗,不但强盗清除不尽,而且郄雍一定会不得好死。"

过了不多久,一群强盗商量说:"我们之所以会穷困,就是因为这个郄雍。"于是共同抓获并残杀了他。

晋侯听说此事后大为惊骇,立刻召见了赵文子,告诉他:"事情果然像你所说的那样,郄雍死了。但收拾强盗可以用什么方法呢?"

赵文子说:"周时有俗话说:'眼睛能看到深渊中游鱼的人会不吉祥,心灵能估料到隐藏着的东西的人会有灾殃。'况且您要想没有强盗,最好的办法是选拔贤能的人并重用他们,使上面的政教清明,下面的好风气流行,老百姓有羞耻之心,那还有谁去做强盗呢?"

晋侯采纳了赵文子的建议,任用了有贤德之心的随会来主持国家政事,这样,强盗们在晋国没有了立足之地,便都跑到秦国去了。

晋侯只重视用郤雍的过人本领来抓捕强盗,并由此得出何必使用众多官吏从事吏治的结论,显然是非常不靠谱的谬论。而且这样片面地依赖个别人的能干,不是通过完善国家机器,强化吏治效果的做法,对于肃清盗贼猖獗现象而言,不啻治标不治本。只有赵文子的建议切实可行,选贤任才,整肃政治,使民众有耻于为盗做贼,才能根治晋国的弊病。

至于治盗功臣郤雍个人的悲剧,则在于其人过于显摆自己的特殊才能,如果他能更多一些藏拙的本领,或许就不会受到晋侯如此的青睐和擢拔,更不至于就此搭上个人的身家性命。昙花一现地在政治舞台上亮相,最后换来的是死于非命,实在是亏大了。

赵襄子的忧患意识

赵襄子命令家臣新稚穆子攻打翟人，取得了胜利。新稚穆子还乘胜进占了左人和中人这两座城池，派传递公文的人去向赵襄子报捷。此时正逢赵襄子在吃饭，听到捷报，赵襄子的脸上却露出了忧虑之色。手下人见状，觉得大惑不解，忍不住开口问道："一天工夫就攻取了两座城，这是人们听到都会高兴的事啊，怎么现在主公却面露忧色，这是为什么呢？"

赵襄子缓缓地答道："江河涨潮时，最多也不过三天就会退去，暴风骤雨不能整日里下个没完，日正中天到正午最旺时也不过停留片刻工夫。现在我们赵氏并没积下多少德行，却一天里就攻下了两城，只怕灾难就快降临到我头上来啦。"

孔子听闻此事后就说："赵氏要昌盛发达了！"

忧虑担心是转为兴旺昌盛的原因，兴高采烈、得意洋洋便是种下了败亡的祸根。取得胜利和成功并非难事，能保持胜利成果，才是很困难的。贤明君主懂得这个道理，并以此来维持胜利，所以才能使他们享有幸福并延及子孙后代。齐、楚、吴、越等诸侯强国都曾经取胜过，然而终究走上了灭亡之途，原因就在于他们的国君不明白这个保持胜利的道理。只有知晓和掌握这种道理的君主才是能做到保持胜利的人。

孔子的力气之大,能扛起城门上的闩闸,可他不肯以力气来向世人夸示自己。墨子能制定防守策略来对付公输般的进攻,让对手折服,但他也不愿以自己善知兵法而名传天下。因此,善于保持胜利的人往往视自己的强大为弱小。

同日之内连拔两城,听闻捷报不喜反忧,无怪乎手下人要对赵襄子之举感到大惑不解。可圣贤之人如孔子者,却对赵襄子流露忧患意识的话语大为嘉许,并预测了赵氏将来要鼎盛的结果。素来不语"怪、力、乱、神"的孔子发此推断之语,也在于他充分明白水满则溢,月满则亏的道理,知道乐极生悲,否极泰来的法则。

至于上述故事末尾提到孔、墨这样的圣贤,在生活中不愿夸示自己的才干,也恰恰表明了其人深谙"柔弱胜刚强"的真谛,当今之人亦可从中看到古代贤人处世低调,不欲张扬自己的那种性格特征与人格魅力,从而加深对自身性格的省察。反观时下的职场和机关单位的环境中,包括媒体网络上,性格张扬的年轻后生们多以彰显自己的才艺为时髦,似乎不这样,未免太老土和吃亏。也许,《列子·说符》的这个故事,可以令我们得到有益的来自道家学说的启迪:凡事别高兴得太过分,做人有时不妨低调些。

三计妙用力保楚地

楚顷襄王为太子之时,作为诸侯联盟的人质而被扣押在齐国。其时官拜楚国太子少傅的慎到,即慎子也随从而羁留在齐国。数年后,楚太子之父怀王去世,楚太子辞别齐王,想归国即位。齐王见状,有意挟持。他对太子说:"你要回到楚国,我可以放行,但条件是你要答应割让楚国东面五百里地给齐国,如不同意,我就不放你回国登基即位。"

太子说:"我有师傅,请允许我回宅去向师傅请教。"齐王准允,太子回到住所,就同师傅慎到商议。

慎子说:"献地给齐国,是为了身体不受到齐国的羁押;如果舍不得划地,会依旧被留在齐国,而不能回到楚国去祭奠追悼亡父,这是不义之举。依臣之见,不如先答应齐王,就将楚东五百里之地划让给齐国吧。"

太子听从了师傅慎到的这个意见后,跑去见齐王,表示同意将会敬献楚东五百里地。随后,齐王也放楚太子返回楚国。

太子归楚后即位为王。齐国也迅即派了使者,有车五十乘,来取东地于楚。楚顷襄王告诉慎子:"齐使来求取东地,当初是不得已而为之,如今齐国来要求履约,怎么办呢?"

慎子说:"大王明日召见群臣,就听听他们都有些什么良策妙计吧。"

次日,楚顷襄王在早朝上公布了此事,然后下令要群臣献计。散朝后,上柱国子良求见。楚王对子良说:"寡人当初在齐国为人质,为了回楚国料理先王的丧事和面见群臣,归复国家祖宗的社稷,曾以东地五百里答应齐国交换人质的条件。如今齐国令使者来向楚国求地,那可怎么办?"

子良说:"大王不可不给齐国土地啊。大王是亲口允诺了强大的万乘之齐国,倘若现在否认而变卦不给,就是没有信义,无信的话以后就不可以同其他诸侯联谊约盟。请大王先将地给齐国,然后再图谋攻取索还。将地给齐国,这是信义;日后再攻伐夺回土地,是武德之举。故此,臣主张眼前不如将地划给齐国。"

楚顷襄王听后,并没有作出决断。子良走后,昭常又入王宫求见楚王。楚顷襄王问道:"齐使来求东地五百里,有何办法?"昭常答道:"齐国是乘先王故世之机而胁迫大王的,土地不可给齐国。万乘之国的君主就是以地大为万乘。如今割去东地五百里,都快分去我国的一半了,楚国徒有万乘之号而无千乘之用也,所以此事不可为之。如果齐国一定要强取,臣愿意赶赴前线去坚守国土。"

昭常出宫廷后,另一个大夫景鲤求见。楚顷襄王问道:"齐使来求东地五百里,有何良策?"景鲤说:"不可给其土地。虽然如此,仅凭楚国之力也不能独守御敌。所以,臣请西行,去向强秦讨救兵去。"

景鲤出宫后,慎子入宫谒君。楚顷襄王以三位大臣的主意告诉慎子说:"子良见寡人时说:'不可不给地,先给其地,然后再攻取夺回。'昭常见寡人时称:'不可给齐国地,昭常请赴地坚守。'景鲤见寡人时认为:'不可给齐国土地,虽然如此,楚国又无独守之力,臣请索救于秦。'你看,寡人该用这三人所出计谋中的哪一个?"

慎到回答道:"大王可以全部采纳。"楚顷襄王怫然作色而问道:"你这是什么意思?"

慎子说:"臣请大王就按照他们三个人的方法去做,因为他们的意见都是切实可行的。请大王先派上柱国子良为赴齐的使者,也可比照齐国的礼节,用车五十乘,而去北边向齐使献地五百里;在派出子良的第二天,就派遣昭常为统领军队的大司马,令其驻守楚东之地;在派遣昭常的次日,再派遣景鲤车用车五十乘,向西而行去秦国讨救兵。"

楚顷襄王听了慎子的意见后,十分高兴。他立即派遣子良去北边履行献地于齐之事;在遣派子良的次日,又拜封昭常为大司马,命其往东去坚守国土;同时,又派遣景鲤去秦国索讨救兵。

子良抵达齐国,齐国使者便以兵甲开赴楚东,前去领受其地。业已先期到达,严阵以待的昭常对齐使说:"我奉国君之命,驻守东地,并要与这方土地共存亡,贵国如果一定要依仗武力来强占,我只能将这里的五尺童子到六十岁的年迈老人共三十万民众士卒全部动员起来,以此弊甲钝兵,不惜为国一战。"

齐王听闻手下接受楚东之地受阻,就对子良说:"大夫来齐献地,楚王却又令昭常坚守,这是怎么一回事?"

子良说:"臣只知受命来齐国献地,昭常这是假借君主之命,大王完全可以用兵攻取。"

齐王听了子良的说辞，于是就派遣了大部队，准备前往楚东之地，来征伐昭常，还没有踏上楚国地界，就得知强秦以五十万大军兵临齐国的消息。而且景鲤与秦国将领还谴责齐国说："齐王阻挠楚太子回楚国发丧，这是不仁；又想借胁迫之机来夺取楚东之地五百里，这是不义。齐国今天若是缩甲退兵，倒也罢了；不然的话，我们愿意等待着与齐国一战。"

考虑到单靠齐国军队无法和秦、楚两国的联军匹敌，齐王不由心生恐惧，于是叫子良南归楚国。就这样，楚国三计妙用，没有用到士卒将帅之力，就保住了楚东的五百里土地。

世人都知道"三个臭皮匠，顶个诸葛亮"的道理，上述故事中楚顷襄王在师傅的指点下，利用群策群力的办法，果然巧妙地解决了他刚登位后面临的棘手问题。当然，人多，主意和点子就都多，有时也会让决策者一时难以作出正确的判断。船老大多了会翻船，人多嘴杂很难达成共识。是否要将楚东之地给予齐国，上柱国子良和后面两位大夫的意见相左，而且各自的见解都有根有据，道理充足，若非慎子让楚顷襄王综合三人的应对措施，恐怕刚刚就位的楚王还真的要左右为难呐。

三位楚国大臣的建议虽说都切实可行，但都失之偏颇，不够全面。如采纳子良所言，光为了讲求信义和武德，就把五百里地轻易割让给强大的齐国，岂能再么容易地夺回来？而相信昭常和景鲤之语，派军队坚守领土或是敦请强秦救兵，固然可以应对强齐占地之举，但作为大国之君言而无信，在道义上和诸侯之间的折冲樽俎方面会大大失分，也是不争的事实。可聪明的慎子就是看到了三位同僚意见中的积极可取之处，并按先后顺序来依次实行三个计策，从而在各个环节上都保证了楚国的根本利益不致受到损害。

三计妙用的智慧，实质上就是考量问题的全面性，以及充分吸收来自各种意见的合理因素，包括注意应对解决问题的步骤和前后顺序。举例而言，在采用上述三计时，必须先按照子良的献地于齐的建议去做，这里面还有在外交礼仪上麻痹齐国的作用。若是颠倒一下，先是拒绝献地，径直就去秦国搬救兵，或是在秦军未到之时，早早地开拔楚国部队上楚东之地屯兵驻守，摆出一副决战的架势，只怕齐国在看穿楚国不会践行诺言的本意后，也会先下手为强地大军压境，直接用武力去夺占那五百里楚地了。

公与私的偷盗之别

齐国有个姓国的人非常富有,宋国则有个姓向的人非常贫穷。向氏从宋国到齐国,特地来向国氏请教致富的方法。

国氏告诉他:"我很善于偷盗。我开始偷盗时,第一年就够自用,第二年便很富足,到第三年就家资丰盛了。从今往后,我还要施舍州里乡亲们呢。"

向氏听了非常高兴。但他只听进去国氏关于财富是偷盗而来的话,却没有了解国氏偷盗的方法和道理。于是向氏开始跳墙打洞、翻垣挖壁,凡是手能摸到的,眼睛可以看到的,没有一件不被他顺手牵羊或提溜回去的。没过多久,向氏鸡鸣狗盗的行为便东窗事发,他因为盗窃来的赃物而被问罪,并被连带着没收了先前个人积蓄的财产。向氏认为是国氏欺骗了自己,便跑去埋怨国氏。

国氏问他道:"你是怎样偷盗的?"

向氏就一五一十地叙述了他如何偷盗的情况。

国氏听完后说:"唉!你难道就是这样来理解偷盗的方法吗?现在让我来告诉你吧。我听说天有四时分季节,地有资源利人之处。我就偷盗天时和地利,如云雨的滋润灌溉,山泽河流育养的特产，都被我偷取用来生育我的禾苗，繁殖我的庄稼，夯筑我的围墙，建造我的房屋。在陆地上偷盗禽鸟走兽，在河流溪水中偷盗鱼虾龟鳖，没有是我不偷盗的。这些禾苗、庄稼、土地、树木、禽兽、鱼鳖，都是天生出来的，哪里是我个人所有的啊？然而我偷盗天地物产等东西却没有灾殃。至于金玉珍宝、谷布财物，是别人所积聚的财产，哪里是天给你的呢？你因为偷盗它们而被问罪，能够怨谁呢？"

向氏听罢，觉得十分迷惑，他以为国氏又在欺骗忽悠自己了，于是就跑到东郭先生那里去请教。

东郭先生说："你全身的东西难道不都是偷盗而来的吗？偷盗阴阳中和之气，来成就你的生命，充塞造就你的形体，又何况所有的身外之物呢！哪一样不是偷盗而来的呢？诚然，天地和万物都相互关联，但把它们认作属于自己的而占有，是非常糊涂的。国氏所宣称的偷盗，符合所谓的公道，所以没有灾殃；而你的那种鼠窃狗盗行为，是出自私心，所以会获得罪名被处罚。其实，区别公与私的是偷盗，不分公私的还是偷盗。但把公共的东西视为公共所有，把私人的东西视为私人所有，这是天地的德行。了解天地德行的人，谁是偷盗者呢？谁又不是偷盗者呢？"

"偷盗"一词，向来就被视为贬义词，用来形容那些从不属于自己的地方来获得并占为己有的行为，但出自《列子·天瑞》的这则故事，却叙述了齐国富人国氏堂而皇之地将"偷盗"一词来冠乎自己的求富途径，在其向宋国穷人向氏的介绍中，他还像模像样地把自己的致富结果都说成是拜偷盗所赐。

询问国氏之后还感到困惑不解的向氏在向东郭先生讨教时，后者也把类似的理论阐述了一遍,可见,英雄所见略同。向氏没有搞清楚的,无非是辨识不清公私的区别,虽说都是"偷盗",但取于私同取于公二者不分的话,当然难免刑责。只有达到东郭先生口中所说的"知天地之德者"那样的境界,也就是齐国富人国氏的认识,才能堂堂正正地做人,公开明白地"偷盗",走发财致富之路,这也就是古人常说的,"君子爱财,取之有道"。

在我们的现实生活中,但凡有正常思维和守法兼有公德心和羞耻心之人,都不屑去做向氏那样的偷鸡摸狗之事,更不会去当上门撬窃的职业小偷。可是,谁又会去真正地在乎和关心自己从天地万物那里"偷盗"来的事实和道理呢?不过,知天地之德,就要学会感恩,善待养育我们的大自然,培养起应有的环保意识,就是这则故事给予我们的启示。

商丘开的高超道术

晋国的范氏势力很大,其家有个公子叫子华的,平时喜欢私自蓄养侠客和斗士,全国的百姓都很佩服他。他也很得晋国国君的宠爱,虽然没有一官半职,但其地位却在赵、魏、韩三位公卿之上。凡是有被子华看中和赏识的人,晋国国君就会给谁爵位;如果子华说谁的坏话,国君就会罢免谁的官职。子华家门庭若市,在他厅堂上议事和出没的人就同朝廷上的人一样多。子华叫他的侠客中的智者与愚者互相攻击,强者与弱者互相凌辱,即便是有受伤流血的人躺在他眼前,子华也根本不放在心上。他整日整夜就以此游戏取乐,这种智力的相拼和体力的互搏,几乎成了晋国的一种风气。

禾生和子伯两人都是范家尊贵的上客。一天,他们外出游玩,途中经过荒远的郊野,晚上入住老农商丘开的家里。到了半夜,禾生与子伯两人谈论起子华的名望与势力,说他能使活着的人死去,该死的人却能活下来;能使富有的人变得贫穷,贫穷的人却可以变得富有。商丘开以前一直为饥寒所困迫,此时就蹑手蹑脚地躲到北边的窗下偷听他们的谈话。在听到住客的这番谈话后,就借了粮食,挑着行李到了子华的家门口。

子华的门徒都出身于世家贵族,平时都是身穿绸缎,乘坐高车,走起路来也是踱着四方步,眼睛朝天看的。当他们瞧见商丘开年老体弱、面色黧黑又衣冠不整的模样,没有一个不小瞧他的。他们又是戏弄、侮辱、欺骗他,又是推搡捶打他,简直是无所不为,可商丘开却丝毫没有不高兴的样子。这些门客戏弄人的手段用尽了,直到戏弄、嬉笑够了才作罢。

一天,这些门客与商丘开一起登上高台,人群中有人随口说道:"有人能从台上跳下去的,就奖赏他一百金。"其余的人都装出争着响应的样子,商丘开信以为真,于是抢先一步地从台上跳了下去,形状就像一只飞鸟,飘飘荡荡地到了地上,肌肤与骨骼却没有半点损伤。范家的门徒以为这是商丘开的偶然成功,因而没有觉得太奇怪。于是又有人指着河湾的深水处说:"那水里有宝珠,游下去可以摸到。"商丘开听了,毫不犹豫地又跳到了水里,潜入水底并游出水面后,果然在他手上拿着取到的宝珠。大家这才开始觉得奇怪、讶异。子华这才让他加入穿绸吃肉的上等门客行列。

没多久,范家的仓库发生了火灾。子华说:"你们中间有谁能钻进火中取出绸缎的,我将根据他取出的多少来论功行赏。"商丘开面无难色地钻进了大火中,来回奔跑几次,连烟尘都没有玷污脸面,身体也没有被烧焦。范家的门客们都以为商丘开有什么道术,于是一齐向他道歉说:"我们不知道先生是有道术之人而欺哄先生,我们也不知道先生是神人而侮辱了先生。先生大可以把我们看作笨蛋,也大可以把我们看作聋子,或者把我们看作瞎子吧。我们想冒昧地向先生请教道术。"

商丘开说:"我并没有什么道术。就我自己来说,也不知道这是怎么回事。尽管如此,我还是有一点感受,可以说给你们听听。前些日子,你们中有两位侠客夜宿我家,我听到他们赞誉和夸耀范氏的势力,说他能够使活着的人死去,该死的人活下来,也能使富有的人贫穷,贫穷的人富有起来。我对此是深信不疑,所以才会不怕路途遥远地赶来当门客。我来了以后,又认为你们所有人的话都是诚实可信的,我还只怕自己相信得不够,行动得不够快,根本不去考虑把我的身体放置于何处,也不知道有什么利害关系,只求专心一意罢了。外界物体也不能改变我的诚心和对我有所阻碍,如此而已。如今我才知道你们这帮家伙在欺哄我和整我,于是我内心中就隐藏着猜测与疑虑,外面还要注意各种动静,回想过去自己侥幸没有被火烧焦、没有被水淹死,现在还害怕得心中焦灼痛苦,恐惧震惊得全身发抖。哪能再靠近水火这样的危险呢?"

自此以后,范氏的门徒在路上遇到乞丐和马医这些穷人,再不敢任意侮辱和欺凌了,一定要下车拱手作揖致礼,表示敬意。

宰我听说了这件事后,就告诉孔子。孔子说:"你不知道吗?最诚实真心的人,是可以感动世间万物的。他们可以感天动地,感化鬼神,纵横天下而没有任何阻碍。何止是脚踏险峻山崖,投身出入水火而已呢?商丘开相信了那些假话尚且能够做到不受任何阻碍,又何况你我都是诚心诚意之人呢?你们都要牢牢地记住这点啊!"

在老农商丘开身上,子华及其手下门人的前倨后恭的表现,其实活画了世间一些势利小人的嘴脸。这些家伙后来在听了商丘开的解释后,稍微有所收敛,但做作的姿态依然让人忍俊不禁,又何必在行路时一定要向路上那些乞丐和马医之类即地位低下且无财产的穷人拱手作揖呢?本性不改的家伙,不在诚信、诚心、诚实上下功夫,只是做表面文章,事实上还是无济于事的。

　　与子华手下众多门客截然不同的商丘开,是一个另类,其人行止让人嗟叹,现实生活的残酷和争竞,确实会让一个朴实无华的老农由无惧无畏的诚实汉子变得世故圆滑,这种现象在现在的生活中也比比皆是。商丘开到底有无高超的道术,并非关键,关键在于他以诚信待人,以诚实做人,做任何事情自然就没有挂牵和疑虑,由此可见"至信之人"可被人视为傻子而受到欺侮及捉弄,但个人心中拥有的那份信念所产生的力量之大,也可从商氏那过人的表现上得到印证。孔子最后要学生们牢记于心的就是这点。一旦我们保持诚信待人的优良品质,不也同样具有做一番"动天地,感鬼神,横六合而无逆"的大事业之本领吗?从这个意义上讲,商丘开的高超道术,实质上就是我们现在还经常挂在嘴上的"诚信"二字罢了。

梦境中的错位人生

周朝有个姓尹的人很会经营置产，在他手下服役的人也是苦不堪言，往往要从清晨干到黄昏，都得不到休息。仆人中有个老头已经操劳得精疲力竭，连手脚都不利索了，但他仍然要被主人尹氏不停地使唤。这个老头白天呻吟呼喊着干活，到了黑夜就疲惫地昏昏熟睡。昏睡中，他的精神恍惚散乱，而且每天夜里都梦见自己荣登国君宝座，位居群臣百姓之上，总揽打理一国大事。他还梦见自己在宫殿花园中游玩饮宴，随心所欲地想干什么就干什么，实在是快乐无比。每次醒来后又是无休止地继续服役。有人对其过分劳累感到很同情，于是前来安慰他。老仆役说："人生不过活一百年而已，白天与黑夜就各有一半。我在白天做人家的奴仆，确实很苦；但到了黑夜，我就当上了国君，真是快乐无比。我还有什么可以怨恨的呢？"

姓尹的富豪每天一心经营盘算着世间的俗事，考虑的是置办家业，其人心灵与身体都很疲劳，到了黑夜，也同样地昏沉疲惫而睡。可他每天夜里梦见自己当上了奴仆，而且奔走服役，什么活儿都得干，还要被主人呵斥怒骂，甚至要挨打，可以说什么罪都受。

在睡眠中呻吟呼喊,受尽折磨,一直要到天亮才停止。

尹氏以此为苦,便去询问和请教他的朋友。朋友说:"你的地位足以使你荣耀,你的财产也是多得用不完,超过别人很多很多了。至于你在黑夜里梦见自己做了奴仆,这一苦一乐的循环往复,是符合自然规律的世间常情。你想在醒时与梦中都很快乐,怎么能得到呢?"

姓尹的听了他朋友的话,便放宽了役夫所做的工程的期限和进度,也减少了不少自己每天要苦心思虑的事情,这样,他在每夜梦中所遭受的苦楚,也就都减轻了。

主仆易梦,本来就是怪事一桩,更为怪异的是,居然此梦做起来还没完没了。人的大脑皮层在入睡后并没有停止,应该依循"日有所思,夜有所梦"的道理,老仆役在夜晚依旧沉浸在痛苦中,而富户尹氏则会在梦中照样吆五喝六,颐指气使地做着主子才是。可出自《列子·周穆王》的这则故事偏偏讲述了梦境中人生错位,原来当下人的老仆役,竟然每晚都可摇身一变享受着国君级别的最高待遇,快乐逍遥;而那白天威风八面的主人尹氏却在晚上入睡后,竟然沦为社会的底层,白天自己下人的悲惨境遇,全都成为尹氏在黑夜里难以摆脱的梦魇。

上述故事荒诞不经,当然经不起事实和常理的推敲,但如何看待人生必经的苦乐,却可从故事中老仆役对人的回答中见诸一二。庄周化蝶,人生如梦,梦中再现世间景况,倘若真的有老仆役这样天天可以发清秋大梦来过一把国君之瘾,那的确是求之不得的美事。用梦中的欢乐来麻痹自己白天的痛苦,有时也是不得已而为之的消弭痛苦感受的方法,是故老头会对白天的真实痛苦无怨无恨。只是,这样对待人生的苦乐,毕竟是消极和不足取的,事实上也是不可能的。

  尹氏在难熬梦境中的折磨之后去向人讨教,接着就放宽了自己原先对待下人的苛刻尺度,自身也放下了过多思虑的负担,这下子,果然收到实效,减缓了自己在夜晚的苦楚。尹氏这样的作为,含有一定的积极意味。其实,人生的"错位"不只发生在梦境中,即便我们在当下的生活中,亦可经常提醒自己用"换位"思考的方法来体会他人对待同一件事的感受,这样,对解决问题也许有好处。如尹氏那样,将对人严苛改为对人宽容,过于操心劳神转为适当地省心养神,自然也会改善心境和提振精神面貌,相信当今社会中那些工作十分繁重、精神压力又很大的"上班族"也会从中获取一些益处。

顺应时势才能成功

鲁国的施氏有两个儿子,一个爱好学问知识,一个爱好习兵打仗之事。爱好学问的用仁义学术去劝说齐侯,结果齐侯接纳了他,并任用他做国内各位公子的老师;而爱好打仗的那位到了楚国后,用作战方法去游说楚王,令楚王很高兴,就用他当了领兵的军官。这两个儿子拿到的俸禄,使施氏的全家都富裕了起来,他们获得的爵位则使亲朋好友们感到荣耀。

施氏的邻居孟氏同样也有两个儿子,他们所学的东西也与施氏二子相同,但这两位学文习武的后生却因贫困而窘迫。因为羡慕施氏的富有和地位的显赫,便上门去请教如何获取上进的方法。施家的两个儿子把真实的情况告诉了孟氏。于是孟氏的一个儿子到了秦国,想用仁义学说来劝秦王采纳。秦王说:"现在群雄割据,各国诸侯都在用武力竞争天下,所做的不过是征集兵马与粮草罢了。倘若用什么仁义之说来治理我的国家,便是自取灭亡的道路。"为了表示惩戒,秦王叫手下人对他施以宫刑,并将其驱逐出秦国。孟氏的另一个儿子到了卫国,想以作战的兵法去说动卫侯重用自己。卫侯说:"我国是个弱小的国家,却夹处在大国的胁迫之中。对大国我是顺服,对小国又需要安抚,这才是我们卫国求得平安的方法。如果依靠军事韬略,灭亡离我们也就很快了。今天如果让你保全身体回去,如你到了别的国家,那么对我国就会造成很大的祸患。"卫侯说罢,立即命人砍断了他的双脚,将其送回鲁国。

回家以后,孟氏父子捶胸顿足上门责骂施氏。施氏见状安慰一番后便告知说:"凡是顺应时势的人便会昌盛,错过时机的人就会灭亡。你们所学的道理与我们学到的相同,而结果却与我们不同,这正是你们不合时宜,错过时机的缘故,并不是你们学习的行为有何错误。况且,天下本来就无常理,没有什么事情是长久不错的。以前所用的方法,今天有可能被抛弃;今天所抛弃的方法,以后有可能再使用。这种用与不用,没有固定不变的是与非。抓住机会,适应时宜,处理事情,及时行动,不受固定方法的局限,这就要依靠智慧。如果智慧和谋略欠缺的话,即使博学多才像孔丘,掌握兵法如姜太公,到什么地方不还是照样要碰壁和遭受穷困吗?"孟氏父子一下子听明白了,顿时去掉满脸怨怼之色,连忙向施家人摇手说:"我们明白了,先生就不要再说下去了。"

学以致用是每个莘莘学子在走出校门前都知道的道理,古人留下来的教训告诉我们,能否把自己学到的东西合理地施展开来,换言之,英雄是否有用武之地,实在是非常重要的关键所在。《列子·说符》中的这则故事,提供了学问相同,结果却截然不同的两个例子。施家的两个小子一跤跌在青云里,有幸运之神的眷顾,北齐南楚两大强国的国君欣然接纳了两个学科内容截然有别的人,以致俸禄、爵位接踵而至,让其亲朋好友面子上都特有光彩。

想要效仿的邻居孟家弟兄俩,却真是倒霉到家了,拥有同样的学问,却像投错庙门一般,分别在强秦和弱卫两个国家吃了闭门羹,浩荡的君恩未见领受半点,可怕的宫刑及刖刑却祸不单行地分别降临,与施家截然不同的结果摆在孟家人面前,其当然要产生怨恨心情。施氏的回答倒也实际,看似堂皇的话语,实质上就是点明对方不会看山水,窥方向,从实际出发,投君主所好地抓住机会;而用固定的惯性思维,死脑筋地处理问题,碰一鼻子灰的结果自然难免。所谓的智慧,在这里就是灵活运用,随机应变信如神。否则,即便是才高八斗、学富五车的博学多闻之士,不会根据具体需要加以调整,到头来还是会落得老话所说的那样:百无一用是书生。当年孔子不合时宜地四处兜售他那套不为诸侯大夫所青睐的过时政治理论,不也遭逢困厄于陈、蔡的窘境;吕尚若非有心存政治野心要取殷商而代之的西伯姬昌主动求贤,也不会造就其后来帮助武王姬发的伐商伟业,而只会仅以未遇明主而垂钓渭滨的姜太公形象传世。因此,满腹经纶还需会用,同时也需要一点运气。时下大学生就业艰难,和十多年前本科生就已经是时代的"天之骄子"之情境,完全不可同日而语,倘若在知识之外,再加上必要的智慧,不也能避免遭遇鲁国孟氏兄弟那样的碰壁悲剧吗?

五王爷大战囝仔公

在美丽宝岛的台南县，自然环境优美，这里有翠绿的山丘，更有茫茫无边的海水，而著名的南鲲鯓代天府就坐落于台南县的西北隅，其地位于槺榔山之虎峰，前临大海，急水溪宛若游龙蟠绕，大有吞吐洪涛，襟带山岫之势。

南鲲鯓代天府是台湾王爷的总庙，如今庙址所在的地界处于台南县北门乡，该庙奉祀的是"五府千岁"，即"李、池、吴、朱、范"五尊神明，民间俗称为"五王爷"，或鲲鯓王。其庙最早创建于明末清初，具体年代就是民族英雄郑成功收复台湾次年，即公元1662年。由于时处台湾开创之际，故此被称为"开山庙"。南鲲鯓原来是台湾外沪海汕岛屿，也为水口港，四面环海，沙丘起伏，林木蓊郁。古时为渔船采集的场所，平时渔民要在此搭盖草寮捕鱼。明末的某一天，正是月色皎洁、万籁俱寂的夜晚，当地民众突然听见有钟鼓管弦大作之声，而且声音仿佛是由远方海上传来，其声清雅悦耳，这让岛上的渔民感到非常惊奇，大家争相出来想看个究竟，只见海面上影影绰绰地有一艘金碧辉煌的三桅大帆船徐徐地朝着南鲲鯓的港口所在地驶来。渔民们大多揣度这是哪个达官贵人的官船迷失了方向才误入本港,也有的说这是大商船,众口不一,大家还是搞不清楚这到底是什么船。

次日凌晨,好奇心犹在的民众相互邀约来到溪口处,想一睹昨夜大船的风貌,以了解一下究竟。可是,现场的情况令他们大失所望,哪里还有什么大船只啊?只见有一艘约一丈长的小木舟,还很破烂,就横靠在港口边上,船上供奉着六尊神像及一面旌旗,分别写着:"大王李府千岁、二王池府千岁、三王吴府千岁、四王朱府千岁、五王范府千岁、中军府和代天巡狩的旌旗。"渔民们这才知道原来该船是从大陆越海而来,但载有六尊神像的小小木舟,竟然能够自行横渡万里海峡,安然无恙地抵达台湾,若不是有非凡的神力,怎么会轻易泛舟海上而不惧风大浪高,况且大家都亲耳听见钟鼓管弦之声,目睹随神而至的这番奇迹,众人都感叹此港一定有吉祥之兆,于是一起将木船拉上岸来,奉祀神明于鲲鯓山的草寮内,从此开始早晚焚香礼拜。五王神庙落成后,果然神迹频频显现,南鲲鯓屿的渔船自此出海捕鱼捞虾,总能满载而归。百姓中有患病者,只要虔诚祷告,也会无药而愈。五王爷的威名也就由此传扬开来。根据传说,在建庙初,大王李府千岁曾大显神通,他化身为老渔民,将金纸变化为白银,上福州买杉木,到泉州购石材,去漳州沽砖瓦,并租船将杉木、石材、砖瓦等物一并运回南鲲鯓,当运这些货物的船只到达南鲲鯓屿,四方信众无不为此神迹感到惊奇,并纷纷捐款资助盖建庙宇。但在清中叶的嘉庆年间,因神迹显灵,代天府要迁址到现在的庙址,于是在民间的传说中,有所谓的五王爷与原先在此地的"囝仔公"之间发生激烈的神鬼大战之事。那么,"囝仔公"又是何方神圣呢?

原来,古时候的桄榔山是两面负海,沙曲水汇,海色峰光,风景十分绮丽;古人有诗云:"急水天外衣,突起眼前山",正是对这里的贴切写照。传说在康熙年间,北桄榔山有一位牧童,禀性聪异,该牧童在稚年时父母就已双亡,他只得依靠其舅父生活,每天在这翠绿的山峰中放牛。一日,天上突然乌云密布,骤然下起了一阵大雨,这位牧童情急间只好窜进了生满尖刺的"林投树"下避雨,突然发现丛林内,竟然有着相当于一丈方圆的空地,寸草不生,在瓢泼大雨中居然滴水全无。聪慧的牧童,顿时感到辽阔的宇宙,包罗万象,天地间充满了奥秘玄机。从此以后,他每日必来此地静坐,借以参透宇宙的万物万象和自然的奥妙所在。

有一日,牧童觉得自己好似进入了虚空的境界,得到了照明觉知,他竟然盘坐在这块空地上,无疾而终。其舅父将外甥就地草草地掩埋了事。而正是这位牧童,得到了地理精华,后来成神,他就是后来为台南民众祭拜的"万善爷",又因其形象为小男孩状,所以人称其为"囝仔公"。

嘉庆二十二年(1817)时,五王爷决定迁庙到现在的庙址,当时卜地于桄榔山现在的庙上,而这里正是昔日牧童避雨之地。万善爷即囝仔公听说五王要占用该地,就提出严重的抗议,他说:"该地是我生前所占,我还埋有铜针为证。"而五王却振振有词地反驳说:"早在我们渡海来台时,就看中了这块风水宝地,当时还埋下了铜钱作为标记。"对于究竟谁是这块地界上的主人,双方是各说各话,且争论不止,彼此都是互不相让。有一日,双方还会同了本地的山神土地到现场来勘查证据。原来囝仔公所说的铜针,正巧插在五王爷那枚铜钱的钱孔之中,喜欢当和事佬的福德正神看了这个情景,只有摇摇头,因为他也难以判断谁先谁后及孰是孰非了。

在人类社会解决争执时,到最后通常是诉诸武力,而神仙之间的矛盾解决,同样也是兵戎相见,双方各自施展法力和本事。囝仔公甚至不惜招兵买马,将阴兵阴将都召集来,想同五王一拼到底;五王爷也是摩拳擦掌、甩开膀子要同囝仔公大干一场。双方之间顿时展开了神鬼大战,神兵与鬼魅互相厮杀。其时,每当午后,在桃榔山一带,不是愁云漠漠,阴风惨雾,飞沙走石,就是传来万马嘶鸣之声,要么是各种兵器碰撞击打的交鸣声。据传说,代天府的三王吴府千岁非常骁勇善战,他每战必身先士卒,以致自己的额角都不小心为囝仔公所伤害,直到今天,去南鲲鯓代天府朝拜的信众还能看到三王爷的神像额角上有一道伤痕,这就是当年双方展开神鬼大战时三王爷所留下的英勇记号。此战正在打得难解难分之时,赤山崖的观音菩萨及时地赶来并出面加以调解,观音道:"双方和平共存,五王爷盖大庙,万善爷盖小庙,来大庙进香的,必来小庙进献,共享人间烟火。"一场大劫难,也就此被观音巧妙地化解了。

上述故事取自当今地处中国台湾地区台南县北门乡的南鲲鯓代天府之介绍资料,一场神鬼之间的争斗,本无正义邪恶之分,实质上就是为了抢夺对土地的占有权和享受世间信众供奉香火的权益。而五王爷与对立面的囝仔公,双方吵得不可开交的样子,其实就是人世间信众"以人之心度神鬼之腹"的最好写照。在这个民间传说的道教故事中,五王爷和囝仔公彼此的神力鬼招,都淋漓尽致地发挥到怎样去打败和制伏对方上了,若非观音出面做"老娘舅",让矛盾得到妥善解决,这场殃及当地无辜渔民的恶斗还真不知怎样收场呢!由此来看,起码在这场争斗中的双方神明,在气度和智慧上都绝对地酷似凡人,最后得靠观音如此这般地"化干戈为玉帛",才有了后来的相安无事。

　　神祇之间的对峙结果,即接受人间供奉的香火可以利益均沾,能够共享;那么人类之间的各种龃龉和摩擦,不更可以让其消弭,至少使之能够减缓一些,降低几分冲突的程度?这正是俗话说的那样:忍一时风平浪静,退一步海阔天空。台湾著名佛教丛林的中台禅寺住持惟觉老法师主张"对上以敬,对下以慈,对人以和,对事以真"的座右铭,其中"对人以和"的要求,正凸显了和谐社会的基本吁求。能否善待他人,会不会处理好与他人发生的矛盾,本身也体现着处世的智慧,上述故事中的观音,就是这样一种智慧的化身。如今南鲲鯓代天府的香火供奉极其鼎盛,每年敬拜人次多达五百万。而传说中恶斗的五王爷与囝仔公即万善爷,一大一小相得益彰,曾经不共戴天的神祇,如今却有了共享香火奉祀的特殊景象,不也昭示着人类彼此也应该"以和为贵"地来共同享受美好的人生吗?

冯铁丸崂山修道记

山东的崂山是著名的风景胜地，此地山峰层叠，树木丛郁，濒临东海，自古就是修道之人修身炼丹的洞天福地。传说古时这里的山路崎岖，并未得到修治，还有三个宫观，分别为下清宫、中清宫、上清宫，据说能够登上上清宫的人，算得上是已臻仙境者。但寻常凡人却是轻易到不了上清宫，那可是一个上临危崖，极难攀登的去处。一般道行不深的人，对此根本不敢问津。

相传明朝时期，有位习武的冯师傅，平生以保镖为业，奔走大江南北，在武功上享有盛誉，所到之处，无人敢和他交手。冯氏平日也不携武器，其特点是只手持两大铁丸，百发百中，此高超绝技足以叫人闻之胆寒。江湖上人称"冯铁丸"，其本名反倒无人知晓了。

光阴荏苒，转瞬间冯师傅都七十岁了，想到自己一生只凭武艺闯荡江湖，临到老了，却感到精神上十分空虚，觉得自己好似没有归宿一样，心里都空落落的。他不想再这样混日子了，决定找一个可以安身立命的地方。由于平日里住处靠近崂山，他对道教早有所闻，反复思考后，认为只有出家做道士，才是自己唯一的出路。

于是，老冯正式地把镖局移交给徒弟们打理，自己就携带着简单的行李，奔向崂山，先来到了下清宫，向道士们恳求出家，请对方收留自己为道门的弟子。下清宫住持见他状貌诚实，语词恳切，意志坚决，就收留了他。除了每天要上堂听讲外，下清宫还安排老冯做一些洒扫服役的工作。

日子一晃，老冯在下清宫已度过了三个寒暑，看看身边这些下清宫的道友们，整日里也就忙着洒扫庭除和辛勤服役，或是浇菜种地、烧火煮饭什么的，根本就不像有什么道法。这帮人谈起修行的事来，也都平庸无奇。老冯左思右量，感到自己还不能算是有所收获，于是忍不住向几个老道兄问起有关中清宫和上清宫的事情。道友们告诉他，必须修到中成，才有资格进谒中清宫；而在中清宫里有了成就，才能登临上清宫，大成到此才算有了希望。老道兄们告诉求道心切的老冯，说他们都已经修炼了十几年，甚至有修道几十年的，都还没有一个能到中清宫去的呢。他们自我总结道，是自己的苦修苦炼程度还不够。闻听此言，老冯很不以为然。他问道："难道我们不会自己上中清宫去吗？"道友们听了都纷纷摇手说："上去的道路十分艰险，而且野兽横行，毒蛇恶蟒也是随处潜伏，如果冒昧前进，必会有性命之忧。"自恃武功高强的冯铁丸回答道："这些对我来说，都算不了什么。"

翌日，冯铁丸就辞别了下清宫的众道友，依旧以进崂山前的打扮示人。只见他只身手持两铁丸，果断地觅路上行，一路上，但见林叶茂密丛生，野兽嚎吼嘶啸，冯铁丸毫不畏惧，断草莽，拔荆榛，并一一将挡路袭击的走兽猛禽击退，渴了就饮山泉，饥了则餐野果，过了几天，终于发现一座有正室三间，却无神像的石头庙宇，两石门间仅开一道缝隙,从门空隙中看进去,只见有一个道士在端身闭目冥坐,四处静寂无声。老冯敲门良久,都没有人回答,于是他就跪在门前,潜心默祷。又过了很长时间,那位原来冥思打坐的道士忽然睁开双目,向老冯发问:"你有什么要求吗?"老冯问道:"请问,这里是什么地方?"那道士回答:"中清宫。"老冯恳求说:"弟子历尽艰辛才来到这里,请求仙长慈悲,将石门打开,让弟子得以拜听大道。"里面的道士回答:"你既不能进来,我又怎么能出去。"老冯听了,却不明白那道士的意思,就仍然长跪祷告,历一昼夜,静寂无声,从门缝窥视,只见道长正在入定。老冯见哀求无效,就决意越过中清宫,准备直接到上清宫去。

经过了中清宫后,山路更加险峻,峰峦陡峭,飞瀑声急,林密苔滑,攀援艰难。上行不久,就有一只斑斓猛虎迎面扑来,老冯迅即以手中的铁丸直击,没料想那猛虎却张开血盆大口,一下子就把铁丸给叼住,随之摇尾而去。老冯惊魂甫定,再拔脚前行一里左右,只见风动林木摇晃,一条巨蟒正蜿蜒向自己而来,冯再击以剩下的一枚铁丸,又被那大蟒接住,口含而去。两番劫难过后,虽说毫发无损,但也是两手空空如也,向来名震江湖的两枚铁丸也已经失去。老冯想到自己一片赤诚修道之心可以感动仙真,故此依旧执着地继续前进,最后爬上山顶后,见一大池,圣水清澈见底,四周望去,风景秀丽。他看见有一长着绿色头发者,在池岸旁持竿垂钓。老冯跪旁拜祷,没有回应,于是就微咳一声,想引起绿发人的注意。说时迟来那时快,绿发人突然回首,目光如电,以钓竿击冯头部,老冯顿觉飘飘荡荡地下落山底,定睛看来,恰好落在下清宫门前,于是自笑仙缘未至,跋涉无力,他感到无颜面再见下清宫的诸道友,就改道南朝泰山、杭州等地,寄希望在余生能获奇遇。

至此,老冯赖以护身的铁丸皆已丢失,只剩下赤手空拳。身上更是阮囊羞涩,一路上只得靠风餐露宿、募化为生,但其向道之心,却是未有半点消减或动摇。到达杭州后,已年至八旬的老冯还是没有遇到要求访的仙真高道。他打算由杭州再北上返回崂山。路上遇到一个衣衫褴褛的少女问讯,少女自称赴杭探亲,因路费被盗,只好徒步回山东。老冯问道:"你家在山东什么地方?"答曰:"即墨县。"老冯考虑到那里距崂山不远,又想自己年高,在男女之防上无所谓,于是就和少女结伴同行。

快到即墨时,少女说:"离我家不远了,我只有老母在堂,请到我家去休息几天。"老冯心想,云游天下,到处为家,住几天也可以。不久后到了女家,其家宅院空旷,尚有高堂老母健在。少女向母亲陈说自己路上的情况,并介绍老冯与其母亲会面。少女母亲说:"客人既然自远方来此,且年事已高,就给你一间静室,在这里修持吧!"老冯遂住了下来。

在静室修持一年后,少女老母说:"客人来了一年,不知有无进步?你去试试吧。"少女于是穿上鲜艳衣服,袅袅婷婷地来到老冯所住的静室里,她向老冯问道:"你看我打扮得如何啊?"老冯瞪眼一瞧,即双手合掌,口诵短偈曰:"枯井之波,沾泥之絮,波澜不生,轻狂何惧!"少女回去将此情况报告母亲,老母生气地说:"真是白白修炼了一年,还是这样呆板而不灵活,拘泥执着而不开悟!"遂以家境困难,不能再长期供养为由,请老冯别寻出路。

老冯被驱逐后,又南走衡湘,西游华岳,仍是未遇明师。有一天,他突然想到那女孩家里先是招待殷勤,为什么忽然将自己赶逐,年少娇娃为何要对八十多的老人诱以色相?是不是自己错过了点拨开导的明师?想到此,老冯又赶回即墨的少女家,女孩正陪着老母闲坐,见老冯归来,嫣然一笑。老母说:"客人又来了吗?大概是明白了一些事情,你还是回原来的静室修炼吧!"

这以后,老冯又在这里过了一年。一天早上,那女孩又艳妆进屋,对冯铁丸说:"你看我怎么样?"老冯这回没有像上次那样作排拒反应,而是反复思考后,忽然顿悟,他还是用偈语的形式回答:"非想非非想,无明无无明。一切本非法,四大皆有情。"接着他又朗声道:"这就是,桃花开对隆冬雪,活泼瑶池一段春!"这就是冯铁丸在经过思索后的顿悟理解。意思是:修持不用意念,但也不是不用神智慧觉来行功;不是靠什么灵感,但也不是不要证悟来领会。一切功法都不是一成不变的,道、天、地、人四大都含有真情灵知。白头垂暮之年者的面前,忽然展现灿烂绚丽的春光,象征着一片盎然生机的境界。

少女听罢,回去说给老母听,老母笑着说:"看来客人是有点明白了,那就叫他来吧!"女孩奉命叫老冯马上去屋里见老母,见面后老冯施大礼以示尊崇。老母说:"我看你诚意向道,意志坚决,很想度脱你,可惜你没有道功基础,只求侥幸快进,盲修瞎炼,以致光阴浪费,却一事无成。要知道越级而求是道家最忌之事;傲气凌人,不肯向一般人求教,轻视同门一辈,自命不凡,就不会遇见道缘。在崂山上几次受到试验,你还不觉悟,现在你就把过去的失败,作为今后的鉴戒吧!"说毕,老妇人伸手从袖里摸出两个铁丸交给老冯,并说:"这两个铁丸是你的吧?这就是你摔跟头的记号。"冯铁丸再行礼后说:"我本是一个粗野武夫,未闻大道;一念之差,竟蹉跎十年时间,今终遇明师,尚求收录为弟子,指点迷途。"老妇人说:"第一,越级而进,道家最忌,今后应循序苦修,不求速成;第二,不可不求明师,但思有奇遇,寻求捷径,自然失败;第三,道流中藏龙卧虎,很多有道之人,但修持愈深,谦抑愈甚,被你一律看成庸才,所以才得不到明人的指点。《道德经》上说'自是者不彰,自伐者无功',就是这个道理。"冯铁丸跪受训导,并请授功法。老母笑着说:"功法要灵活,不可死板,你要记住真诀,力求上进。现在你就仍回下清宫去,踏实服役,抽暇练功,不可再好高骛远,不切实际了!"交代叮咛后,老妇人向老冯传授了重要的口诀。

冯铁丸又叩头说:"弟子都年已九十,才刚闻到真诀,是不是太晚了?"老母说:"你是练道功的人,求的是延年长生,有什么年龄大小?"她一手指着那少女说:"她两次给你功法暗示,你还未彻底觉悟吗?"老冯赶紧回答:"是,弟子明白。"于是奔回崂山下清宫。

虽多年阔别,在老冯眼里,下清宫依然如旧。但冯铁丸自此谦虚谨慎,比以前大有不同,而且服役勤劳,道功日进,道友们都觉得他好似变了另一个人。

冯铁丸按口诀修炼,步步踏实,一洗旧日傲气,而且不向他人炫耀,深自韬晦,和光同尘。因为老母传授的是钟吕系统功法,叫他从头做起,他遂将过去浮泛的小术抛弃,专求大道,又经两载,龙虎始调,乃勇猛精进,志向更坚,但深自欲抑,每日功课绝不缺席。

有一天,冯铁丸忽历访道众,向他们辞行,有人问其欲往何处,他只是笑而不答。归室以后,遂即坐化。道众按照仪式,将其遗体放入龛中,其时,众人都以为他已经羽化。

又过了三天,山下来了许多人,问冯铁丸去什么地方云游,道众回答某日已经羽化。群众都说:"昨天才来辞行,为什么前些天就羽化了呢?"

于是道友们打开木龛,让大家瞻仰,孰料遗体已经不见,只有一个小型石峰,玲珑剔透,立在龛中。群众见状乃全体膜拜,信为真仙,并将石峰供在殿右,供人虔诚礼拜。有一老修道者说:"这是仙人临行启示,告诉修道的人当坚定如石,灵活如峰孔,永远坚定,虽经历百难,决不动摇。唯功练到如石之坚,信仰修到山峰百孔之活,玲珑剔透,则全身毛孔,皆现金光,这是象征道功,也是大道的比喻。我们有此幸遇,亲见法身,这对我们是极大的点化,道缘就在目前,但看各人的妙悟吧。"

自此以后,崂山下清宫中得道者涌现出很多,历明清两代,而且越来越兴旺。

上述故事源自《崂山道教传说》,故事中的主人公冯铁丸年届古稀,才动了就近上崂山去修大道的念头。古语云,朝闻道,夕可死矣。偏偏冯铁丸这样的一介武夫,在江湖上凭借着自己的铁丸绝技可以名震武林,但其孔武有力的资历在修道的实践上却完全是风马牛不相及的两码事,一点都派不上用场。

冯铁丸所犯的急性子毛病,恰如故事中那位"老母"所称,是道家最忌之事。循序渐进,饭要一口一口地吃,不要也不能一口气吃成个大胖子;事要一件一件地做,路一步一步地走。这些道理,世人都明白,可许多人急功近利的毛病,似乎就像遗传基因一样被复制下来,觉得干任何事都似乎越快越好,冯铁丸最初在下清宫的想法就陷入这类典型的心理误区。

闻道有先后，术业有专攻。武术大家的冯铁丸，在修道练功上的际遇，还给我们展现了什么叫作山外有山，天外有天。平日里哪怕再不起眼的同辈学友，或许就是那"老母"口中所指的藏龙卧虎之人，即金庸武侠小说《天龙八部》中的扫地僧，有谁会料到世上竟有此高人呢？冯铁丸先前对一班道友的不屑，后来对少女首次试探的冥顽笨拙的反应，也都是"不明白"和"不觉悟"的表现，后一段其实原型是《五灯会元》中的关于"枯木禅"的那段禅宗公案，那和尚在年轻女子紧紧搂住自己，并问感觉如何时，也是脱口而出所谓"枯木倚寒岩，三冬无暖意"的词句，结果这一表现，让供养其僧二十年的老太婆怒而逐之，焚其茅庵，因为老太婆觉得自己供养的不是什么得道高僧，而是一个冥顽如岩石，感受似枯木的"俗汉"而已！真正的得道之人要热爱生活和感悟生活中的美，也要学会与现实的生活融合在一起，而不是脱离生活。曾有禅诗云："土面灰头不染尘，华街柳巷乐天真。金鸡唱晓琼楼梦，一树花开浩荡春。"显然，其中的意味和上述故事中冯铁丸在第二次面对少女试探时的开悟，大有异曲同工之妙。故事中的冯铁丸最后做到了深自韬晦，和光同尘，才会修道有成。当今世人也须常记那位老妇人所引用的《道德经》二十四章中的经句，提醒自己"自是者不彰，自伐者无功"，避免做一个自以为是、傲慢自大的人。

天师灭蚊手下留情

正一道祖庭龙虎山嗣汉天师府所在地，原是倪氏山寨，这里本来是草木丛生，淤泥遍地，蚊子更是十分猖獗。宋代以后，尤其元明时期，世袭张天师受到皇帝的重视，如元世祖忽必烈在尚未正式登上九五之尊的宝座前，曾在1259年邂逅第三十五代天师张可大，亲自从其口中得到天师对二十年后中国江山必将一统的预言，后来果然在1279年完成灭南宋的大业，这令天师在最高统治者眼里身价倍增。第三十六代天师张宗演即因其父亲的一席话而受到皇帝老子的青睐，天师府的地位也随之显赫起来。帝王拨金赐银兴建天师府，并赐联"南国无双地，西江第一家"。倪氏山寨转而变成皇帝赐封的"相国仙府"。府中的环境得到很大改观，卫生清洁，香火旺盛，加上樟木林荫，自然抑制着蚊子的生长。正如今天，天师府作为全国道教重点宫观，又是国家级风景名胜区龙虎山的主要景点，在各级政府和海内外善信的支持下，经过天师府道士们的打理，历史上的辉煌再次展现。最让人啧啧称奇的是，如今的天师府在夏秋之夜也不大受蚊虫的袭击骚扰。

张天师由于以济世救人为宗旨传道布教，被信众尊崇为神仙。

故此龙虎山地区也一直流传着张天师宝扇驱蚊的故事。

相传,古时的一个炎夏之夜,龙虎山的张天师在晚餐过后,陪着白发苍苍的年迈老母,偕同家人及道童们,踏月随风,缓步来到嗣汉天师府内真武池旁的"纳凉居"中乘凉消遣。纳凉居位于真武池东岸,与天师私第后的敕书阁相连,有六室两厅,系花窗木质建筑。居内以珠帘及名人书画加以装饰,两厅都置有八仙桌和太师椅,供天师家人及嘉宾品茶纳凉、观月赏花之用。坐在居中,透过门窗,可环视真武池四周的松篁花卉及池中的小桥亭阁,下可以看到池中的鱼虾嬉戏,上可以看到明媚的月光,夏秋之夜清凉的晚风透过窗格,真让人有来到仙境之感受。其时,天师与众人围坐于八仙桌旁,道童端上了当地特产的天师板栗、上清豆腐干、贵溪捺菜等茶料,接着又为各人沏上了一杯龙虎山香茶。在大家谈笑风生中,有几个道童围坐于天师母亲跟前,请她老人家讲讲古代天师斩妖除怪的故事。

张母听后笑了笑说:"好,我就给你们讲一个祖天师擒捉狐狸精的故事。"张母讲道:"东汉以前,龙虎山有一个修炼千年的狐狸精,它在当地为害乡民。后来,祖天师来龙虎山炼丹修道⋯⋯"张母话音未落,原来的徐徐清风突然停止,纳凉居中顿时变得闷热起来,张母的脸颊上也冒出了汗珠。道童们见状,赶快拿来蒲扇为张母扇风,纳凉居中啪嗒啪嗒挥动扇子的声音响个不停。此时,由蚊子制造的噪声,也"嗡嗡嗡"地惹人烦躁起来。原来围坐于八仙桌旁的人群在暑热中还得忍受蚊虫的叮咬,大家纷纷用扇子驱赶,也有的直接用巴掌去拍蚊子。有的人身上已被咬得瘙痒难熬,真是苦不堪言。

此刻，张母也受到蚊子的侵袭，不由得随口说道："讨厌的蚊子绝种才好呢。"她转眼看到身旁正在闭目养神的儿子，没有好气地嗔怪道："你今天除妖，明天捉怪的，怎么就不可以把这讨厌的蚊子给我除掉呢？"

天师睁开双眼，只看到平日里温和有加的母亲正在冲着自己发脾气，心中顿感十分内疚，于是随手从道童手中拿过一把蒲扇，亲自为母亲驱赶蚊子。可那天夜里的蚊子就是非常邪乎，无论怎样扇东扇西，就是赶不走，而且偏偏围着张母乱飞，这下搞得天师也十分狼狈，都有点手忙脚乱了。张母看到贵为天师的儿子依然如此有孝心，感到十分宽慰。这时，天师停下来，恭敬地对母亲说："母亲，我回房一下，等一会儿叫这讨厌的蚊子绝无踪迹。"

不一会儿，只见天师拿着一把纸扇回到了纳凉居。此扇看似由黄表纸做成，圆形，盘子大小，正面是太上老君画像，反面是先天八卦太极图。这时，只见天师面向东南方，左手掐巽诀，口念咒语，然后大声道："蚊子，今天我要把你赶出中国，让你远离尘世不得害人。"接着天师用纸扇在空中连扇了两下。顿时，风起人爽，眼前众多的蚊子都不知了去向。身边的道童们以前只听说过天师施法之事，今天得以目睹天师宝扇驱蚊，都大声喝彩。

天师驱蚊过后，纳凉居中氛围顿时为之一变。道童们亲见宝扇之神奇，便问及宝扇的由来。天师说："我家这把宝扇，乃太上老君所赐。此扇扇物、扇妖，都能一扇扇千里，二扇影无踪。今天二扇扇蚊，如不施法，必然绝种。"坐在旁边的张母闻听儿子此言，思忖了片刻后对天师说："蚊子生于自然界，是老天之造化，不可因受一点伤害而灭绝它。万物好坏都非绝对。譬如夏热夜凉，如果夜间无蚊,农民劳累过后便喜欢在露天下贪睡,这样容易受寒着凉,影响身体。倒不如让蚊子叮咬几下,迫使他们回房到蚊帐中歇息为妥。我认为只要做到天师府内无蚊也就罢了。"

天师领会到母亲的善意,于是连夜设坛建醮,请神明收回道法,并手书一张灵符贴于府中,以保持天师府内无蚊。故此出现了今天天师府内蚊子稀少,府外蚊子猖獗的奇特现象。现在,龙虎山人民一看到肆无忌惮的蚊子,都为张天师老母当时的一句善言而感到惋惜,觉得天师听从母亲之言,却让人间留下了祸害人畜的蚊子,不过大家对天师的恪守孝道及高超奇妙的法术也都赞不绝口。

上述故事主要改编自《中国道教》2000年第6期的《天师府无蚊的传说》。2008年8月初,笔者正好去天师府,也算是实地领受了当地蚊子数量确实与同时期邻近地区大相径庭的状况。当然,此现象与当地普遍种植樟树等植物有着密切的因果关系,但"天师府无蚊"的传说也为这里添加了一些特有的神秘色彩。

蚊子,乃滋生于脏水浊流中,其雌者专以吸食人畜血液为生,亦是传播传染疾病的害虫,是人憎鬼厌的对象。大自然有此昆虫,也是构成生物圈上的一环,天师母亲的话语,在传说中固然体现的是不将蚊虫赶尽杀绝的善意,而若以今天环保或养生的眼光来看,其言还透着一定的智慧。尤其是她对蚊咬的所谓益处,即可令辛苦劳作后贪凉嗜睡的农民"进屋入帐"这点上的议论,实在很有洞见,可以视为具有换个角度看问题意味的妙论。

生活中有许多让我们熟视无睹的事物和现象,一些人多习惯从事情的一个方面看问题,也多喜欢用绝对的判断来下结语或定论。

蚊子的例子就是一个。类似的例子还可以举出来，如人们常将蚊、蝇并提，20世纪国内频频掀起的"全民卫生运动"中，苍蝇、蚊子就和老鼠、蟑螂共同跻身于人人喊打的"四害"之列。说起苍蝇，恐怕人们对其厌恶的程度比起蚊子来，更是有过之而无不及。2008年秋，四川柑橘受到大实蝇的蛆虫危害之传言，不胫而走，影响遍及全国，一时间人人自危，甚至都不敢食用其他地区生产的柑橘橙柚，弄得以前抢手的上海崇明特产柑橘都滞销。原因就在于苍蝇一般滋生在粪坑、垃圾、死亡的动物或人类躯体上，有时则是腐肉疮口上，只要看到蠕动着的肥蛆，或在吃饭、如厕时看到同一类的昆虫作群集飞舞状，听到它们翅膀振动发出的嗡嗡声，绝大多数人都会自然地生出厌恶之心。可是鲜有人会念及蝇蛆类其实还有特殊的医用效果。蛆虫本身含有丰富的蛋白质，除了用作饲料外，甚至有人将之培养生产为人类的食品，蛆虫就这样公然地"登堂入室"，放在了人们的餐桌上。据说有的还可以用作减肥药品的原料，反正其用途之多，可谓不一而足。

　　这类事情告诉我们，看问题有时要学会换个角度来看，就像故事里的天师母亲那样，对人皆讨厌的蚊子尚且能看到其另一面的客观作用，倘若我们行事、观察、思考都能有这样的广角维度，定能让我们在各方面都获益良多。

镇山护庙的王灵官

素有道教护法神之美誉的王灵官,其职责就是镇山护庙。他的神位虽不高,来历却非同一般。根据神话,他原来跻身于雷部的二十四天君之列,是神怪小说《封神榜》中赫赫有名的王变天君。天上人间,上下经历几番磨炼之后,直到宋代拜萨守坚真人为师,才最后成为道教护法神。

当初姜子牙奉元始天尊之命封神时,给雷部诸天君规定的职责是:行云布雨,万物托以长养;诛逆除奸,善恶由之祸福。这雷部的统帅则是忠心赤胆、无私无畏的九天应元雷声普化天尊闻仲闻太师。他对手下部属的要求极为严格,故此诸天君一年到头,要周而复始、昼夜不息地巡视天下,他们洞幽烛微,赏善罚恶,异常辛劳;凡是世上有不忠不孝、大奸大恶、祸国殃民之徒,遭到天惩雷殛者代不乏人。王天君更是执法公正,恪尽职守。不过,他也深恐万一不慎误伤好人,无法挽回,所以经常想留驻凡界来亲查亲访,以便更切实地做些除暴安良的大快人心之事。

及至唐朝贞观年间,王天君的愿望实现了。他托生于湖北襄阳府洛里王姓之家,此人长大后,就是闻名遐迩的好汉王恶。其名字虽属不雅,但亦有"降服恶人,除恶务尽"之意。王恶见义勇为,一身侠肝义胆,专爱抱打不平,救助穷苦百姓,于是乡亲们奔走相告:"王恶真像个天神,受欺凌的人有救了。"

王恶字秉诚,父名王臣,早逝,他是个遗腹子,靠母亲邵氏抚养长大,膂力过人,性情刚烈,嫉恶如仇,痛恨世道不平,锄奸挞横,不遗余力。但由于性急暴躁,常常轻易就会动武,这也引起一般人的惊惧。好友劝他道:"天下很大,恶人各地都有,何不到外州府县去增广见闻,施展抱负。"王恶甚以为是,便立刻动身游历四方。所到之处,他敢做敢当,除掉了不少害人虫,名声越来越大。不料,陕西扶风县有一叫王黑虎的恶霸,居然假冒他的威名,抢夺财产,淫人妻女,无恶不作。尤其令人发指的是,待字闺中的少女凡姿色出众者,他均要先行强占,然后才准出嫁。乡人畏其有势,无可奈何。王恶得知此事后,气得暴跳如雷,于是打上门去,杀死这恶霸。地方里正都不敢主持公道,竟将王恶送至县衙,糊涂的县官徇私枉法,不容分说,便喝令左右将他收监治罪。王恶见状,愤怒至极,他须发倒竖,大骂:"狗官可恶,欺人太甚,我要一一收拾尔等,以除民害。"说罢,一跃而上,隔着书案就一把扯住县官的袍袖,欲将其拉下堂来饱以老拳,县官吓得浑身如同筛糠一般地发抖,慌忙迭声地求饶,全赖众隶胥上前,将狗官硬是拽出来,方得以脱身。

这以后,王恶即南返荆襄。那里有座古庙为江怪占据,此怪显灵,要地方祭祀会在每年六月六日备齐活的牛、羊、猪各十头,酒十酿(每酿合酒六斛六斗),供其享用;否则,就要降瘟疫,使人畜流血而亡。穷苦百姓终年劳作尚不得温饱,哪堪如此重负,只好卖儿卖女,一时悲声盈耳。王恶见此惨状,怒不可遏,干脆一把火将此庙烧成了灰烬。江怪怀恨,作起妖法,突然间天昏地黑,狂风大作,沙石飞滚,向民居袭来。王恶毕竟是凡人,面对妖风,束手无策。正在危急之际,适值萨真人驾云携药解救瘟疫而来,萨真人遂作法使妖风倒刮了回去,并灭了江怪。此次萨真人并未露面,只是暗中相助,方才挽救了一方生灵,功德无量而不图显姓留名,品德高尚,令后人敬仰。

王恶的见义勇为、不畏妖怪以及诸多抑强扶弱之举,早有地方神祇表奏天廷,玉帝加恩褒奖,封他为豁洛元帅,管领天下都社令,并赐斗大金印一颗,上篆"赤心忠良"四字。元帅府设在天门附近,凡有下界方士奏报,王元帅均亲自过问,查实有大过者,雷厉风行,以大木槌将之击毙。从此,不论何人,都畏服王帅之威力,不敢少许营私,世风日臻淳朴。

王元帅虽然勤勉自持,业绩卓著,但久居天府,高高在上,总感到与世隔阂,对民间隐忧疾患知之不详,于是动了深入幽冥之念,意欲通过对冤魂恶鬼的讯问,从反面来鉴察阳世诸色人等的邪正善恶,功过是非。但天规森严,元帅岂能随意离位,需要一个过渡阶段。他首先想到自己的名字确实难听,容易使人误会、害怕,于是,便把"恶"字改为"善"字。接着自愿降格,请准到玉枢火府当一员天将,因其资历不浅,被列在二十六天将之首位。后又任先天大将火车灵官,职司纠察,久值灵霄殿。

斗转星移,光阴似箭,转眼间又到了宋朝的徽宗时期。天界的王灵官经过再三申请后,获玉帝批准,出任了湖南湘阴县的城隍,管领阴界亡魂。这阴界乃极其黑暗之地,鬼魅无数,但其特点并不是青面獠牙,而是面善心黑,诡计多端,性极阴险,善于阿谀逢迎。

王善原本性子就烈，敢于碰硬，可巧对付不了这班口蜜腹剑之徒。久而久之，他也受到了这帮阴阳怪气的魑魅魍魉熏染蛊惑，也沾染了阴气，消磨了原来的锐气，渐渐忘记自己的初衷，竟然作威作福起来。他要百姓以童男童女生祀其庙，从而摇身一变，竟成为令人又怕又恨的邪神。正当他在歧途上愈滑愈远之时，在唐代曾救过他的萨真人从川西赶至湘阴，见此情况慨叹道："此邪神所为，吾当即焚其庙。"话音刚落，只见雷火飞空，庙已立时焚毁。

真人此举，意在教训，促其省悟。但王善已迷失本性，反而跑到凌霄殿去状告真人无故焚毁其庙，致使他失去栖身之所云云。玉帝未及详查，信以为真，令王善察访萨真人的过失，便宜行事。若干年后，真人行至龙兴府江边洗手，忽见水中有一神影，便问道："尔是何神，请现身。"霎时，一位面阔色赤，满髯高翘，头戴金盔，身披金甲，手执钢鞭的神人浮出水面，上岸后拜道："我即湘阴城隍王善，曾暗中跟踪真人十二年，只候有过，即报前仇。因真人光明正大，隐暗不欺，济世利人，慈悲为怀，没有丝毫违犯天律之处，使我既钦服又惭愧。今天要拜真人为师，奉行法旨，以备驱策。"真人听后欣然道："吾与尔有缘，非自今日始。不过，尔曾为邪神，能持久地崇道奉法么？"王善于是立誓"海枯石烂，永不背盟"，以表真心。师徒二人这才欢欢喜喜地同返四川深山修炼。王善专心致志学符咒，学医药，也学诸种驱邪降妖法术。因他曾任天宫灵官之职，传说在齐天大圣孙悟空大闹天宫时奋勇力战猴王，身手不凡，世人一直尊称他王灵官，不敢直呼其名。又过了若干年，萨真人功行圆满，玉帝下诏，封他为都天宗主大真人，在即将赴天枢领位时，真人欲奏明玉帝提拔王善为随身部将。可是王善见道教处在兴盛时期,真人高道层出不穷,广施教化,护国佑民,名山福地宫观众多,气象日新月异,便请求留下来担任镇山护庙之职。真人赞许道:"尔立志护教,实在难能可贵,为师亦有此意,望好自为之。"

王灵官自任道教护法神后,威灵赫赫,时现法相,额上增长一目,神光如电,妖孽难以遁形,善恶立可辨别。明朝永乐皇帝笃诚崇奉灵官,祈祷每每应验。后从东海获一灵官藤像,朝夕礼敬,待如上宾,出征时必载此像同行,以为护军之神。永乐中于宫城西敕建天将庙、祖师殿,供奉王灵官及其师萨真人;宣德时改为大德观,封萨真人为崇恩真君,王灵官为隆恩真君;成化初改观为"大显德灵宫",四时迁官致祭。各地道教宫观,进山门第一殿便是灵官殿,数百年来,香火久盛不衰。"三眼能观天下事,一鞭惊醒世间人",王灵官威名大振,远远超过其师。后人赞道:"王恶不恶,王善不善,过而能改,善莫大焉。"

以上故事源自《中国道教》1993年第4期《王灵官的故事》,这样一个道教护法神,两度以不同名字现身凡间,哪怕前者为人,后者为城隍,都是在干与人打交道的事情。造化弄人的是,前者名"恶"却是广为行善的义人,见义勇为,惩恶锄奸;后者名字冠以"善"字,却是多行不义,成为危害一方百姓的邪神,前后对比反差之大,真是让人嗟叹不已。

王恶者,"忘恶"也,故善字当头,敢作敢当,锋芒直指恶霸、水怪,成为人皆敬佩的忠良之士;王善者,"忘善"也,乃恶由心生,作威作福,矛头对准百姓、真人,沦为民皆憎恨的邪恶之神。可见,同样一个躯体,善恶之念一动,行止截然不同。再好的人如王灵官者,一旦在阴曹地府冥界中的"官场"上厮混,久而久之,也不免近墨者黑,沾染那班魑魅魍魉的邪佞阴鸷气息,好在其后毕竟善心未泯,天良发现而改从真人修行悔过,终于重新成为正神。王灵官的这段经历,实在值得世人引以为戒。有时,远离官场是非之地,焉知非福?

此外,这则故事中还有一处耐人寻味,即在萨真人作法焚毁曾经作恶的王善之庙后,王善曾跑到凌霄殿"恶人先告状"地向玉皇大帝编排萨真人的罪名,而玉帝竟然"信以为真"。这个描述也表明,哪怕是身为三清四御中的神祇首领如玉皇大帝者,同样有偏听则暗的缺点,若非王灵官自己在经过十二年的仔细观察后良知发现,岂不冤枉好人?就此而论,我们确实不应迷信任何个人的英明神武。

两棵罗汉松的来历

在江西龙虎山嗣汉天师府的万法宗坛内,有两棵雌雄异株的宋植罗汉松,素来以郁浓的形态、神奇的传说受到游人的青睐。说起这两棵罗汉松,与南宋初年的政坛人物还有着直接的关系。

据传说,南宋绍兴年间,昏庸无能的高宗赵构不思南渡之辱,在杭州继续沉湎于歌舞酒色之中,弄得朝政荒废,百姓遭殃。此时,三十二代天师张守真感时伤事,为拯救万民,便进行了一番筹划。

这一天,赵构照例沐浴阳光,踏入春色,领着权贵们来到西湖边赏景,以体味人间天堂的乐趣。突然明朗的天空变得乌云密布,霎时,一个霹雳从天而降,击中赵构。赵构顿时失去了知觉,群臣愕然。片刻,大雨倾盆而下。

此时,千里之外的上清宫香烟缭绕,道法高深的天师张守真已收住了"天心五雷法",正自言道:"霹雳震天心,滂沱洗尘埃。"然后离开法坛。随即,西湖的上空阴霾散尽,又重新露出了太阳的笑脸。

君王遇难,群臣骚乱。时隔多日,高宗还是昏迷不醒。御医无能为力,召贤无人揭榜,这可急坏了太子赵昚,只见他每天愁眉寡言。这天夜里,赵昚正合上眼,蒙眬中忽见一道人来至床前道:"你父皇之灾,乃上苍对他失道无德的惩罚。要消此灾,必须你护送他亲临天师府请当今天师方能祛之。"此时,赵眘睁开双眼,瞬间,道人消失。他思忖片刻,便悟知是仙人指点,于是起床连连叩谢。

第二天,赵眘一早就召集亲王重臣,告知梦情。大家听后各抒己见,最后决定按仙人指点而行,护送万岁赴龙虎山天师府,去请天师祛灾。

君臣一行抵达之后,被天师张守真迎进了天师府。一番君臣仪式过后,心急如焚的赵眘马上就对天师说明了来意,他谈起梦境,立时三刻地要求天师给王室消灾。天师却借故和身旁的留用光说起话来:"循性而行谓之道,得其天性谓之德。君失德而民灾,人不治天治。今君命难违,天命更难违,叫我如何是好?"用光对曰:"上帝乃大慈大悲,人能悔过积德,便有赦罪可能。万望帝王以道施政理民,叩请上苍方能赐福。"

一旁的太子赵眘忆及父皇的昏聩言行,思索起世上民众的忧愤,此际再听到天师和留用光之间的对话,决意今后要劝父皇改过自新。于是他再次恳请天师设醮祈禳,祷告圣灵。张天师这才正式开始作法,经过了三天三夜的祈禳,才使神灵降下慈悲。昏迷数月的赵构终于清醒了过来。

赵构醒来后,睁开双眼,仰望着法坛,看看天师,又转眼看看围在边上的一干众臣,心中很是迷惑不解。太子在喜悦之中,向父皇告知了事情的前后经过,并当即劝父皇今后要积德谢圣。宋高宗赵构听后,心中十分惭愧,他当即表示,以后要依道治国。

这天清晨,天师陪同赵构君臣们游至天师府的西园中,众人看到道教圣地如此兴盛,又想到万金龙体业已康复,心中都特别高兴。谈笑之中,天师讲到了神仙之道,他在话语中赞周文王,叹商纣王,对君王贤愚善恶,政治清浊好坏,王朝兴亡盛衰都有自己的独到见解,最后,他顺手指着一株罗汉松道:"昙花一现,不能长久,而罗汉松枝繁叶茂,常青不败,可能就是因为它能吸取万物的精华之故吧!"

高宗领会到天师的话中之意,思神灵之治教,想社稷之常青,更希望自己的政坛也如同那善于汲取天地万物精华的罗汉松一样盛势长存。于是,高宗命人取来工具,又找来罗汉松苗,他就地在东边挖坑栽植了一株。与此同时,天师也在西边陪栽了一株。两棵罗汉松东西而立,各吸天地精华,自然生长,至今依然保持常青挺拔之势。这就是现在万法宗坛内东西对峙的两棵罗汉松。

南宋帝王赵构至今已驾崩八百余年,他和他的家族及统治王朝,也早就灰飞烟灭;而当年他与第三十二代天师张守真亲自手植的这两棵罗汉松,至今还能引起后人的遐思。这两棵饱经风霜的宋植古松也成为正一道祖庭嗣汉天师府的一大奇宗,吸引着成千上万的海内外信士和游人。

上述故事源自《中国道教》1996年第2期的《天师府内宋植罗汉松的传闻》,故事中的张天师施法于千里之外,实在神奇。这是他在替天行道地惩治昏君。接着张天师又借罗汉松来劝诫赵构,与其共同栽种两棵罗汉松,以致传为历史的美谈。天师这种先是不露痕迹地施法,后又不动声色地劝喻,比起历史上许多板荡时期的忠臣,只会拼死以命直谏昏聩君主的僵硬方式来,显然更能够达到理想的效果。如何用聪明的办法,来迂回曲折地达到自己的目的,往往要比坚硬的直白来得更成功些。

众所周知,历史上的赵构绝对是一个昏君,风波亭上发生的岳飞父子以"莫须有"罪名而被杀的悲剧制造者,元凶不是后世遭到千万人唾骂的奸臣秦桧,正是这个在临安满足于"暖风熏得游人醉,直把杭州作汴州"景况的帝王。前者只不过是在忠实地执行封建最高统治者的旨意罢了。

赵构在其后是否会依道治国,是历史学家关注之事,毕竟其人在位期间与金所订立的"绍兴和议"令宋金对峙的局面得以稳定下来,对大江南北的民众而言,能免去兵燹之灾,已属幸甚。当然,赵宋王朝在一百几十年后依旧没能逃脱蒙古铁骑带来的灭顶之祸,罗汉松的种植,只是寄托了当事人的希冀而已。不过,今人看到能够存活八百多年的那两棵罗汉松,每每想到它们所寄寓的历史含义,都让人不由得要感喟历史的沧桑和岁月的无情;由此再联想到罗汉松自身能汲取天地万物之精华的特质,确实又能使人增加几分积极进取和善于学习的力量。

寇谦之巧遇成公兴

成公兴是一位仙人,人称"上成公",原籍河南郡密县(今河南密县),生于东汉末年,修道成仙后云游四方,居无定所。由于疏忽,不慎失火烧了仙宫七间房,上仙罚其到下界为北魏著名道士寇谦之做七年弟子,事实上也是给成公兴一个引渡寇谦之得道的机会。他化名成兴,表字广明,自言来自胶州(今山东半岛),在北魏初年,出现在河南伊川一带。学士殷绍从他学《九章要术》,成为算学博士。其后成兴到关中,给寇谦之的姨母家作仆人。

一天,寇谦之去拜望姨母,他向姨母禀告自己近来的情况,并说为避战乱,自己一个人居住南山,甚觉寂寞,求姨母借用一个仆人作伴。姨母让他自己在仆人中挑选。寇谦之见成兴生得身材高大,相貌堂堂,就向姨母要了他,带回南山。

有一天,寇谦之在树荫下专心致志地演算《周髀算经》。成兴则在附近垦地,歇工休息时来到树荫下,也看起寇谦之的演算,而且还看得很投入。寇谦之嫌其碍事,就轰他走开。成兴听话地走了。干了一阵子活,他又来观看了,寇谦之说:"干你的活去吧,这你不懂。"成兴听话地又走开了。一连几天,成兴看得越来越频繁和认真了,但每次总是被寇谦之支开。

寇谦之在几天中按照《周髀算经》上的方法演算"七曜"(日、月、五大行星)的运行,结果总与天象的实际不合,急得他直挠头皮,烦躁不安。成兴看在眼里,就问寇谦之:"近来先生神色不好,可有什么不顺心的事?"

"就是为了这几则算题。"寇谦之拍打着书本说:"我学算术好几年了,自信还可以,可就这七曜运行却难住了我。"说到这里,寇谦之不由得挥了挥手:"唉!对你说了也没用,干你的活去吧!"

成兴却说:"我看您演算都有好几天了,倒是悟出来一点门道,咱俩来试试看。"

寇谦之狐疑地看了看成兴,见他一本正经,不是在说大话,于是便和成兴一道,重新布筹。那时候没有算盘,人们是用竹棒棒摆格子,叫作筹算。寇谦之按照成兴的指导,一一布筹。说来也怪,一道很复杂的算题,竟然轻易地解开了,而且方法很简便。寇谦之有点不大相信,又重摆了一遍,通过验算,完全正确,不由得抬起头来,将成兴重新仔细打量了一番,觉得他确实有些来历,又询问了一阵,觉得他讲的道理,既明白又深奥,便立起身来,要拜成兴为师。成兴连忙拦住,说:"这可使不得。你是主人,我是奴仆,刚才是偶有所得,不敢为师,但也颇爱算学,倒是请先生收我为弟子,也好一同切磋。"寇谦之答应了。从此,师徒二人志趣相投,关系融洽,山中的日子倒也过得十分快活。

没多久,关中又起战事。成兴对寇谦之说:"先生有意学道,可惜这种学法不行,这种地方也不行,需要找一个僻静的处所。如果你愿意的话,我可以领你到名山圣地去走一走。"寇谦之欣然同意,于是二人一同来到华山,找了一处岩穴住下。成兴每天山前山后地刨草根,摘野果,回来收拾一下作食物。这样,他们虽然没有吃粮食,可也不觉得饥饿。

在华山住了多天,成兴又带寇谦之来到嵩山。这嵩山居五岳之中,号称中岳。方圆数百里,又分太室、少室、缑山、阳城、嬰梁、讲山、浮戏等峰区。每个峰区,危岩幽谷,各具特色,历朝各代,这里都不乏高士、上人,如历史上的王子乔、鬼谷子、壶公之流,就在这里隐居讲学,修道成仙。成公兴领着寇谦之来到嵩山别岭,又称北岭、北嵩山,也就是今天的方山、浮戏山。这里距密县很近,当年成兴修道的石洞还存在,就是现在被称为仙人洞的地方。这个洞穴,进深三重。成兴让寇谦之住了第二重,自己住在第一重。第三重是密室,一般人是进不去的。他们住在这里,每日除了讲经论道之外,就是采药炼丹,服食导引,熊颈鸟伸,渐渐练得身轻体柔,思想也比以前通灵彻悟得多了。

不觉几年过去了。有一天,成兴对寇谦之说:"先生,我有点事,须到别处去几天。我走以后,会有人给您送吃喝来的,您只管吃就是了。"

成兴离开以后,果然就有人送吃的来了。寇谦之打开食盒一看,哪里有什么食物啊?尽是一些毒蛇、蚕蝎,还夹杂着恶臭的东西,吓得他连忙躲了出去。成兴回来,受到寇谦之好一阵埋怨。成兴不无惋惜地说:"看来,先生无缘成为仙人,只好做帝王之师了。"原来,这是对寇谦之的一次考验。

成兴与寇谦之相处,前后不觉已七年。一天,成兴告诉寇谦之:"我们俩快要分手了,时间就在明天。我死之后,请您替我沐浴身体。有人来访,您要接待他,不能怠慢。"说罢,进入第三重洞穴,好久不见出来,等寇谦之进去查看究竟时,成兴已死去多时了。寇谦之十分悲痛,遵照遗嘱,为他沐浴净身,安排后事。第二天中午,寇谦之正在守着成兴的尸体悲伤,忽然洞外来了两个邋遢乞丐,一人腋下夹了一卷破蓑衣,一人手中拄了一根枣木棍,声称要见成兴讨账。寇谦之正欲发脾气,想起了成兴"不能怠慢"的那句临终遗嘱,便恭敬地把他们领到成兴的尸体旁边。两个乞丐争着把手中的东西投向成兴尸体。只见成兴一跃而起,披蓑持棍,一时金光耀眼,满室生辉。蓑衣变成了金紫道袍,枣木棍变成了玲珑宝杖,两个叫化子,也变成了两位仙童。他俩高高兴兴地簇拥着成兴,越门而出,凌空飞去。寇谦之这才恍然大悟:原来跟随自己,并执弟子之礼有七年之久的成兴是一位下凡的神仙!于是连忙跪倒,向空遥拜。

寇谦之失去了好友,失去了能引导他修道成仙的师父,心中非常难过。此后每当向人称道成兴时,总要在其姓名间夹入一个"公"字,称作"成公兴",以示尊重。

寇谦之遵照成公兴师父的教导,在石洞中专心致志地研究道学和算法,从不懈怠,一直守了三年。三年中,他也陆续收了几个徒弟,传授自己的道法、算法。后成为创立新天师道的一代宗教改革家。连北魏太武帝拓跋焘都成为其弟子,这也应验了当日成公兴关于"寇谦之无缘成仙,只好做帝王之师"的预言。

上述《寇谦之的故事》,取自《中国道教》1993年第3期,也见诸北齐人魏收所撰的《魏书·释老志》。遇到仙人点化之事,在道教人物的传说中可谓不胜枚举,但像成公兴这样贬谪为自己要点化对象的弟子者,却实属罕见。寇谦之虽贵为一代新道教教派的创立人,又擅长于算学,然自视甚高,所以在邂逅以寻常人模样藏匿在仆人中间的成公兴时,根本想不到对方其实是一个世外仙真,并且在算学上的造诣也远非自己可以比拟的。看到前几次他屡屡将来观看自己演算的成公兴赶走,实在让后人觉得忍俊不禁,生活中这样的事情也比比皆是。明明只有半瓶醋,却要颐指气使且大言不惭地以专家自居,结果只会贻笑大方。成公兴和寇谦之一起演算的故事,值得我们深思:在生活中与其像寇谦之那样到处显摆自己,莫如低调藏拙如成公兴。

至于寇谦之在领教了成公兴的高明算学本事后,虽也表示要师事对方,但成公兴一番话语,却反让寇谦之成为在道行上远高于自己的成公兴的老师,他安之若素地享受着成公兴执弟子之礼,实在有点过分之嫌。其实骨子里还不是放不下主子对仆人的那种架子,所以才不会真的坚持。其真正认识到对方是神仙,是在成公兴贬谪之期已满,羽化飞升上天之际,这样的有眼不识泰山,可见其确实没有"成仙之缘"。

故事中还有一段较为有趣,就是成公兴考验寇谦之道心慧根的记载。有人拿来恶臭腐烂的东西给寇谦之吃,成公兴见其不能吞咽,而且唯恐避之不及,遂作惋惜之叹。其实,寇谦之不愿吃那些恶质的东西,正是常人的自然生理反应。但反过来讲,若是真能忍常人所不能忍,做常人所不能做之事,却也是有志者锻炼自己意志品格的绝佳机会。在我们的人生逆旅中,不是往往也有着各式各样近乎艰苦卓绝的"考验"吗？俗话说，吃得苦中苦，方为人上人。成公兴考验寇谦之的故事告诉我们：有时候，还真是有必要去尝尝那些难以下咽的"苦"，因为，各种苦难，在某种意义上正孕育着将来的成功之甘甜。

四大铁人抗击金兵

在河南的中岳庙内,有个古神库,宋英宗治平元年(1064),在神库的四周,铸立起四个神态威武,高达2.5米以上的巨大铁人,称为"守库铁人"或"四大水星"或"镇庙铁人"。半个多世纪后,铁人显灵抗金的传说不胫而走。这是怎么一回事呢?

原来,北宋末年金兵南侵,靖康二年(1127)更掳夺徽宗、钦宗二帝,给宋朝百姓带来极大灾难。是岳家军奋力抗金,才使康王赵构建立的南宋王朝有了喘息之机。国家处于风雨飘摇之际,是民族英雄岳飞高举了抗金大旗,使民众看到了"王师北定中原日"的希望。而曾经不可一世的金兵阵营也对岳家军闻风丧胆,这些都大长了宋军将士的士气。

相传就在宋、金两军交战最为激烈之际,河南中岳庙内,有四名身强力壮的年轻道士,看到山河破碎,再也静不下心来修道了。他们心想,济世利人是道士的本分。如今国家遭逢外敌入侵,一片生灵涂炭,金兵所到之处,都是烧杀掳掠,令人目不忍睹。国家有难,匹夫有责。我们道士处在这多难之秋,只有奔赴疆场,战败强寇,才是真正的济世利人。于是,他们辞别了庙里管事的监院和其他道众，毅然地投奔了岳家军。

某日，在一场混战过后，杀得人困马乏。正是军士们休憩之际，月色朦胧，清风阵阵，但见有几位神仙踩踏着云朵，自空而降。四位道士赶忙上前跪迎。仙长慈祥地扶起他们，盛赞他们报效国家的一片忠心。其中一位上仙，从腰间抽出雌雄宝剑，交给四位道士，并说道："此剑能飞万里，斩妖灭邪，自会相寻，入水水分，借与你们，渡过黄河，杀退金兵！"四位道士抬头细看，赐剑者不是别人，乃是吕祖洞宾，便连忙叩谢。接着又见韩湘子取出鱼鼓道："此鼓打动，天昏地暗，内中可藏数万天兵，呼妖自入，跨之可登水天，借与你们助战吧！"四位道士再次道谢，可正要询问此宝如何用法时，忽见诸仙升空而去，四位道士急忙追赶，不料被人扯住战袍，他们极力挣扎，一使劲却醒了过来，原来刚才是南柯一梦。四人争着诉说自己在梦中所经历的情景，竟然全部雷同，毫无半点差异。四位道士感到有神仙相助，勇气倍增，从此在战场上杀敌时更加奋力拼搏，个个以一当十，立下了赫赫战功。

岳家军抗金取得胜利的消息，传遍四面八方，但在胜利班师回朝之时，中岳庙出征抗金的那四位道人，却再也不见归来。监院和道众都焦急万分。他们正要去打听那四位道士的下落，却收到了一封由岳家军将领写来的信，信中言道：

中岳四道人，为国捐身躯。浩气照山河，仿佛四铁人。

全庙的道众听到这一噩耗，无不为之悲痛，在监院的主持下，众人为四位道士做了超度亡魂的盛大道场。为了纪念这四位为国捐躯的道士，监院和庙内的道长们，特地将原先在神库四角的四铁人称为四位道人的化身。从此以后，虽已过去了八百多年，凡是有到中岳庙进香的香客，都要在铁人像前祭祀，充分表达了人民群众对爱国道士的无限怀念；有许多老人还带领儿孙，站到铁人跟前，焚香祈祷，希望子孙长成以后，能够像铁人一样结实。

这则故事改编自《中国道教》1987年第3期上《铁人抗金兵》一文，其中采撷了来自著名的传奇民族英雄岳飞率领的军队抗击金兵的片段。当时作为敌军的金兵阵营上下，对岳家军都非常敬畏，以致留下"撼山易，撼岳家军难"的历史名句，千古传颂。

故事中的四个普通道士，就是投身到岳家军中奋力杀敌且最后英勇捐躯的义士。而梦境及仙长授宝助阵杀敌等，那是道教特有的神话色彩，毕竟四位道士是肉身凡胎，血肉之躯根本抵挡不了刀剑矛戟的砍杀。令人动容的是，最后岳家军凯旋之日，四位道人却影踪不见，想来已是青山埋忠骨了。他们身上体现的是真正的大智大勇。带兵将领的褒赞，庙里道众的称誉，让"铁人"的美号，从此与四位道士挂上了钩。他们成了铁人的化身，生活中真实的道士抗金事迹，在百姓的口耳相传中，也衍化为"镇庙铁人"显灵杀敌之事。可见只要做了济世利民的大好事，凡人亦可成为世人心中的神。历史为人民所写，它就会如此地公正。

何仙姑卖药说道理

在胜似天堂的杭州西湖边上,一条桃红柳绿的林荫道旁,屹立着一间老字号生药铺,上面镌刻有"济世堂"三个金灿灿大字的黑漆匾额,就高挂在店门上方。这间宝号为济世堂的药铺,平时经营南北川广的生熟药材。不要瞧它门面不大,药材品种却十分齐全。所有三千药料,八百丹方,都能在这里配齐。故此,这个药铺不但在杭州,就是在江浙一带,也是出了名的,整日都是门庭若市,把一条原本是供人踏青赏景的林荫道,变成了热闹的市肆街店一般。

有一天,正是风和日丽的好晴天。济世堂的店门尚未打开,门口已经站满了等候买药的人。少顷,有一名头戴紫阳巾,身穿八卦衣的道士,在徐徐清风中飘然而至,只见他鹤顶龟背,凤目疏眉,面色红润,神态飘逸。他一来到人群中,立刻凸显其气质非凡,鹤立鸡群。这位道士,穿过人群,直奔药铺门口,见店门未开,也不等候,径直就上前敲门。不一刻,就有一小伙计应声将店门打开,等候买药的众人也随着道士蜂拥而进。道士向柜台里站着的店主打揖问道:"贫道要买几味药,不知宝号可有?"

店主回答道:"敝小店是祖传老字号药铺,三千药料一应俱全。不知仙长需要哪几味药?欲配什么方?"

道士朗声笑道:"店主莫夸海口,我跑遍这杭州城内的大小药铺,都未能配齐。你这么一间小小的药店,就能一应俱全?"

店主听道士出言不逊,心中自有几分不悦,但仍然和颜悦色地介绍道:"不是老汉夸海口,敝店药品确实齐全。受风寒,小店有金盏银盆、板蓝根、大青叶、山芝麻和穿心莲;止咳嗽,有桔梗、半夏、川贝母、薄荷脑和枇杷叶;治耳鸣,有黄芪、党参、川牛夕,还有沉香和麦冬。单说'龙'药就有好多种:龙骨、龙胞、龙胎样样全;龙脑香、龙涎香、伏龙肝、龙胆草,龙的五脏六腑都备齐。不知仙长要哪一味?"

道士一脸不屑地言道:"你说的这些药我都不要。"

店主惊讶地问:"那你到底要的什么药?但请仙长道出无妨!"

道士一字一句地答道:"我要配一帖家和散,又要一剂顺气汤,再要一盒消毒丸,还要长生不老丹。"

一听道士要这么些怪药,边上的众人都面面相觑,不解其意。老店主一看自己应付不了道士,便附耳小伙计,让他快上楼去把小姐叫来。

为什么要去请待字闺中的小姐出来应付呢?这里有一点缘由:原来老店主姓何,名叫何泰,祖居广州增城县云母溪,老两口身边只有一千金小女。宝贝女儿十三岁时,随女伴一起进山采药,却走失迷路,独自在山间寻道行走。忽见东峰下站立一人,鹤顶龟背,凤目疏眉,修髯飘拂,神态飘逸。何姑娘感到非常奇异,便上前参拜,请老公公指路。老人慈祥地说道:"小姑娘,你怎么一个人跑到这深山里来了,饿了吧?我这里有一鲜桃,你先吃了充充饥,我再告诉你怎么出山。"

何姑娘接过桃子,立觉有一股清香扑鼻,正好腹中饥饿,恨不得一口吞了下去。但她是一个非常孝顺父母的姑娘,只把鲜桃吃了一半,就舍不得吃了;她想把那一半带回家去,让父母也尝尝鲜。不料,一失手,桃子掉到地上竟找不见了。她只得背上草药,按照老公公指引的道路,回到家中。

说也奇怪,打从吃过那半个桃子之后,她的肚里再也不感到饥饿了,而且浑身似乎有使不完的劲。身体也觉得轻松了许多,走起路来,像飞一般快,每天早晨上山,天还不黑,就采了满满的一篮子草药回来,还时常采了很多山果给父母吃,并且变得更加聪明伶俐,通晓世事。店中遇到什么难解之事,只要找她来,都能迎刃而解。如今何泰碰见这个怪道士,索要一些从未听说过的怪药,自己应付不了,只好命人去把掌上明珠叫来。

何姑娘来到店堂前,先向客人彬彬有礼地作一揖,然后问道:"仙长来小店,需买什么药?请讲,小女子这里伺候了。"

道士又重复地叙说了一遍,何姑娘洗耳恭听。待道士话音刚落,何姑娘就眉毛一扬,爽朗地连声答道:"有!有!仙长所言的药汤丸散,全都齐备。"

一句话,把一旁的老何泰说愣了神。心想,小小女孩家,说话不知深浅,分明店中没有这般药,她却跟人说全部齐备,这开的什么玩笑?若这位道长较起真来,非买此药不可,如何是好?他正想上前答话,把道士支走,不料,这一边的何姑娘已经开了口:"父慈子孝是家和散,兄友弟恭是顺气汤。妯娌和睦乃消毒丸,少欲无烦乃不老丹。"

几句话说得周围看热闹和等着抓药的众人恍然大悟,连连称是。这个说:"姑娘这话一点不假。我那老母亲,就是让我那忤逆不孝的兄弟气病的。他若能孝顺父母,不惹老母生气,她老人家的病早就好了。"那个说:"俺同胞亲兄弟,本来相亲相爱。自从娶了家室,两个妇人家整日饶舌弄嘴,你非我是,争家财要田产,弄得俺兄弟之间动了拳脚,损了筋骨,伤了兄弟情分。细想起来,妯娌不和是毒根也。"一位老者颇有感慨地说道:"人为财死,鸟为食亡。少欲多施,不贪非分之财。少烦多眠,方能长生不老。何姑娘说得在理呀!"

经何姑娘一说,众人明白了这些道理,都感到回去后只要做到父慈子孝、兄友弟恭、妯娌和睦、夫妻相敬,方能心情愉快,就可免除许多病痛。霎时间,来买药的人竟走了许多。

怪道士见此情景,频频点头,笑吟吟地夸赞道:"小姑娘,你可真会卖药啊!你这药铺真不愧'济世堂'这一称号!"说毕,升空而去。

何姑娘心中一亮,忽然明白过来。此道士鹤顶龟背,凤目疏眉,不正是那年山中遇见的那位老公公吗?原来他是一位神仙啊!

这位道士不是别人,正是吕洞宾仙师。他这次变成道士来买药,是欲点化何姑娘。

经过吕洞宾的点化,何姑娘从此更加静心修炼,后又修炼辟谷术,语言异常。天后遣使召她赴阙中,行至途中就失踪了。传说至唐玄宗天宝年间,有五色祥云起于麻姑坛,众人都见了,有一位仙子从五色云中缥缈而出。在场有一个叫蔡天一的道士认识,那位仙子就是何仙姑也。

上述故事来自《中国道教》1989年第1期。同样是受仙长点化,何仙姑接受的鲜美桃子,似乎要比寇谦之面对的恶食腐物强得多,看来在成仙的路径上也有不一样的境遇,那也只能叹寇氏自己的运气不佳了。何仙姑卖药遇到吕祖再次点化,面对怪异道士带有刁难的询问,其一番关于"家和万事兴,欲少人长寿"的道理,从众人的感喟和吕洞宾的点头称是来看,无疑是交上了一份得到了满分的答卷。

世间很多道理浅显明白,可放在那里就无人理会,《红楼梦》中借一个疯癫的跛足道人之口随口哼出来的"好了歌",就非常形象地刻画了世人哪怕知晓一些道理,但也依旧"痴心不改"地我行我素,有几个不是非得在头撞南墙后再回头来认识这些道理的?

上述故事中可圈可点之处并不在于何仙姑的聪颖和天生的慧根,以及点化她的吕洞宾有多么神奇,恰恰是那些随道士蜂拥而进店里来抓药的平头百姓所发议论。在听了何姑娘的一席话后,众人的感悟,就像是给何姑娘的药方配单在作注解,是形象生动而又具体地诠释,那些关于兄弟不和、妯娌龃龉、婆媳对立、子女不孝、欲壑难填诸如此类的家长里短之糗事,不也一代又一代地重复出现在我们自己的周遭吗?亡羊补牢,犹未为晚,经常地咀嚼回味一些人生中存在的明白道理,或许真的可以减免许多生病的机会。心病还需心药医,有很多人身体不适,其实就是人的烦心事情多,才会由心理上的不愉悦,转为生理上的不舒适,进而得病的。明白这些道理,及时地改善心境和处理好各种人际关系,人逢喜事精神怎会不爽呢?难怪当日济世堂会走掉很多买药人,时至今天,我们同样也可以做到多明白一些道理,少买一些药品的。

韩湘子给叔叔拜寿

唐宪宗时,河南南阳(今河南孟县西)有一赫赫有名的官宦人家,主人姓韩名愈。他因官居高位,清正廉明,为人正直好善,颇受黎民爱戴。

在韩公七十一岁大寿的当日,韩府的正堂上挂着一个斗大的"寿"字,两边还有一副红纸书写的对联:福如东海长流水,寿比南山不老松。

府内是红烛高照,张灯结彩,喜气洋洋。不一会儿,众多前来祝寿的文武官员,由下人抬着寿礼、寿糕,纷纷前来进献,韩公频频点首称谢。

正在这时,忽听门外一阵喧嚣,接着就见一小道士直奔二堂而来。家人张千、李万紧随其后,一边追赶,一边叫喊:"小师傅,你慢点走,待我们禀过老爷后,你再进去不迟!"可小道士并不理睬,而是继续往里走,他大步流星地径直来到韩愈面前。韩公责备李万、张千道:"来人为何不报?"道童赶紧接过话头言道:"大人莫要怪罪他们,是贫道自己不报自进的,他们拦截不住也。"

韩愈问道:"你有何事要来见我?"

道童恭敬地答道:"今天是大人古稀大寿,小道特来给大人祝寿!"

韩愈心想,我和此道童素不相识,他为何要来祝寿?又为何得知今天是老夫的七十一岁寿诞?怪哉!——莫非他是湘子?——不对。看他这副装束打扮,哪像湘子的模样?可是,细一看,又觉似曾相识。你看他龙眉凤目,虎背熊腰,天庭饱满,相貌不凡,又有些像湘子的模样。难道他真的是湘子?他若是湘子,为何又不与我相认?

韩愈思前想后,更加思念湘子,不禁潸然泪下。一旁的老夫人见老爷落泪,知道他又是在思念自己的侄儿,也不禁随着掉下泪来。

原来,韩愈兄弟二人都在朝为官,虽然官居高位,富贵荣华,但膝下无子,好不寂寥。后来他大哥韩休得了一子,取名韩湘,成了韩门的掌上明珠;不幸湘子三岁丧父、七岁丧母,哥嫂临终前就把湘子托付于他抚养。韩愈夫妇老来无子,自然视侄儿如亲生,加倍爱抚,教以诗书礼乐,望"子"成龙。开始,湘子倒也听从教诲,专心致志攻读"四书五经",学习孔孟之道,立志升官求荣,欲做栋梁之材。不料请来的两位道人教师,竟暗地劝他学道,以致他终于别妻离家,遁入玄门,致使韩愈夫妇日夜思念,不胜悲伤。今天见道童似侄儿模样,不由得勾起了韩愈的一番伤感。

道童见韩公悲伤,立即赔笑道:"请大人莫要怪罪!贫道莽撞,惹大人生气。现我有一宝物献出,请大人和老夫人观赏,以解烦闷如何?"

众人亦说道:"是也。今乃大人寿诞之日,人生七十古来稀,大人已过古稀之年,能享此高寿,洪福不浅,可喜可贺,应当高兴才是。"

韩愈这才展开笑颜,令道童取宝观看。道童取出一花篮,放在桌案上。刹那间,从篮中现出一幅水墨画。韩愈不以为然地笑道:"这种水墨画,老夫府中堆积如山,有何稀奇?"

道童言道:"府上画虽多,不值半文钱。不会说话不吃饭,那种死画何足观?"

韩公一听,不禁呵呵大笑道:"莫非你在说疯话不成?哪有画中人说话之事?"

道童并不争辩,只管把画展开。这时,果见一弹琴美人从水墨画中走出。她来到韩愈夫妇面前站定,边弹琴边唱道:"小女来至众人前,贺声大人寿(比)南山。奉劝大人早向善,学道修炼益延年。功成得赴蟠桃宴,长生不老活神仙。"琴声铿锵,歌声悠扬,娓娓动听,喜坏了韩愈夫妇和满堂文武公卿,齐声赞叹道:"美哉,美哉!果然是仙画不凡!"

韩愈爱不释手,意欲买下仙画。道童言道:"这幅画就送给大人和老夫人观看,以充寿礼。但要向大人讨点寿酒,带回去和众道友同饮,不知肯赏赐否?"

韩愈连连点头,乐呵呵地答道:"可以,可以。自然可以。不知有无酒器,如无酒器,当命下人将酒送去。"

道童说:"即请大人命人将酒抬来。"韩愈以为是要下人跟着他去送酒,恐人多酒少,难以尽兴,便命人抬出十坛美酒,准备随小道士同往。道童并未挪步,只是作揖道:"多谢大人美意,小道将酒收下了!"说着,从身上取出一个三寸三大小的葫芦来,令人抬起一坛酒，就往葫芦里倒。倒了一坛又一坛，将十坛酒都倒了进去，尚未见酒溢出。张千好奇地往葫芦里一看：嘿，装下去的酒，才到葫芦半中间！更使张千惊奇的是，葫芦里既有日月星光出现，又见海水汹涌，大浪涛天。蛟龙在水中遨游，猛虎卧在深潭，龟蛇在水上会面，还有五彩莲船。一个猿猴船头站，一匹白马船尾拴。慈航道人把舵掌，五百灵官在扯纤。这般景致世上少见，张千赶紧请韩老爷上前观看。

韩公夫妇看过葫芦，果然如仙景般，十分高兴。老夫人想叫老爷将此宝物买下，闲闷时好助兴。韩公问道童是否愿卖，需要多少银钱。

道童答道："此葫芦不卖金，不卖银，只相赠诚心修行之人。只怕韩大人缺少缘分，难以留下此宝。若大人能辞官归隐，进玄门悟道修行，得此宝物不难也。"

韩愈因侄儿被道士劝去修了道，已留下隐痛，如今又听说要他弃官归隐，出家修道，立刻火冒三丈，指着道童训斥道："你不要在此耍弄妖术，胡言乱语。我乃朝廷命官，怎有从道之理？张千、李万，快送道人出门！"

道童见韩公下了逐客令，便跪下曰："叔父息怒。孩儿今日归府，是来向叔父祝寿，给叔父、婶母取乐添兴的。从道之事，以后从长计议。世事沉浮，变化莫测，日后叔父婶母如遇危难之事，可唤孩儿前来，孩儿必定相助。孩儿就此告辞了！"言毕，即升空而去。老两口至此方知这位道童果然是湘子，多年未见，既已成仙。待想挽留，已经走远，未能畅叙离别之情，追悔莫及。老两口只得泪眼模糊地眼看着湘子腾云驾雾冉冉而去。

上述故事原名《韩湘子祝寿》，载《中国道教》1989年第2期。应该说其中的可信程度很成问题，不消说画中的女子会抚琴唱词，也不用辨别那葫芦能装酒十坛却不见满，更别提那里面别有洞天，另外有着一番良辰美景了，这些本来都是道教的神话色彩，自然凸显其神奇一面，毋庸较真。只是作为唐宋八大家之一的韩愈，夫妻两人虽然年已老迈，不致老眼昏花到自己朝思暮想，且从小带大的侄子来到面前都认不出来，何况老两口都知道韩湘子当初是遁入玄门，做了道士，故而看到一个眉眼酷似侄儿且身着道童装束的青年，居然会联想不到其真实身份，实在太过牵强，也有点说不过去。

当然，民间的传说毕竟难免鄙陋失真，而且不如传世佳作那么结构缜密，逻辑合理。只是其中透射出来的信息，却值得今人玩味。身为官老爷的韩愈，对做道士的深恶痛绝，可以理解，因为曾有道士将家门唯一之后"诱骗"去当了学道修仙之人，没有按照正统的"修身齐家治国平天下"的路子去走从政之路，这在饱读圣贤之书的韩愈之流的士大夫来看，实在是不能谅宥的。

传统的儒家知识分子对佛道确实也多采取排斥之态度，韩愈在历史上谏迎佛骨之事是出了名的，故此他对道教的排拒，同样可以想象。历史上很多地区的封建族规中甚至有将那些看破红尘，出家为僧道者不列入族谱名单的，就是显例。在官本位的意识深入社会各个阶层的中国历朝，出家人实质上还是少数的另类而已。本则故事对官老爷身份的韩愈那种颟顸迂腐，不识以仙画和葫芦为代表的宝货之价值，不能够慧眼识人，表现在连自己朝思暮想的湘子在眼前都懵然不知等，同道童身份出现的八仙之一的韩湘子那种潇洒飘逸聪慧，形成了十分鲜明的对照。其实，我们在现实生活中，往往也会"只缘身在此山中"般不识庐山真面目,看不清自己刻意追逐的仕途生涯、金钱名利、宝马香车,有很多都只不过是过眼烟云,倘若真的能看透参破个中的实质所在,如韩湘子所言,"悟道修行",用更为广博的视角来体味人生,明白"世事沉浮,变幻莫测"的道理,及早及时地调整好心态,减少各种欲念对自身的烦扰,未尝不是一件幸事,那么不用形式上去遁入空门,照样可以做到:悟道修行在人间。行笔至此,本书的书名也就呼之欲出:道悟人生,是之谓也。

李凝阳借尸还魂记

铁拐李是著名的八仙之一,其原名为李凝阳,《历代神仙史》将其列为周秦以前的古仙。其形象为以拐子示人,中间还有一段借尸还魂的故事。话说西周时有个叫真砀山的地方,地处穷乡僻壤,遇到灾荒年景,黎民百姓衣不遮体,食不果腹,生活困苦到了极点,只好离乡背井,外出乞讨。这里因出外要饭的人特别多,成了闻名的"乞丐乡"。

"乞丐乡"有一个叫张拐子的人,本是一条壮汉,膀宽腰圆,巨眼如环,手脚粗壮,膂力过人;后因上山打柴,崴坏了脚,故人称张拐子。有一年遇上大旱,庄稼颗粒不收,张拐子家人全都饿死,只剩下他孤零零的一个人。为延续生命,要强的他也只得提上一只要饭篮,带上一个盛水的葫芦,操起那根铁顶门棍,外出乞讨。张拐子心地非常善良。哪怕他只要到一碗饭,也要分半碗给别的乞丐吃;别的乞丐要得多了,他也劝人家分出一些来给大伙吃,若不答应,举起铁棍便打。他那只葫芦里,又总是装着满满一葫芦水,干渴时,谁都可以拿过他的葫芦,喝上两口解渴。因而乞丐们既怕他,又尊敬他。他成了真砀山的"乞丐王"。

"乞丐王"心里总是想着别人,自己却越来越瘦,有一次进山去挖野菜,好长时间都没有出山来。乞丐们放心不下,便进山寻找。没想到,他已饿死在山里,直挺挺地躺在一棵大树底下,身旁放着的一只竹篮里,却装满了蘑菇和野菜。乞丐们都伤心地流下了热泪,怎忍心让他暴尸山林?于是决定分散开来去讨钱,准备买一口薄棺木把他安葬。当乞丐们要足钱,正要去棺材铺买棺木时,却见张拐子挂着铁拐一瘸一拐地迎面走了过来。大伙儿吓了一大跳,以为是白日见鬼,都不敢近前。只见张拐子越走越近,从他们身边走过,也不打招呼,好像互不相识的过路人一般,完全不同于张拐子往日的热情豪爽。

众乞丐十分奇怪,连忙朝他喊道:"张拐子大哥!你活过来了?等一等,我们都在这儿呢!"

张拐子好像没有听见,仍继续往前走。乞丐们追上去拦住了他的去路,兴高采烈地说:"张拐子大哥,你的命可真大啊!俺还以为见不着你了,没想到,你又活过来了。这下子可好了,咱穷哥们又能在一起了。"

拐子莫名其妙地瞪起圆眼看着他们说道:"我姓李,名叫凝阳,在这真砀山上修道多年,你们为何口口声声叫我张拐子!"

乞丐们一听,不禁哈哈大笑起来,"张大哥,你可真会开玩笑!人家李凝阳道长相貌堂堂,体态魁伟,在真砀山上修道多年,谁人不晓?听说他已能导神出游,修成活神仙了。就你这蓬头垢面、破衣烂衫、一瘸一拐的样子,还想张冠李戴,冒充神仙?"说完又是一阵哄笑。有的人一边嬉笑,一边上前去扯他的葫芦要水喝。没想到,"当啷"一声,从葫芦里掉出一块亮铮铮的银子来。去扯葫芦的那个乞丐惊喜地说道:"哈哈,张大哥这葫芦变成宝物了,里面还藏着银子啦!怪不得不认咱们了,他是想自个儿躲一边去享清福啊!"

拐子说:"我这葫芦就是个宝物啊!"

"哈哈哈!"乞丐们又大笑起来,"你还要欺哄我们!谁不知道,你这葫芦里总是装着凉水。如今你藏了一块银子在里面,就说它是宝物。你说说,这宝物都有些什么能耐?"

拐子指着葫芦说道:"此葫芦内藏风火,要风便能刮出风,要火便能吐出火;要金便有金,要银便有银;指东飞东,指西飞西,可作百般用处。"

一乞丐说:"你别把牛皮吹破天!我什么都不要,若真个是宝物,让它倒出金子银子来,叫咱穷哥们个个有饭吃,也免得当乞丐,四乡去乞讨。"那个乞丐一边说,一边便把葫芦口朝下,使劲地摇晃了起来。

说也奇怪,他这么一摇晃,只听哗啦啦地一阵响,果真倒出了许多金灿灿、明晃晃的金子银子来,一下子把乞丐们惊呆了。

这到底是怎么回事呢?原来,太上老君还没西出函谷关时,李凝阳就住在真砀山岩穴间,常和宛邱先生在一起修道。他在这里修炼了许多年,终于得道,善导神出游之术。有一天,他应太上老君之约要去华山,临走前,嘱咐他的徒弟郎令道:"我要游魂去会太上老君,我的魄留在这里,如果七天后游魂不回来,你就可以把我的魄火化了。"

到了第六天,有人给郎令送信来,说他母亲得了重病,要他急速回家。郎令是个忠厚老实之人,自师父游魂出走之后,日夜守候在师父身旁,唯恐有半点闪失。但他又是有名的孝子,如今闻听母亲得了急病,心中很是不安,不知如何是好。经过反复思考,觉得师父游魂已经六天,只差一天了,可能回不来了,便把师父的体魄火化,回家去看望母亲了。

到了第七天,李凝阳果然游魂回来,却找不到自己的魄了。他心急如焚,东游西荡,后来,在树林里见到饿死的张拐子躺在那里,便借其尸还魂。从此,一个体态魁梧、一表人才的李凝阳,便变成了蓬头跛足、巨眼如环的铁拐李。乞丐们不知其中缘故,还以为这个铁拐李,仍是他们的张拐子大哥呢!故而闹出了一场笑话。

李铁拐看自己变成了这么一副模样,也很苦恼。太上老君对他说道:"人不可貌相,海水不可斗量。汝当在质外寻求,不可着相。他日功行充满,是异相真仙也。"

李铁拐听了这番话,不再烦恼,更加刻苦修炼,终于道成,列入仙班。

"善导神出游之术"的李凝阳道人,没料想自己的爱徒会不守约定而将其魄提前焚化,这下三魂七魄皆出窍,难以再合一还原了,慌乱间,借尸还魂于蓬头跛足、巨眼如环的饿殍张拐子,实在也是不得已而为之的下策。别说众乞丐不买"张冠李戴"后李凝阳的账,以为张拐子在冒充那相貌堂堂的李凝阳,就是修行得道的李氏本人,又何曾对自己的新形象满意过?亏得太上老君一番话,劝其在"质外寻求,不可着相",才让其不再为此烦恼,而愈加刻苦修炼,求得"异相真仙"的结果。再换个角度说,李凝阳之魂寄寓的躯壳其实就是相貌稍嫌逊色的张拐子,按照这个故事中的叙述来看,张拐子其人还真是一个心地善良的好人，如借尸还魂于貌比潘安，颜赛宋玉，但心却如蛇蝎的那些美男坏胚子那里，岂不更会让李凝阳大叹倒霉？

现实人生中，类似李凝阳还魂后产生的烦恼者大有人在。君不见，各式整容公司大行其道，生意极好。太多的年轻后生与女孩们，嫌父母给自己的面容躯体不够理想，以致非得受那刀削斧斫的整容易面修改躯干之苦不可。铁拐先生在听了太上老君话后的开悟和行止，倒可给一些为相貌外表操心的人一点启发，与其把自己打扮成漂亮的"绣花枕头"，不如苦练真本事，去换取成功的果实。

邋遢道人巧分银两

　　游栖于武当山的张三丰是明代道人，因其不修边幅，又号张邋遢。史书上说他龟形鹤背、大耳圆目、须髯如栽，寒暑只有一衲一蓑。明太祖、明成祖曾屡次遣使求之，均不遇。英宗时，敕封其为"通微显化真人"。有关邋遢道人的民间传说中有其巧分银两之事。说的是一日，张三丰来到贵阳北部的三江河，望着河的两岸，看着碧悠悠的河水，邋遢道人情不自禁地弯下身子，捧起一口清凉之水就喝了起来。正在此时，耳边却传来一阵阵争执之音。原来不远处有三人正脸红脖粗地争吵着，张道人见状，心中暗喜道，这下又有无量功德要做了。随即他飘然而至那三人之前。

　　那三人吵得正欢，突然见到一个脏兮兮的道人来到面前，不觉一愣，心想，是从哪里钻出来的一个邋遢道士啊！一身臭气，跑这来干什么啊？

　　张三丰并不在意这三人的异样和鄙夷的眼神，只是微微一笑，手拈长髯，说道："几位兄弟，为何事而争吵不休啊？"三人一看，呵，真还来了个爱管闲事的，转念一想，反正我们也吵不清楚了，还不如就让这脏老头来评评理吧！

原来这三人是造桥的匠人,这三江河两岸一直以来都是悬崖陡壁,不能通行。县太爷悬赏,如有能架桥通路者赏纹银五十两。这三人是同门师兄弟,又是造桥行家,就领了这个差事,一同修桥。三人上山下石,做了一些石墩放入河两旁当作基石,这样忙忙碌碌地修了几个月,今日终于完工,并从衙门那里领得赏银五十两。本想可以好好地喝两杯的,谁知这钱分来分去就是分不均匀,三位虽是同门师兄弟,但都认为自个儿在这次造桥的工程中出尽了全力,因而没有一个愿意吃亏的,互相争执不休,就差要拉下兄弟的脸面大打出手了!

张三丰一听,呵呵一笑,说道:"像你们这样争下去,总没有个完了的时候,这样吧!让我这个臭道人来给你们分分看吧!"三人互视了一下,想这臭道人可能真有那么两下子吧!就把五十两纹银递了过去。

张三丰开心地一乐:"来来来,每人先拿好这十五两纹银。"然后转身向后走去。这三个怕落了后似的赶紧跟了过去,一看邋遢道人来到一块长相奇特的断岩边停了下来。

只见那脏道人拿着剩下的五两银子,口中念念有词,对着它吹了一口气,那五两银子就如长了翅膀一样地飞向了断岩,并牢固地镶在了断岩的缺口中间。

三人一看,大惊失色,这才知道遇见了活神仙,吓得跪在地上不敢抬头。张三丰幽幽一笑:"尔等三人,同为师兄弟,为世人架桥通路本是一件功德之事,现如今却为这白亮亮的劳什子,伤兄弟和气,又伤功德,实属不该啊!如今我把这分不清、划不匀的劳什子放在了断岩的口中,如果你们三人有谁能拿到,这锭银子就归他所有了,你们去试试吧!"三人一听,忙从地上爬起来跑了过去,伸手要拿。他们一会儿从上往下伸手,一会儿又从左向右伸手,一会儿又从下往上伸手,手也伸痛了,脚也蹬酸了,脖子也扭痛了,就是连银子的边都摸不到,每次都差那么一点点。三个人想尽了办法,实在是无能为力了,只得连头都不敢抬灰溜溜地向远处跑去了。

后来,听老人们说这银子放了不知多少年,就是没有人能摸到它,特别是那些贪心的人,不仅摸不到银子,回家后还会全身疼痛三天三夜。

故事中邋遢道人的三次笑,很有意思,最先是"微微一笑",笑那三人有眼无珠;接着在听了事情原委后,"呵呵一笑",笑那三人又贪又蠢;最后在显示不凡身手,将银两镶嵌在断岩缺口中后,"幽幽一笑",语中已带教训之意,只是那三人还不死心地非要尝试,实属可笑之辈。"见小利而亡大义",故事中的三个石匠,为了多拿一点银子,居然可以将同门之谊抛置脑后。世人中此类事情不胜枚举,邋遢道人用神奇手段去掉那除不尽的"五两"纹银,让那为了钱财可以行为"无良"的贪财者怎么也拿不着,实在很有教育意义。

人心不足泉也倒流

邋遢道人张三丰曾来到过贵阳的永乐堡。有次,正当他顺着山路朝前走时,忽然看见前方有老两口子,正十分吃力地拿着两个水桶,拄着拐棍,到山那头的圣泉去抬水。张三丰看那老两口年龄这么大了,还要如此操劳,心中顿起恻隐之心,就赶紧奔了过去:"您老两口都这把岁数了,还在忙个啥啊?"

老两口一看,原来问话的是个邋遢道人,就答道:"道长啊!我们老两口就靠那圣泉的水来酿酒过活了,路再远,山再陡,我们也要去啊!要不拿什么来换钱买粮食糊口啊?"

张三丰一听,点了点头,"原来是这么一回事啊!看你们老两口,年纪都一大把了,腿脚也不利落了,还干这重活,让我来帮帮你们吧!"

邋遢道人眼珠一转,稍作思忖后说道:"我来告诉你们一个好法子,你们家房子前头不是有块堆石磨的空地吗?你们朝那石磨下面深挖下去,就会有圣泉之水流过来了,你们也就用不着翻山越岭地去担水了。"

老两口半信半疑地返回家,照着张道人指的地方挖下去,就在挖到三尺之处时,忽见一股清冽之泉从地下冒了出来。老汉颤颤巍巍地拿瓢舀了一瓢,引颈一饮,顿时哈哈大笑起来,原来这冒上来的清泉居然不是水,竟是香甜可口的米酒!

自从有了这口酒泉,老两口的日子马上过得富裕起来,不仅丰衣足食,还把那间烂草房翻新成了几间泥土屋,并且喂起了猪,养起了鸡,日子过得真是其乐融融。

一日,老两口正喝着米酒,望着圈里养的猪,眯着眼数着母鸡下的蛋时,又突发奇想,我们的生活应该还要过得再好一点啊!先前那老道说我们这空地下面有圣泉之水,结果挖出来的是香美可口的甜酒,说不定我们这地下,还有更好的宝贝呢!

想到这里,老两口子坐不住了,他们说干就干,马上操起家伙开挖。这一路挖下来,可以说是搞得鸡飞猪叫,但地下面半点宝贝的迹象都没有。老两口累得瘫坐在地上,擦拭着满头的大汗,突然一惊,眼看着那酒泉之水正慢慢往下跌落而去,最后渐渐干涸尽空了。老两口子见此情景,不禁抱头嚎啕大哭起来,后悔莫及。最后,为了维持生计,他们只得又重新拿着扁担到对面山上去挑泉水去了。

当他们回来之时,只见屋门口的石磨上留下了两行字:"天高不算高,人心比天高。人心贪不足,圣泉水倒流。"再一看落款:邋遢道人张三丰。

常言道:人心不足蛇吞象。是故还有俗谚云,再多也不嫌钱多,再大也不怕官大。人的贪欲之心常会随着境遇的改善而成正比地增大,这种人性的弱点,从乱折腾重新挖圣泉的老两口上可以清楚地看到,在我们每一个人的身上,其实也多少可以发现同样的顽疾,只是大小、隐现的程度千差万别罢了。邋遢道人的题词,绝对可以引以为戒。唯有知足常乐,不乱折腾,才能真正地享受生活的欢愉。

神医华佗的真本事

东汉末年的神医华佗是著名的修道之人,因为他治好了百姓的多种疾病,深受大家的爱戴,可谓声名远扬。但当时就有一个布店的学徒很不服气,此人常在众人面前诋毁华佗的声名,还煞有介事地说:"华佗为了沽名钓誉,故意装模作样,在他眼里,无病被看成有病,轻病被当作重病,这样下来,病人只需抓点药吃了就好,于是成了名。其实华佗不过是一个被人们吹捧起来的'神医',并没有真本事,如果大家不信,可以试试看。"

阴历十五的一天,店东家按照老规矩,每逢初一和十五,要给学徒改善伙食。刚刚吃过了午饭,那学徒看见华佗头上挽着道髻,身上穿着便服,腰间挎了个药葫芦,正朝布店走来。这学徒便对众人说:"今天我倒要试试华佗的本领了。等一会儿,我马上到柜台里面躺在床上装病,你们请他来给我治病,看他怎么讲。"说罢,他飞快地往柜台里面扑通一蹦,刚落地便立刻两手捂着肚子,杀猪一般地号叫起来,似乎真的疼痛难忍一样。适巧这时,华佗经过布店门前,众人便请华佗为其诊治。

华佗走进柜台里,看看那"痛"得厉害的学徒的气色和动作,再摸摸他的脉搏,就略带沉痛和惋惜地说:"没有办法了,快准备后事吧!"众人闻听,不由心中好笑。有人还故意地问华佗:"那你看他能支持多长时间?"华佗说:"挨不过半夜。"说罢叹息着走了。

华佗一走,众人当即七嘴八舌地议论起来:"还说神医呢,看来华佗真是浪得虚名。"于是人们忙跑去对那位此刻还在大声叫疼的学徒说:"快起来吧,别闹了,华佗都已走远了,还装什么蒜呢!"可是,任凭人们怎么叫唤,那店里的学徒仍旧是一个劲儿翻来覆去地打滚号叫不止,豆大的汗珠从额头上滚下来。人们这才发现,这个学徒是真的在闹病。事情就有那么凑巧,原来是那位学徒当天的午饭吃得太饱,而在他看到华佗,要想翻蹦柜台到内屋去装病时,一下用力过猛,挣断了自己的肠子(也有一说是胃穿孔)。不幸的事情真的就像华佗所预言的那样发生了,当日傍晚,这个可怜的学徒就死了。

其实,华佗的"神医"称号,不是徒有虚名,这与他在行医中始终重医德,又精医术是分不开的。其疗病时,合汤不过数种,若针灸,不过一两处,针到病消;若病结积在内,针药达不到,就使用麻沸散,开刀治病,一点不疼;若病在肠中,断肠湔洗即愈。无论什么样的难症怪病,在华佗手里,都是手到病除。

甘陵国相的夫人,怀孕六月,忽腹痛难忍,急求华佗医治。华佗用手一诊脉即知胎儿已死,病人所患的是胎儿腹死症,一碗汤药服下,死胎堕下,国相夫人平安无事。

广陵太守陈登得病,面赤胸中烦闷,饮食不进。华佗诊脉说:"太守胃中有虫,欲成内疽,是腥物所为。"遂制作汤药二升,让陈登服下,不一会儿,只见病人吐出三升左右的虫,头红而动,半身犹是生鱼脍。陈登的病自此慢慢痊愈。

李将军妻身染重病，遍求良医治疗无效，后请华佗。华佗诊脉后说："夫人怀孕，胎儿被不慎碰伤，死在腹中。"将军不信，说胎儿早已生下。他说："虽已生下一个，腹内还有一个，是双胎。生第一个时出血太多，所以后面的一个生不下来了，还留在腹中。"后经华佗针药并用，果然将军夫人又堕下一个死胎。

有一危急病人求华佗诊治，华佗见患者面色苍白，鼻翼翕动，呼吸微弱，两腿蜷曲，便以手扪其腹部，其大叫疼痛。华佗说："此病是肠痈，针药已不济事，必须剖腹治疗。"病者听后甚为害怕。华佗安慰他们说："此种疾病我已治好多例，颇有把握，你们不必恐惧。"于是就令弟子樊阿、李当之准备刀剪、药物，又叫患者以酒服用其特制的"麻沸散"，病人饮后即醉，且失去知觉，师徒三人当即进行剖腹手术。华佗将腐烂部分切除涮洗，即行缝合，敷上药膏，不到一个月即痊愈。

有一位农村妇女患病，忽冷忽热，热时出汗，冷时打战，好像疟疾，但又不是疟疾，治疗多年不愈。遇见华佗后，华佗诊断其为寒热内泣症，嘱咐其家人说："先用冷水为其洗身，让其卧床盖被，在室内生火加温，使其出汗，当即病除。"其家人照办，果然痊愈。

正是上述这些事例，证明华佗身怀绝技，能够治疗疑难杂症，且诊断无误，药到病除，所以会被人们称为"神医"。

华佗既精通方术，又精通数经，在社会上名声很大。华佗中青年时，朝廷要地方上举孝廉。沛国相陈琏敬重华佗，便举华佗为孝廉，华佗婉言谢绝。在华佗看来，国家表面平静，实际上并不安定。地方豪强势力恶势膨胀，水旱蝗灾连年不断，瘟疫时有发生，哀鸿遍野，民不聊生，苦难深重的民众生灾害病无处求医，社会上最需要的是医生，他的最大愿望就是当一名人们需要的看病先生。

太尉黄琬，因请华佗看过病，多有交往，知道华佗医术高明，兼通数经，关心民众疾苦，是个有才干的人，亲自劝说华佗弃医从政，出来做官。华佗回答，自己的志向是当名民间郎中，终身以医为业，对仕途不感兴趣。

华佗同乡曹操，当时正在领兵打仗，某日突然头痛难忍，呻吟不止。太医扎针吃药，没有好转，就去请华佗诊治。华佗一看说："这种病吃药难以奏效，必须针扎胸膈要穴。"内行人都知道，这个穴道历来是医家禁区。然而，华佗艺高人胆大，果然针到病除。曹操佩服华佗医术高明，执意要留华佗在自己的相府。华佗只想在民间采药治病，做个乡间民医，不愿留在相府，最后谢绝曹操，回到了家乡。

东汉建安年间，当时的封建军阀袁绍以绝对优势兵力在官渡与曹操决战，就在这生死存亡的关键时刻，曹操突然头风病复发，痛苦万分。尚书令荀彧请来华佗，再为曹操治疗头风。华佗经过切脉诊断说："丞相是因为劳神过度，得的是'偏头风'，应该是早年头部受过撞击。可是丞相在身强力壮之时病发作不起来，到年老气衰时风寒乘虚进入脑髓，再加上操劳过度，病就会发作，发作时痛不可当。"曹操回忆起自己在灌阳战役时，头部确实受过撞击，听华佗说得有理，便问："我病可能得到医治吗？"华佗说："可以，先扎针再吃汤药，病一定会好。"经过华佗医治，曹操的病很快就好了。

后来曹操的头风病屡次发作，每次都被华佗治愈。曹操见华佗医术不凡，就想留他做自己的侍医，并问华佗："我这病能不能除根？"华佗说："要此病除根，必须将头剖开，取出风涎，就永远不会再犯了。"曹操听华佗要剖开他的头颅，认为华佗不怀好意，但为了自己的头风病痛减少复发次数，就暂且留其在军中为自己服务。可是华佗志在医治天下的穷苦百姓，因而就以妻病为由，请假回家。华佗回家后，许多贫苦百姓纷纷前来求医，华佗热心为他们治病，日以继夜，几无暇时。不觉假期已满，曹操多次催他返回，华佗总是舍不得离开多灾多难的百姓。曹操恼羞成怒，就派一名官吏到华佗家中查看情况。官吏到了华佗家中，见华佗正在为家乡一些贫苦百姓治病，他的妻子根本没有什么疾病，就按照曹操的命令将华佗带到许昌，下了监狱治罪。最终，神医华佗还是被曹操处以死刑。

华佗被杀后不久，曹操的爱子仓舒病重，众医都束手无策。及其病情重危，曹操凝视着奄奄一息的爱子，捶胸顿足地悲叹："我悔杀华佗，令我儿仓舒强死……"后来，曹操头风病复发，痛苦异常，乃自叹曰："我病唯华佗能医，今不可得也！"尔后，曹操每发头风病，就想起华佗，悔恨不已。到头来，一代枭雄曹操还是死于脑疾。

"人怕出名猪怕壮"，身怀医疗绝技兼通方术和经文章句的华佗，顶着一个"神医"的冠冕，在信息传播尚不发达的古代，已经难免遭到世人的怀疑目光，好在有真本事在身，也无惧人前身后各种流言蜚语的诋毁。看来，练就过硬真功夫，才能"人言不足恤"，方可"我行我素"。故事开头那位自作聪明的小学徒，包括最后想以自己握持的政治威权置华佗于死地的曹操，都是过于相信自己的判断，以致不相信有华佗这样的神医,怀疑其人的治疗建议是否别有企图等,结果还不是遭到命运的无情嘲弄!类似这样疑心病很重的人,在当下的社会中其实还是不少的,我们不妨以人为镜,多提醒自己,切勿踏进类似的心理误区。

华佗诊疗直言不讳

神医华佗在世时，给人看病无数。除了大多数百姓得益于其高超的医术外，一些在衙门里当差为官的人也从华佗那里得过救治，但并非个个都能够救活，对一些病入膏肓者，神医也是实话实说地直言相告。

县吏尹世苦恼于自己的口干舌燥，四肢酸痛，另外还有怪异之处，就是他很烦听见别人的声音，而且小便也不利落。华佗知道其病症后，就对尹世的家人说："试着做些热食给他吃，若是出得了汗，那就会痊愈。假如吃下热食后不出汗，那么三日后就会死。"尹世家人即刻做了热食，而尹世吃下去后果然不见出汗，华佗见状，就说："藏气已绝于内，当涕泣而绝。"后三日，果如华佗所言，尹世涕泣流泪而亡。

在官衙里做府吏的倪寻、李延两人来看病，据说都是头痛身热，两人所罹患的病症相同。华佗却在诊断后称："倪寻应该服泻药下之，李延则应采用发汗药对付。"

有人觉得这两个同衙当差之人的病况相同，应该一样地对症下药才是，故此诘难华佗。华佗坦言其实："倪寻是外实，李延是内实,所以两人虽都是实症,却有内外之分,治疗方法也应加以区别。"于是分别给予两人不同的药,服药后,第二天两人就都复原了。

身为盐渎的严昕与另外几个人共同等候华佗,华佗刚好赶到,一见严昕之面,立即问严昕:"先生身体有什么不适吗?"严昕不以为然地说:"和平常一样啊。"华佗说:"你有急病,从面相上就可以看出,莫多饮酒。"坐聊结束后,在回家的路上才行数里,严昕突然感到头晕目眩,结果从马车上栽倒下来。他人赶紧将严昕扶起身来,用车载其归家,当夜即死。

曾做督邮的顿子献患病后略有好转,去找华佗诊脉,华佗对他说:"你的身子骨还很虚,没有康复,不要过于劳神费力,如果进行房事,就会命亡,临死还会吐出数寸的舌头来。"顿子献却并未把华佗警告当回事。其妻听到顿子献已经病好了,就特意从百余里外来看望他,夫妻小别胜新婚,每到晚上就寝时两人就同房交接,结果顿子献三日后发病,临终时果如华佗所预言的那样,吐舌长达数寸而亡。

另一个做督邮的名叫徐毅,华佗知道其得病后,上门诊疗。徐毅对华佗说:"昨晚上医曹吏刘租刚给我针灸过胃管,我便咳嗽不停,想睡觉也睡不安稳。"华佗看后,直言不讳地说:"他没有刺到胃管,反倒误扎在你的肝上了。你以后食量将会日见减少,五日后不救。"之后真的就像华佗说的那样,五天后,进食日减的徐毅一命呜呼。

至于经华佗之手而康复的官员及其家属中,也有的是华佗用古怪特殊的方法医治的,如有一郡守病了,华佗看后,知道这是一个需用特别方法加以治疗的病人。于是他事先告知郡守儿子相关对策,才开始施行自己的治疗手段。

华佗先是有意多收郡守送来的财礼,却不予以治疗,这已经有点激怒平时向来倨傲的郡守了。而后华佗又故意偷偷地溜走,临行前还专门留下一封辱骂这位患病郡守的信笺。郡守读信后果真勃然大怒,他马上命令手下人快马去追逐逃遁的华佗,而且要手下人立刻将华佗当场格杀,以解自己的心头之恨。

郡守的儿子预先就知道华佗的意思,所以按照华佗的嘱咐,赶紧叫下人不要听他那尚在病中的父亲之吩咐,并传下命令:一个都不许出城追赶华佗。郡守见状,更是怒火中烧,愤怒到极致,结果竟大口大口地狂吐黑血达数升之多。说来也怪,在长期淤积在郡守体内的这些黑血被其悉数吐尽后,郡守的病体竟霍然痊愈。

大夫行医诊断,是否该对病人及其家属直言相告实情,从古代神医华佗的行止中不难找到答案。人固难免一死,尤其在患病期间,听到自己或至亲将不久于人世的大实话,感情上肯定会受不了。但作为医者,将病家的实情坦言相告,让其得享应该享有的知情权,其实也是一种应有的职业道德。当然,是否该讲,又如何将病况告知,或是否适当地隐瞒医治手段,如华佗激怒那位郡守等例,在具体的实际生活中,都应该灵活地加以运用。以华佗对表面上病症相同的倪寻、李延两位府吏,采用不同药方为例,就可以看出毕竟是神医,能够慧眼识病,一眼就看出两人内实外实之迥异。相同的病例在时下很多不负责任的庸医看来,还不是等同对待,以致发生乱开药的误诊事件?

故事中一些做官的病者,往往不太把医生的话当回事。官居盐渎职位的严昕,在有神医名号的华佗发话后,仍未引起警觉。强调望、闻、问、切的"四诊法"是传统中医的拿手功夫,既然华佗已经开口讲了"君有急病见于面",后果之严重,可以想见。至于那位不听华佗劝告乃至精尽人亡的前任督邮顿子献,更是殷鉴不远,可谓不听医者劝,三日赴黄泉。相同的例证在现下仍然可寻,一些罹患癌症的康复期病人,就多会有治疗医生提醒关于减免房事的善意劝告。这说明,我们在现实生活中也需要加强健康方面的再教育,多听听来自健康专家的告诫,对提高我们延寿祛病的能力,是有益无害的,何乐而不为哉?

触柱身亡的白侍郎

据说被玉皇大帝敕封为溧水县城隍的白世清,在其生前就是一个为人正直的官员。民间相传白世清自幼聪颖异常,十六岁就已金榜题名,高中举人;二十岁更是考取进士,仕途顺利。后被朝廷任命为江苏句容的知县,为官任上也是刚正不阿,两袖清风,在百姓中间名声很好。三年后升迁调任京师官职,没几年,做到兵部侍郎。白侍郎为人检点,而且体恤庶民。其个人有一嗜好,就是酷爱吃鸡蛋,尤其是每天清早必定要吃一碗蛋汤。这也成为白世清的生活习惯。

有一天,白世清向朝廷奏请回家祭拜祖坟,正在回家的路上,途经溧水县城,旅宿之前,随从就购买了街上新鲜的鸡蛋,并将之放在衣橱中,以备翌日清早起床做蛋汤给白大人食用。没承想,这个旅店正闹鼠患,晚上一群老鼠肆虐,竟将橱中所放置的鸡蛋悉数偷走,一只未留。而此咄咄怪事,又偏偏被白世清目睹。第二天,忽发奇想的白侍郎打算借题发挥,用此事来验证一下"屈打成招"是否真的存在,于是,他故意在鸡蛋不翼而飞的事情上大做文章。他在公堂之上大发雷霆,并对手下几个经办此事的随从严刑拷打。

结果，刑讯逼供之下，个个都"供认不讳"，只是编造的案情不一样，有的称是"自己偷出去换钱了"，有的却干脆说是"自己偷吃了"，居然没有一个鸣冤叫屈的。对此现象，虽说满足了自己那古怪的好奇心，但心里却觉得很不是滋味的白世清不由感慨万分，他思忖自己为官多年，说不定就错判了多少类似的屈情冤案，由此造下的孽更是不知有多少。想到这里，白侍郎竟深叹一口长气，站起身来，猛然对准屋内的柱子一头撞上去，当即身亡！

据民间传说，在世时就是清廉好官的白世清之死，让天庭也为之惊动，玉皇大帝嘉许其为人正直无私的品德，即宁可自己弃官捐躯，也不愿再恋栈官职而有可能再干出冤屈民情的事情，为此，玉帝特地敕封白世清做了他触柱身亡之地溧水的城隍。

上述有关溧水城隍的传说告诉我们：在一些看似"铁证如山"的事情上，有时还真须多留些心眼。譬如，衣橱里的鸡蛋踪迹全无，而那些经办的随从又全部招认自己的"偷窃事实"，若非主审的白侍郎目睹鸡蛋遭到鼠窃的全过程，大错岂不就此铸成？

一个爱民如子的好官，本来就是封建官场中不可多得的异类，当其用不无怪异的方法来验证"屈打成招"现象的存在后，不是去想出什么好法子来杜绝此类不公现象，而是用自杀来对自己往昔可能作出的错判进行惩处，或是以此绝对极端的方式来避免自己今后重蹈覆辙。不管怎么讲，从道义上，白侍郎以其正直，在死后被封作城隍，其情可嘉，作为溧水县城的守护神灵，他是完全具备资格的；但从另一方面来看，白世清触柱身亡的做法，实在是不值得后人效仿的愚昧之举。况且这样做的结果，只会是让世上又少了一位爱民的好官。与其择死,还真不如去重新审视自己之前主持过的卷宗,察看一下有无民情受屈的情况,以俾及时地纠错改谬,那才是真正地让民受惠。

桂林城隍误打孝子

长洲人张少仪,年少时就有"张三子"的美名,所谓三子,是指孝子、君子、才子。在他当上朝廷命官后,张少仪还依旧保持着学识德行俱佳的优良品质,正因其在活着的时候一直行孝积德,所以在死后,张少仪被天庭册封为桂林的城隍。据民间传说,这位城隍老爷同样是以某人是否行孝来作为判断世间民众好坏的道德标尺,以致还曾经为此错打好人,把板子敲到孝子的屁股上。

籍贯也是长洲的顾某,因为其父久病卧床不起,遂在城隍庙向神祷祝,声称愿意用自己的健康身躯来替代老父亲的病体。白天祈祷居然就在晚上的梦里应验。一天晚上,顾某做梦,见城隍老爷派遣皂隶前来将其提至公堂前,却又不得而入。

不多久,见有官轿由远而近地行来,顾某赶紧侧身而立道旁,及至仔细端详,却原来是自己过去的恩师。老师走下轿子后,拉起顾某的手寒暄起来,并且说道:"我现在已经是这里的土地,你又何故到此?"等到听罢顾某告知是愿以己身代父身的事由后,业已成为土地老爷的恩师嘉许道:"这是大孝啊,我应当为你去向城隍求情。"他在进去良久后，出来说："今天城隍有事情，看来这事当改期了。"顾某也就从梦中苏醒了过来。

又过了数天，像几天前那样，皂隶仍旧在梦中将顾某带到城隍庙前，赶到之后，城隍将其召进去询问顾某父母病况。顾某如实回答，称其双亲"骨瘦如柴"。没料想城隍听后，勃然大怒，还催促手下皂隶马上拿棍棒用刑。生怕自己无辜挨到杖击的顾某见状，不禁大叫冤枉。不久，有人从里面递出一张小纸条，城隍神读毕，那紧锁的双眉才松开，铁板一样的面容有了一丝笑意。他说："你的父亲开设药铺，某年大疫流行，你的父亲无偿施药义诊，不收取病家任何药值，这个功德很大。同时也怜恤你有孝心，你爹可以延寿一纪。"顾某称谢而出，并向旁人打听先前城隍神何以发怒。知情者说："在走兽中以豸为最瘦，世人大多以讹传讹地误作为'柴'。城隍神一开始听你说'骨瘦如柴'，还以为你将自己的父母比喻为野兽，故此发怒。后来还是里面的幕僚辨明此事，出来告知缘由，才令城隍气消，让你免去皮肉之苦啊。"

从上述故事来看，那被民众奉若神明来祝祷的桂林城隍，显然也有犯浑的时候，没有听仔细，就草率地对一个孝子施以大刑，冥界似乎也没有什么公道可言，生前以孝行著称于阳世的张少仪，在做了城隍后，还是容不得他人对父母的不孝之恶行，包括口吐污言秽语。但毕竟城隍生前也应知道"骨瘦如柴"是约定俗成的成语，把"骨瘦如柴"听成"骨瘦如豸"，实在太离谱。然而生活中类似的脑筋搭错误会现象，的确也不少。

不过该故事也从另一面反映了桂林城隍嫉恶如仇的性格,他知情后又扬善施恩、秉公定夺,倒也算是性情中人,行事痛快。这正是世人乐见的主持公义的好官形象。

上海城隍显灵救民

上海的城隍庙一直以来都是香火旺盛，民间道教信众对城隍秦裕伯十分崇拜，都说城隍老爷特别灵。传说这位城隍还在清朝初年显灵，救过全城百姓的性命。那是在满人入关，八旗铁蹄南下，山河社稷已归清朝王室之时，面对明朝遗民情结浓厚的江南百姓，残忍成性的新统治者动辄以屠杀手段来对付民众的任何反抗，离沪上稍远一些地区，就有著名的"扬州十日"，毗邻的更有"嘉定三屠"，让人闻听为之色变胆寒。

其时上海周围海盗也很猖獗，一次海匪的入侵骚扰，令城内官仓粮库被洗劫一空。朝廷闻讯，不敢轻视，马上调兵遣将，派了苏州王总兵前来剿匪。谁承想，王总兵上阵交手后却铩羽而归，让人切齿的是，这帮官兵外战外行、内战内行，对外御敌吃了败仗，一点不以为耻，反过来对城内的老百姓却是一点不客气，大肆掳掠扰民。百姓不堪其扰，于是聚众结集后到总兵府前大骂那败军之将。王总兵生怕此事传到上峰处不好交代，于是干脆恶人先告状地将污水全部泼到百姓的头上。他向江苏巡抚周国柱报告说，是上海的百姓与城外的海匪内外勾结串通，向海贼提供官仓、粮库的地点,这才使得朝廷的财产遭受巨大损失云云。

  高居掌控全省军政大位的周国柱听闻手下王总兵的一面之词,在那样的岁日和时代背景下,习惯性地从暴民作乱的角度考虑问题,因此这位刚愎自用的巡抚大人立刻就动了杀机。他发下指令,决定在翌日一大早,就大开杀戒,将浦南到静安寺一带的所有百姓统统杀戮,以儆效尤。当时在场的上海县令闻绍庆一听,如五雷轰顶,作为父母官,哪能让子民遭此戕害?于是他上前陈情说项,愿以自己全家老小所有性命作为担保,力劝巡抚大人周国柱不要屠城,犯下残害苍生的罪孽。可偏听王总兵之词的周国柱,哪里还听得进闻绍庆的忠言谏词?他命令手下赶紧布置,作好人马去向的安排,直到子夜方才全部完成,接着就自坐巡抚衙门的二堂上,取酒独酌,单等拂晓鸡啼声起,即刻开始屠城行动。

  他正在半醉半清醒的状态中,忽然听到屋外庭院里有"嘭"的一声响动,抬头定睛一看,只见庭院里站着一个身穿红袍,手拿象牙朝笏的官员,从打扮上看,不是本朝的官员朝服,也无顶戴花翎。在烛光映照下,周国柱认出了来者原来是城隍庙里的城隍老爷,带着一些酒意的周国柱浑身一激灵,不免脚底发寒,脊背顿感凉飕飕的,实在是惊恐万分,想要开口,却见城隍老爷瞪大了双眼,直盯着周国柱,摇了三次头,又举起右手摇了三摇。周国柱见此,心中琢磨,会不会是城隍老爷显灵来为全城的百姓请命呢?他连忙起身离座,深深地向城隍作了一揖,并说:"城隍显灵,百姓定然有冤,本官当取消屠民之令。"他的话音未落,只见眼前金光一闪,城隍老爷已是踪迹不见。由此,上海的民众躲过了一场本会降临的惨绝人寰的大屠杀。

知道内情者说，其实，那天夜里醉意迷蒙的周国柱见到的只不过是真人扮演的城隍老爷。此事是由上海县令闻绍庆与巡抚衙门的蒋师爷两人策划的，前者见说不动上司，焦急万分，后者不愿意自己辅佐的主公犯下如此罪孽，两人赶紧策划好这出戏，就等夜半三更上演。假城隍就由蒋师爷装扮，因为周国柱熟悉其声音，所以城隍老爷是只做动作不发声，在周国柱相信城隍显灵，并欲表态取消屠城之令之际，再迅即抽身离开。而帮助百姓躲掉一大劫难的上海城隍老爷，从此也得了一个爱民如子，极其灵验的好名声。

具有神灵观念的人们往往会在最无助的时候祈求超自然的神祇来护佑自己，但在特殊时候，这样的希冀还是必须借助非常手段，将期待的"护佑"，变成现实的"忽悠"，用阳世间的活人来装扮阴间的冥官，而这一招也确实在心理上阻遏了对方的作恶歹念。上述故事中的闻县令设法让城隍"显灵"，叫巡抚衙门的蒋师爷如此"试爷"，一旦败露，开罪老爷的后果可想而知，可见两人有过人的胆识和智慧，真正爱民如子的形象也跃然纸上，令人钦敬。

城隍借兵击退河神

唐朝开元年间,有一天,滑州刺史韦秀庄到城楼巡视时,忽然看见有一个长三尺左右的人,穿戴着紫衣朱冠,前来拜谒。此人口称自己是此地的城隍之主,从神情上看,这个自称城隍的人样子很焦急。他说:"黄河之神欲毁掉我们这座滑州城,以拉直黄河与洛水之间的河道,我当然不容许河神这么做。河神定要来报复。五天后,我们之间会在河岸边上决一胜负。说实话,我恐怕自己的力量不够,担心赢不了河神。于是前来向使君您讨救兵,希望能够借助您的力量,来击退河神。假如能够得到使君麾下两千人持弓弩相助,就一定会取得胜利。"韦秀庄为本城治理的军民着想,应允了城隍的请求。

五天后,韦秀庄亲自率领手下劲卒两千,带上弓箭连弩等武器,登上城楼,就等那天显灵的城隍所说的神祇大战发生。不一会儿,大伙果然看见滔滔黄河中忽然晦暗,须臾间即有一股白气直冲而上,有十余丈多高;而城楼上则有一股青气出来迎上,两气互相萦绕。韦秀庄见状,知道那白气就是河神法力的化身,于是下令,命手下军士一齐箭射白气,只见原来那股看似气焰嚣张的白气的形状逐渐变小，最后慢慢湮灭。唯独剩下城楼上冒出的那股青气存在，逶迤盘绕不散，宛若云峰之状，然后徐徐还入城楼中。

一开始，白气刚冒出冲上来时，滔滔的黄河浊浪一度迫近城楼之下，而在韦秀庄率领两千劲卒以弓箭助阵，向白气发起攻击后，青、白二气之间的斗法胜负已分，原来肆虐于城下的河水也乖乖地退后了五六里。

小小的滑州城隍，其势远不是可以同那力量雄厚的黄河之神相抗衡的，但为了御城护民，他不惜决一死战，但顾忌最终凭靠己力难以获胜，于是向阳间的地方长官求救。在人神合力共斗强敌的战斗中，终于战胜那妄想摧毁古城以拉直河道的河神。这里，我们看到神界中同样存在着想随心所欲满足自己的恶神，而滑州城隍代表的是正义形象。这则故事更有意思的是告诉我们，原来众人合力也可有那么大的威力作用，两千军士万箭齐发，正是叫河神害怕而逃遁的主要原因。人心合力泰山移。荀子所说的"人定胜天"，在这则故事中不也得到了别样的诠释吗？或许，这也可让我们对自己的力量抱有更多一点自信吧。

读书郎成为新城隍

康熙年间,甘肃陇西的城隍庙里供着一尊城隍,他那黑苍苍的脸上长满了胡子,相貌看上去十分威严。可到了乾隆年间,原来的那尊城隍却不见了,庙里供奉的已是一个白面书生,虽说看上去仪表堂堂,但其似乎过于年轻,与城隍老爷的资格好像不太般配。人们见此古怪现象,也不知道其中的原因。有人难耐好奇之心,于是跑去向庙里的人打听。而庙里的人称自己也是听前辈所言,原来这个城隍庙在康熙后的雍正年间,曾经发生过这么一件怪事:

雍正七年(1729),当地有个姓谢的书生,才二十岁光景,跟着他的老师,借宿在城隍庙里读书温习。这天夜里,老师有事外出,谢生一个人正在月下散步吟诗,就看见外面进来一个人拜城隍老爷,他就躲在城隍神像的背后偷看。只听得那人轻声祷告道:"城隍老爷保佑,今夜我去偷东西,倘若马到成功,一帆风顺,明天一定给您献上猪头三牲!"说罢,又捣蒜一般地磕头叩拜。闻听此言,谢生这才知道,原来这个鬼头鬼脑的家伙竟然是个贼。谢生暗暗好笑,心想城隍老爷是聪明又正直的冥界地方官,难道就你这样一个小贼,靠供奉一副猪头三牲的贡品,就可以将他收买了吗?

谁知道第二天，那人果然带来了猪头三牲，而且喜滋滋地低头向城隍老爷还愿了。谢生本是一个血气方刚的青年，看到这样的事情，自然是愤愤不平。他回到房里，当即挥毫写下一篇文章，借着笔墨抒发胸中的郁闷之气，在文章中把这个城隍痛痛快快地骂了一通。谢生写完之后，也不当一回事，只是将这篇文章在书里一夹，就上床就寝去了。

这天夜里，陇西的黑脸城隍马上知道了这件事，他不禁恼羞成怒，就托梦给谢生的老师，要他好好管教自己的学生，否则的话，就要不客气了。谢生的老师梦醒之后，连忙去问谢生有无此事。谢生害怕了，不敢承认。老师大发脾气，一不做二不休，干脆动手搜查起谢生的物件来，几番折腾后发现了那篇讨伐城隍的"檄文"。看罢此文，在梦中被语带威胁的城隍吓怕了的老师真是气得发抖，他当场就把谢生这篇"大逆不道"的文章给烧了。

这天夜里，那城隍老爷却跌跌撞撞地又来托梦了。这次他对老师说："啊呀呀，这可如何是好！我昨天来告诉你这件事，无非是说你学生不知天高地厚，居然胆敢谩骂神明，要你惩罚他，不过是吓吓他的呀。谁知道你这位老先生也真是太认真了，竟把文稿当场焚烧，结果惊动了过路神仙，他们把文稿上奏东岳大帝。东岳大帝一时大怒，立即将我革职拿问，并且奏明玉皇大帝，要你的学生来代替我这个位置了。"原来不可一世的城隍老爷说罢，居然泪流满面，老师在梦里只见那城隍懊丧之极，灰溜溜地走了。

这位老师醒来之后，觉得怪异，就把这事告诉了谢生。可谢生听后，吓得三魂七魄都没了，要他来代替做城隍，这不是表明他的阳寿就到此为止了吗？虽说有老师劝说，但谢生的心中总是存着一个解不开的疙瘩。闷闷不乐的谢生在三天后果然暴卒。于是庙里的执事就依照此事原委经过，出于不拂逆神意的缘故，请来工匠雕刻新的城隍神像，就这样，把陇西城隍的神像由原来的那尊黑脸，换成了谢生本人生前的模样。而原来的读书郎谢生，也就此成为人们供奉的陇西新城隍。

人们常说"头上三尺神明在"，其实就是以此来告诫自己做什么，神明都会知晓。谢生白天撰文，原来的那位黑脸的陇西城隍老爷就在晚上向其老师托梦，想通过其老师的耳提面命，来教训一下这个不知天高地厚的后生仔。孰料那被城隍老爷吓怕了的老师一把火将学生的文章烧掉，又让过路神明截获其文内容，捅到天庭，却是最终罢职换人，不仅原来的城隍丢官，年纪尚轻的读书郎也就此夭折，实在是很有点黑色幽默的味道。如果原来的黑脸城隍能够知错就改，息事宁人，不利用自己的权势来托梦给谢生的老师，这后来的一切悲剧也就不会发生了。所以，得饶人处且饶人，对冥界的神明而言，人间的法则有时也有指导意义；反过来，陇西旧城隍的罢职缘由，对阳界的人们来说，又何尝不是前车之鉴呢？

城隍庙高挂大算盘

据上海民间传说，县衙里曾有过一个绍兴师爷，这个人是个人所共知、出了名的刻薄鬼，其人特别贪财，就像俗话形容的那样，是"棺材里伸手——死要钱"的那种人。这家伙倚仗着自己在衙门做师爷的地位，想尽办法敛财，利用手中权力，处处敲诈老百姓。一般的人家要进衙门打官司，不管有理无理，总要出钱，先得买通他，这样才能把状纸交到官府老爷的手里。

不过，要买通这位贪财的绍兴师爷，也不是那么容易的事情。这个绍兴师爷的算劲十足，他帮人家打官司，先要琢磨打官司者的家庭是否殷实。倘若那打官司人的家里是有钱的大户人家，那他就会算进算出，不把人家的"家财"算计到他自己的袋里，那户人家就不要想打赢官司。至于那些穷人，就根本不要来打官司，你若没钱，他睬都不会睬你。就这样，这个绍兴师爷靠着自己的特有权势，把周围的老百姓刮剥得叫苦连天，长此以往，大家背地里送其一个绰号，都叫他"钱如命"。

一天，一个种田人打官司打到他的手里，一场官司打下来，官司没有打赢，钱倒都被他刮光了。这个种田人一气之下，做了一把长六尺、宽二尺半的大算盘,捐赠给城隍庙,并且挂在二门的正中,意思是"人有千算,天只要一算",你就是再刻薄再会算的人,总"算"不过老天吧,老天只要一算,你就要完蛋。这个大算盘挂出来没有几天,果然,那个绍兴师爷突然生了一场暴病,任凭哪位高明的医师都看不好,没有捱上几天,"钱如命"就一命呜呼了。绍兴师爷一死,老百姓都拍手称快,讲城隍庙这把算盘挂得真好。从此,这把大算盘就一直挂在城隍庙二门,直至今天。

老古话云:"堂堂衙门八字开,有理无钱莫进来。"这句话活脱是上述故事中绍兴师爷行径的最好诠释。生活中爱财者可谓不计其数,但如此不要脸面和用心歹毒地敛财,被人贬为"钱如命"者,恐怕还是为数不多。那位打造大算盘的种田汉固然出了口恶气,但类似"下降头"的初衷也不够仁厚,倘若人人都相互诅咒成风,整个社会岂不乱套?话说回来,如今上海青浦城隍庙二门上确实挂着一把硕大无朋的算盘,不管这故事是否与传说中的那位敛财如命的绍兴师爷相关,其所具有的警示作用倒是实实在在的,它提醒人们,千万别太自作聪明,更别干坏事,人有千算,不如老天一算。

喝闷酒的城隍老爷

明朝嘉靖年间，在上海城隍庙附近的一家酒店里，经常有一位老人前去喝酒，从外貌上看，老人须发皆白，显然是上古稀岁数之人。每逢初一、十五，老人总会选择在清晨时分来到酒店，大多是叫掌柜斟上一两壶米酿的老白酒，再添上一碟盐水花生，他就会十分享受地独自小酌。一般要到月上柳梢头，酒店都打烊了，他才会离开。日子久了，众人也都熟悉这个古怪老头的习性了，大家送其雅号为"酒店怪客"。

一天，正是正月十五元宵节，城内有许多善男信女赶到城隍庙里去烧香。但见城隍老爷座前，烛光融融映人，香烟袅袅萦绕，可谓香火大盛。而这位老人却依旧像往常一样，来到酒店喝酒，并没有去凑那份热闹。老人看似有些闷闷不乐，在那里独自喝着闷酒。小伙计见状，想为他解解闷，便上前打趣老人道："老先生，今天城隍庙里人山人海，热闹非凡，你为什么不到那里去转转呢？"那老人不听便罢，听了反而长叹一声说道："小伙计，你不了解，那些前去庙里烧香的人，都有自己的大算盘和小九九，有的是想升官发财，有的要为自己洗刷罪孽，有的是祈求长命百岁，有的则想讨个美貌的妻子,有的是想嫁个有钱的丈夫……哎,这些人的要求可多啦,城隍老爷又怎能满足得了呢?我是为了避免烦嚣才躲到这里来喝几杯,图个清静。"小伙计听后,连连点头称是,心想怪老头说得一点不错,这倒是事实,众人如此多的要求,城隍老爷确是很难做到的。自那以后,小酒店里的这个小伙计与"酒店怪客"的关系也更加密切了。

一天,小伙计的弟弟气急败坏地奔到小酒店里,向小伙计报告说:"昨天一大清早,父亲背了两匹布,到县城里去卖,不料走到半路被两个强盗抢去了。这两匹细布,可是父母亲和我起早摸黑,足足花了三个多月时间才织出来的啊。如今被强盗抢去,叫我们以后怎样过日子呀?哥哥,你快想想办法吧!"小伙计听了,圆睁两眼,牙齿咬得咯咯作响,双拳攥得紧紧的,他实在是恨透了,可就是想不出一点办法。正在此时,边上突然有人插话:"别急,小伙计,我倒有个办法。"小伙计循声看去,正是那位每逢月初或月半就会前来的"酒店怪客"。他边说边走了过来:"你们兄弟俩跟我到城隍庙去一趟,说不定还能捉住强盗呢!"三人来到城隍庙的大殿里,忽见满面红光的城隍老爷塑像下,跪着两个男人,肩上都背着一个蓝布包袱。不一会儿,那个城隍爷突然发起脾气来,吹胡子、瞪眼睛,大声吼道:"大胆的歹徒,竟敢在光天化日之下抢劫,还到我面前烧香!若不立即放下抢来的东西,休怪我不客气!"话音未落,那两个强盗吓得浑身发抖,头像捣蒜似的磕得咚咚直响,丢下抢来的东西,连滚带爬溜了出去。烧香的众人,被城隍老爷突如其来的显灵惊得面面相觑,目瞪口呆。兄弟俩忙上前一看,果真是他家遭抢劫的两匹细布。小伙计正要回头向怪老人道谢,可一眨眼,再也找不到他的影踪。小伙计再联想起元宵节那天那老人跟他闲谈的话语,一拍脑袋,说:"啊呀,我真糊涂!这'酒店怪客'不就是城隍老爷的化身吗?"于是,兄弟俩在城隍老爷像前纳头便拜。

第二天,小伙计在小店里特地预备好佳肴美酒,虔敬地等着那老人到来,可是"酒店怪客"从此之后却再也没有露面。人们说,"酒店怪客"来是来的,可是换了面孔出现了,这叫那肉眼凡胎的小伙计怎么认得出呢?

城隍老爷面对众人的祈求,都会发怵,因为太多的夹杂着个人私欲的希冀和心愿,怎么能让冥界的城隍全部兑现?故事中城隍化身为"酒店怪客"而躲进酒肆喝闷酒,根本就是将红尘中俗人们的馨香祷祝置之脑后,看看那些磕破脑壳的俗人行止,再听听喝闷酒的城隍老爷的心语,实在很讽刺。当然,个别人如小伙计家遭抢劫之事,有承担惩恶扬善之义务的城隍知道了,还是要出手处理的。这些年来各地"烧头香"的风气重新盛行,而如此烦嚣的恶俗,一旦过分,恐怕只会招致神憎鬼厌。上述故事揭橥的,不正是这样一种结果吗?

魏伯阳炼丹试徒弟

被后世道教界人士誉为"丹经王"的魏伯阳,是东汉时炼丹得道的方士,其原籍为会稽上虞(今浙江省上虞县)。一说其名翱号伯阳,又有个道号,叫云牙子。魏伯阳本来出自士族高门,只因个人性好道术,不乐仕宦,所以并没有走出将入相的仕途,偏偏热衷修道炼丹之事。相传,他曾上山炼制神丹,当时还有三个徒弟也跟随伯阳一起上山修道。由于担心几个徒弟的心不诚,等到丹炼成后,魏伯阳就开始了对徒弟的试探。

他先将炼就的丹喂狗,结果狗吃完丹后,当场死去。于是魏伯阳就对徒弟说:"制丹未成,大概是没有得到神明的意思吧。你们如果服食下去,恐怕会和狗那样死去,那可怎么办?你们还要不要服丹啊?"几个弟子都沉默不答,伯阳自己就将已经炼好的真丹服下。一会儿,他便佯装死去。其中一个徒弟见状,心里十分难过,他说:"师父教诲我们多年,处处都以身作则,今天仙丹未炼成而先就逝去,我们大家理应相随。"这个弟子说完,就毅然服下金丹,不一会儿,也像之前的狗一样死去。

另外两个徒弟看到前面几个服食真丹的都暴毙了,非常害怕和震惊,再也不敢吃金丹了。毕竟师徒一场,情谊深厚,他俩就一起走出了山谷,为师父和师兄寻求棺木。等这两个胆小怕死的徒弟走远后,魏伯阳居然又复活了,他把炼成的妙丹,放入死去的徒弟及狗的口中,不一会儿,徒弟和犬都活转过来。于是,魏伯阳带着服丹的弟子及那条吞服妙丹的狗成仙而去。

再说那两个徒弟,费了好大功夫,才弄来棺木,等到他俩将棺木抬到山谷一看,早不见了师父、师兄和狗的踪影。正在纳闷时,一个砍柴的樵夫向他们走来,于是他们上前寻问。樵夫说:"你们的师父让我转告你们,谢谢你们的一番孝心。"那两个徒弟听后,这才知道原来师父刚才之举,就是对他们的最严苛的考验,可这个时候,再后悔也来不及了。

古往今来,老师考验学生的事例不计其数,但像魏伯阳这样,拿弟子是否愿以个人性命跟随先生作试探的,可谓绝无仅有,至少也是十分罕见的。那个随师而成仙的弟子看似愚忠,其表现犹如没经过大脑考量一般,甚至等同于前面因吞丹而"亡"的家犬,在同门的另外两个师兄弟看来,实在太笨了,尤其是在师父也服丹而"死"后,似乎更没有必要去冒这个险。故事的结局峰回路转,原来师父是佯死,后面还有妙丹可以解毒及使人羽化成仙,魏伯阳就是凭靠这种极端的试探方法,甄别出三个弟子在修道决心和意志,甚至人品上的差别。不如此,又焉能见其真章呢?

从射母鹿到斩妖邪

被道教誉为"四大天师"之一的许天师,是晋代的高道许逊,字敬之,江西南昌人,民间多称其为"许真君"。按《十二真君传》,"许真君名逊,字敬之,本汝南人也。祖琰、父肃,世慕至道。"《三教源流授神大全》载称其生于孙吴赤乌二年(239)的正月廿八日,据说其母先是梦见金凤衔珠,坠落怀中,遂受孕而生。其在未满二十的弱冠之年,师从于大洞真君吴猛,并受三清之法,除了博通经史,明天文、地理、历律、五行、谶纬之书外,许逊更喜欢的是神仙修炼之事。

据《云笈七签》记载,一次许逊去打猎,射中了一只有孕在身的母鹿,适逢母鹿生产下小鹿,中箭的母鹿还不顾一切,折回头来伤心地舔小鹿,一会儿便死去了。许逊见状,心中非常难过,他为此怅然感悟,并将弓矢折断,开始专注于神仙之道。晋太康元年(280),许逊举为孝廉,时年四十二岁,朝廷任命其为蜀地旌阳县令。许逊从政期间,由于公正廉明,为吏民悦服,民众感其恩德,还立祠供奉其像,人们都亲切地称他为许旌阳。

西晋末年发生八王之乱,晋室也被迫东迁,许逊弃官东归,浪迹江湖,寻求至道。在此期间,他与吴君同游于江左一带,又与著名高道郭璞一起阻止权臣王敦作乱。在郭璞被大将军王敦处以极刑后，他与吴君一起隐遁至庐江口，并在这里渡人，授人以神仙之术，后遇真人传授太上灵宝净明法及斩邪擒妖之道法等。不久游豫章（南昌旧称），遇一少年名慎郎，乃蛟蜃精所化，几次发洪水来危害江西百姓，许逊率弟子击杀蛟精，为江西蠲除了水患。自此，许逊道法大显，名传遐迩，四方来求拜的弟子也是不可胜数。

相传东晋宁康二年（374），许逊举家从豫章西山（今江西南昌西山）白日飞升。乡人与其族人共立祠以祀之。南宋绍兴间（1131—1163），相传西山玉隆万寿宫道士何真公祈请许真君降临，以平息战乱，将民众从水深火热中解救出来，因而得到许逊传授的《飞仙度人经》《净明忠孝大法》等。元朝时，道号玉真子的道士刘玉用"净明"作为其所创的教派名称，主要经典为《净明忠孝全书》，并奉许逊为教祖，在当地许逊信仰的历史基础上，成功地创立了"净明忠孝道"。后世道教界将许逊与张道陵、萨守坚、葛玄四个人一起尊奉为"四大天师"。

射母鹿和斩妖邪，其实都是杀戮，但二者确有鲜明的恶善之分。许逊看见被其射中的伤重母鹿死前还流露的那种天然母性，让其惨然动容和感悟，并由此走上专修神仙道术的人生旅程；而他在修道过程中学到的斩邪擒妖之术，也令其有了为民除害的本事。许逊完成这样的人生飞跃，正是源自那次射杀母鹿后善良心弦的拨动。这样看来，道经《云笈七签》上的记载是别有深意的。有时候，生活中遭逢的某件让你感到印象深刻乃至终身难忘的事情，或许会就此成为改变你人生轨迹的契机。

匠石运斤成风之谜

庄周与惠施是关系很密切的朋友,两人之间的走动相当频繁。惠子在世时,常常会与庄子发生论辩,两人争论时好像针尖对麦芒,互相诘难或冷嘲热讽也是家常便饭,尽管如此,两人彼此之间却在长期交往中结下深厚的情谊。惠施去世后,曾经在发妻死后能"鼓盆而歌"的庄子,却很难抹去对好友惠施的怀念。

有一次,庄子带着几个学生给人送葬,途中经过好友惠子的墓地,看到墓地上面随风摆动的小草,自然而然地想起了好友生前在世时候的音容笑貌。他十分动情地回过头来,对跟随自己的学生们讲述了一个"运斤成风"的故事。庄子说:"从前楚国的郢地有个人,在捏白善土时,不小心让泥巴溅到了自己的鼻尖上,那泥点也就像苍蝇的翅膀那样大小,而那郢人让有名的木匠师傅即匠石拿斧子来替他砍削掉鼻子尖上的这一小块白点。匠石把斧子挥动得呼呼作响,只见他运用自如地砍削白点,到最后,郢人鼻尖上的白泥被匠石完全除去,而鼻子却丝毫也没有受到什么损伤,郢人站在那里若无其事,面不改色。宋元君知道这件事后,就叫人把匠石召来,对他说:'你也替我这么做试试看。'匠石却面露难色地回答:'我以前确实能够用斧头砍削掉人家鼻尖上的小白点。但是,那个可以配合我这样做的伙伴早就死了。'"

说到这里,庄子不禁悲从中来,他难抑落寞之情地喟叹道:"自从惠施先生离开人世后,我就没有可以匹敌的对手了!我再也没有可以与之论辩的人了!"

庄子以此故事来感叹好友惠施的辞世,两人之间的感情真挚及深厚,可见一斑。故事本身也告诉我们,哪怕是能够"运斤成风"的匠石,其技术娴熟已无以复加,但真要做到这一点,依旧需要不可或缺的外在条件,那就是要有与其心有灵犀般相通之人,只有已经离世的郢人才能和他搭配得天衣无缝。若换作那养尊处优的宋元君站在自己的面前,只怕技术再好者如匠石,也会发怵而令技术走样。可见任何事情的成功运作,其实都有主客观方面的原因,失去郢人的匠石不敢再运斤成风地削人鼻尖之泥,不正昭示了这个道理吗?

食肉终生未必有福

南郭子綦膝下共有八个儿子。一天,子綦把八个儿子排列在自己的身前,并叫来会看相的九方歅,他对九方歅说:"请您给我八个儿子看看相,看他们中间谁最有福气。"

九方歅仔细端详了子綦的八个儿子后说道:"按照我的观察,应该是梱最有福气了。"南郭子綦闻听此言,就惊喜地说:"怎么算是最有福气呢?"

九方歅很肯定地回答道:"梱将会跟国君一起饮食,并因此而终了其一生。"谁承想,南郭子綦听了九方歅的回答后,竟然泪流满面地说:"我的儿啊,你怎么会有这样的命运呢!"

看到南郭子綦的模样,九方歅十分诧异和不解,他不禁责问道:"难道跟国君一道饮食不好吗?这种恩泽将施及三族,还不只是父母呢!如今先生听了这件事,居然会泣不成声,这分明是在拒绝要降临的福禄啊。看来你的儿子倒是有福气,你这个做父亲的,却是没有什么福分了。"

南郭子綦说:"九方歅先生,你怎么就能够肯定,梱确实是有福的呢?所谓有酒肉可以食用,只不过从口鼻进到肚腹里,又哪里知道这些东西是来自什么地方呢？我不曾牧养，而在我屋子的西南角却出现了羊，我不曾喜好打猎，而鹌鹑却出现在我屋子的东南角。假如不把这看作怪事，那又是什么事呢？我和我的儿子所游乐的地方，只在于天地之间。我与他一道在苍天下寻乐，我和他一道在大地上求食；我不跟他建功立业，也不跟他出谋划策，更不跟他标新立异。我只和他一道随顺天地的实情，而不因外物便相互背违。我只和他一应顺任自然而不为任何外事所左右。如今我却得到了世俗的回报啊！大凡有了怪异的征兆，必定会有怪异的行为，这实在是很危险哪！并不是我和我儿子有什么罪过，大概是上天降下来的罪吧！我就是因为这个缘故，才泣不成声的。"

在九方歅给南郭子綦的儿子们看相后不久，国家就派遣梱到燕国去，结果在半路上，强盗劫持了梱。强盗们本来想保全其身当奴仆卖，但有很多不便，又实在担心他会寻机逃跑，后来一不做二不休地干脆截断了梱的双脚，这样价钱虽低廉了，但也更容易卖掉了。于是，歹毒的强盗们截断了梱的脚，将他卖到了齐国，正好齐国的渠公出手，将断腿逃跑不便的梱买了去，给自己看守街门。和豪富之家住在一起，梱的命运果然如同九方歅当年所说的那样，仍能够一辈子吃肉而终了一生。

出自《南华真经・杂篇・徐无鬼》的这则故事，道出了如何看待福分的问题，对同样的事情，不同的理解完全可以引申出截然相反的论断。子綦对"王母娘娘的锅漏了——天上掉下馅饼"的事情，是持否定态度的。他认为家中的西南角出现羊，东南角出现鹌鹑，都是不劳而获的东西，是怪事或怪异的征兆，所以会忧心忡忡，无怪乎听到九方歅说自己的儿子梱将与达官贵人一起终生食肉,要难受得涕泗横流了。善于相人的九方歅遇见子綦这样的怪人,确实会觉得对方不可理喻。事实验证了子綦的论断,梱的后来遭遇,不啻"塞翁失马"故事的翻版,而断腿残疾、寄人篱下地生活一辈子,即便能食肉终生,也绝非什么享福之事。"平安是福",一切顺其自然,才是我们应该具有的人生态度。

孔子领受渔父教诲

孔子带着若干弟子,来到名叫缁帷的林中,坐在杏坛上休息。弟子在读书,孔子自己弹琴吟唱。曲子还没奏完,有个须眉皆白、披发扬袖的渔父下船后,沿河岸而上,到一平地后停下脚步,左手抱膝,右手托起下巴,聆听孔子唱歌。一曲终了,渔父用手召唤子贡、子路,他向两人指着孔子问道:"他是干什么的?"子路回答:"鲁国的君子。"

渔父再问孔子的姓氏、职业等,还问及他是研习什么学问的。子贡说:"孔氏这个人,恪守忠信,践行仁义,修治礼乐,序列人伦,对上尽忠国君,对下教化百姓,欲用此法造福于天下。这就是孔氏钻研精习之事。"

渔父又问:"他是拥有国土的君主吗?"子贡说:"不是。"渔父接着问道:"是王侯的辅臣吗?"子贡说:"也不是。"渔父于是笑着转身离去,边走边说道:"说仁就算是仁了,不过恐怕难免自身的祸患,真是折磨心性,劳累身形而危害自己的自然本性。唉!他离大道也实在是太远了!"

子贡回来,把与渔父的对话告诉孔子。孔子推琴起身说:"这人恐怕是位圣人呢！"说着忙走下杏坛寻找渔父，来到岸边，见渔父正划桨撑船而去，回头看见孔子，就转身站立着面对孔子。孔子后退，再次行礼才上前。

渔父说："你有什么事？"孔子说："刚才先生话没说完，我实在愚钝，不能领受其中意思，只能在此等候先生，希望有幸听到先生谈吐，令我受教！"渔父说："唉，你实在是太好学了！"孔子再次行礼后站起身说："我自小就学习，直到今天，已经六十九岁了，没能听到大道理的教诲，怎敢不虚心求教！"

渔父说："同类相会聚，同声相应和，这本是自然的道理。你的活动就是尽人事。天子、诸侯、大夫、庶民，这四种人如能摆正各自位置，此即社会治理的美好境界；四者若偏离本分，会产生很大的动乱。官吏各任其职，人民安处其事，才会不相侵扰。所以，田地荒芜，居室破漏，衣食不足，赋税不缴纳，妻妾不和睦，老少丧失尊卑序列，这是普通百姓的忧虑。不足以胜任职守，本职工作做不好，行为不清白，属下玩忽怠惰，功名不具备，爵禄不保持，这是大夫的忧虑。朝廷无忠臣，都城采邑混乱，工艺技术不精巧，敬献贡品不好，春秋朝觐失序，不顺天子心意，这是诸侯的忧虑。阴阳不调和，寒暑不合时，伤害万物生长，诸侯暴乱，侵扰征伐，残害百姓，礼乐无节度，财物穷尽匮乏，人伦关系未得整饬，百姓淫乱，这是天子的忧虑。如今你上无君侯秉政之地位，下无大臣经办之官职，却擅自修饰礼乐，序列人伦，想来教化百姓，不是太多事了吗？"

渔父接着向虚心讨教的孔子指出，人有八种毛病，事有四种祸患。八病为揽、佞、谄、谀、谗、害、慝、险八种奸邪贪婪恶毒嫉妒的行为表现,有这八种毛病的人,外会迷乱他人,内则伤害自身,因而君子不和他们交往,明君不以他们为臣。四患是指叨、贪、很、矜这些好大喜功、刚愎自用、屡教不改或排斥异己之事。能除八病,不做四患者,方可以受教。

孔子凄凉地长声叹息,再次行礼后起身说道:"我在鲁国两次被驱逐,在卫国被禁止居留,在宋国遭受伐砍坐荫之树的羞辱,又被围困在陈国、蔡国之间。我不知道自己有何过失,竟遭这四种毁辱,究竟是什么原因呢?"

渔父闻听后变容道:"你实在是难于醒悟啊!有人害怕自己的身影、厌恶自己的足迹,想要避离而逃跑开去,举步越频繁足迹就越多,跑得越快而影子却总不离身,自以为还跑得慢了,于是快速奔跑而不休止,终于用尽力气而死去。不懂得停留在阴暗处,就会使影子自然消失,停留在静止状态就会使足迹不复存在,真是太愚蠢了!你仔细推究仁义的道理,考察事物同异的区别,观察动静的变化,掌握取舍的分寸,疏通好恶的情感,调和喜怒的节度,却几乎不能免于灾祸。你要修身和谨慎保持本真,把身外之物还与他人,那也就没有什么累赘遗害了。如今你不修己身反而要求他人,这不是本末颠倒了吗?"

孔子悲伤地问:"请问什么叫本真?"渔父回答:"所谓真,就是精诚的极点。不精不诚,不能感动人。勉强啼哭者虽外表悲痛其实并不哀伤,勉强发怒者虽外表严厉其实并不威严,勉强亲热者虽笑容满面其实并不和善。真悲无哭而哀伤,真怒未发而威严,真亲未笑而和善。自然真性存在于内心,神情表露流于外在,这就是看重真情本性的原因。将上述道理用于人伦关系,侍奉双亲就会慈善孝顺，辅助国君就会忠贞不渝，饮酒就会舒心乐意，居丧就会悲痛哀伤。忠贞以建功为主，饮酒以欢乐为主，居丧以致哀为主，侍奉双亲以适意为主。功业与成就目的在于达到圆满美好，因而不拘于一定途径；侍奉双亲在于适意，因而不问为什么；饮酒求欢乐，没必要选用酒菜杯具；居丧目的是致哀，不讲究礼仪。礼仪是世俗行为，纯真却禀受于自然，因而也就不可改变。所以圣贤之人总是效法自然看重本真，不拘于世俗。愚昧者刚好与此相反，不能效法自然而忧虑世人，不知道珍惜本真，庸庸碌碌地随流俗而变化，因此总不知满足。可惜呀，你太早地沉溺于世俗伪诈而太晚听闻大道了！"

孔子再一次行礼后起身说："孔丘今天有幸遇上先生，真是特别幸运。先生不以此为羞辱并把我当作弟子一样看待，而且亲自教导我。我冒昧地打听先生的住处，让我受业于门下而学完大道。"

渔父说："我听说，可以迷途知返的人就与之交往，直至领悟玄妙大道；不能迷途知返的人，不会真正懂得大道，谨慎小心地不要与他们结交，自身也就不会招来祸殃。你自己勉励吧！我得走了！我得走啦！"于是撑船离开，缓缓地顺着芦苇丛中的水道划船而去。

颜渊掉转车头，子路递过拉着上车的绳索，孔子看定渔父离去的方向，头也不回，直到水波平定，听不见摇船的桨声，方才登上车子。

子路在车旁问道："我在先生门下很久了，不曾看见先生对人如此谦恭尊敬。大国的诸侯，小国的国君，见到先生都是平等相待，先生还免不了流露出高傲神情。如今渔父手拿船桨对面而站，先生却弯腰鞠躬，听了渔父的话又一再行礼后再作回答，恐怕是太过分了吧？弟子们都认为先生的态度不同于往常，一个捕鱼的人怎么能获得如此厚爱呢？"

孔子扶着车前横木，叹息说道："你实在是难以教化啊！你沉湎于礼仪已有些时日了，可是粗野卑下的心态，时至今日也未能除去。上前来，我对你说！大凡遇到长辈而不恭敬，就是失礼；见到贤人而不尊重，就是不仁。他若不是一个道德修养臻于完善的人，也就不能使人自感谦卑低下。对人谦恭卑下却不至精至诚，定然不能保持本真，所以才会伤害身体。可惜啊！不仁对人来说，祸害再没比这更大的了，而你却偏偏有这一毛病。况且大道是万物产生根源，各种物类失去了道就会死亡，获得道便会成功。所以大道之所在，圣人就尊崇。如今渔父对于大道，可以说有体悟了，我怎么能不尊敬他呢？"

上述故事取自《南华真经·杂篇·渔父》。故事中看似朴实无华的渔父，其实是"大隐隐于市"的世外高人。他在河岸边对孔子两位高足的询问，其实已经含蕴着辛辣的嘲讽，不在其位，不谋其政，是之谓也。故事中借渔父之口，有对"本真"的阐述，其中包括道家思想在益人心智上展现出来的大智慧。道家重要代表人物庄子借笔下杜撰的"老渔夫"将锋芒直指世人所依循的礼仪习俗，将之视作人的"世俗之为"，并采取了不屑一顾的态度，是一种相当鲜明的立场展示。南华真人主张的是一种"法天贵真"，即效法自然，看重本真的生活准则，而别去拘泥于外在世俗的形式。从庄子的理念中，不难悟出这样一个简单的做人道理,用现在的话来讲,就是以真实面目示人,不要活得太累。只有这样,才能走出我们生活中常常遭遇并会深陷其中的心理误区和泥淖。

吴王射杀灵巧猴子

吴王带着随从外出狩猎,在渡过长江后,吴王及其手下登上了猕猴聚居的山岭。猴群看见吴王打猎的队伍,顿时惊惶地四散奔逃。它们中的绝大多数,都躲进了荆棘丛林的深处。只有一只猴子留下,只见它从容不迫地腾身而起,还抓住树枝,在众人面前跳来跳去,好似在吴王面前显示它的灵巧一般。当吴王用箭射它时,这只猴子就敏捷地接过飞速射来的利箭。被激怒了的吴王下令,叫来左右随从打猎的人一起上前射箭,在众箭齐发的险况下,这只猴子最终躲闪不及,乃至抱树而死。

吴王见状,就回转身来,对他的朋友颜不疑说:"这只猴子在人前夸耀它的灵巧,倚仗着自己的便捷而蔑视于我,以致受到这样的惩罚而死去!要以此为戒啊!唉,不要用傲气对待他人啊!"

从外出狩猎的地方回到家后,颜不疑就上门拜贤士董梧为师,目的就是希望通过老师的施教,来铲除自己身上的傲气。他还弃绝了所有的淫乐活动,放下架子,去掉尊显外露的习性。三年过后,全国的百姓个个都称赞他的为人不错。

自作聪明往往是人性的一大弱点，看来灵长类的猴子也有这个毛病。取自《南华真经·杂篇·徐无鬼》的这则故事，寓意在于告诫人们切勿自恃巧捷而骄人，那只自恃灵巧的猴子向前来狩猎的人示威，正是招致被射杀的主要原因。颜不疑的做法就很聪明，改掉自身性格上的外露张扬，低调处世，是最能为周围人接受和产生好感的不二法门；反之，咄咄逼人者是很难受到他人欢迎的。

云将与鸿蒙的相遇

掌管天上云朵的主帅云将到东方去巡游,经过神木扶摇的枝旁,恰巧遇上了作为自然元气化身的鸿蒙。鸿蒙正拍着自己的大腿,像鸟雀儿一样跳跃游乐前行。云将看见鸿蒙那般模样,就惊疑地停了下来,纹丝不动而且恭恭敬敬地站着,说:"老先生,您是什么人呀?您老为什么做这般动作啊?"

鸿蒙还是拍着大腿,不停地跳跃着,对云将说:"我正自在地游乐呢!"

云将说:"我想向您请教。"

鸿蒙抬起头来,向上看了看云将道:"哎!"

云将说:"天上之气不和谐,地上之气郁结了,阴、阳、风、雨、晦、明六气不调和,春、夏、秋、冬四时的变化不合节令。如今我希望调谐六气之精华来养育生灵万物,那我将怎么办?"

鸿蒙拍着大腿,掉过头去,连声说道:"我不知道!我不知道!"

就这样,云将没得到任何的回答。

过了三年,云将再次到东方巡游,经过宋国的原野,恰巧又遇到了鸿蒙。云将喜出望外,快步来到近前说:"您老先生忘记我了吗?您老先生忘记我了吗?"说着,他叩头至地,行拜了大礼,一心希望能够得到鸿蒙的指教。

鸿蒙说:"我自由自在地遨游,无所追求,随心所欲,漫不经心地随意活动,也不知道自己要往哪里去。游心在纷纭众多的事物中,观看那万物的真实情景,我又能知道什么!"

云将说:"我自以为能够随心所欲地活动,人民也都跟着我走;我不得已而对人民有所亲近,如今却为人民所效仿。我希望能聆听到您的教诲。"

鸿蒙说:"扰乱自然的常规,违背事物的真情,万物的变化不能顺应自然而得以保全。群居的野兽离散,飞翔的鸟儿都夜鸣,灾害殃及草木,祸患降临昆虫。唉,这都是治理天下的过错啊!"

云将问:"那么我将怎么办呢?"

鸿蒙说:"唉,毒害人啊!你还是快快地回去吧。"

云将说:"我遇见您实在不容易,真的恳切希望能听到您的指教。"

鸿蒙说:"唉!修身养性。你只须处心于无为之境,万物会自然地有所变化。忘掉你的形体,抛开你的智慧,将伦理和万物一块儿遗忘。混同于茫茫的自然元气,解除思虑释放心神,木然地没有魂灵。万物纷杂繁多,各自回归本根,各自回归本根却是出自无心,浑然无知保持本真,才能终身不离本根;假如有所感知,使用心智,就是背离了本真。不要询问它们的名称,不必探究它们的实情,万物本来就是自然地生长的。"

云将说:"天降恩德给我,您把清心寂神的静默方法晓谕给我;我亲身探求大道,如今方才有所领悟。"他叩头至地,再次行拜大礼,然后起身告别而去。

　　这则寓言故事出自《南华真经·外篇·在宥》,那代表治理民众,握持权力的"云将",在邂逅那自然元气的象征性代表,即"鸿蒙"时,二者境界的高下之分,实在判若云泥。对时下不少讲求政绩,对此念兹在兹于心的握有大大小小权柄的官员来讲,抹去个人治理的成就光环,看看我们周遭生态环境被严重破坏的状况,再来听听鸿蒙的评议,多少应该感到一丝惭愧吧。莫如适当地修身养性,用"顺其自然"的理念来调整自己的心态,所谓"亡羊补牢,犹未为晚"矣。

田子方夸师讽魏侯

田子方陪坐在魏文侯的身旁，曾不止一次地在魏文侯面前称赞谿工。魏文侯觉得有些蹊跷，就问他道："谿工是不是你的老师啊？"

田子方回答道："谿工可不是我的老师，他只是我的一个邻居罢了。由于他的言论和谈吐总是那么中肯与恰当，所以我才会在大王面前称赞他啊。"

魏文侯听到他的回答，不免好奇地追问："那难道你就没有老师吗？"

田子方赶紧说："有啊。"

魏文侯再问："你的老师究竟是谁呢？"

田子方坦然回答道："是东郭顺子。"

魏文侯感到不解地问道："那为何先生你就不曾称赞过东郭顺子呢？"

田子方回答道："我老师的为人十分真朴，他的相貌也跟普通人一样，而其内心却合于自然，且能顺应外在事物，并能保持自己固有的真性，他的心境达到清虚宁寂的境地，而且能包容外物。外界事物凡有不能合符'道'的，我的老师便会严肃地指出，使之得以醒悟,从而使人们的邪恶之念自然消除。我这样一个做学生的,还能够用什么言辞去称赞自己的老师呢?"

田子方走出宫殿后,魏文侯若有所失,他整天都不言不语,直到最后,魏文侯召来在跟前侍立的所有近臣,并对他们说:"实在是深不可测呀,那些德行完备的君子!起初我总认为,圣智的言论和仁义的品行算是最为高尚的了,可如今我在听说了田子方老师的情况后,我真是身体解脱而不知道该做些什么,嘴巴却又像被钳住一样而不能说些什么。我过去所学到的,不过都是些泥塑偶像似的,并且毫无真实价值的东西,至于偌大一个魏国,只怕也只是我的拖累罢了!"

绝圣弃智,顺乎自然,即用质真淳厚、道法自然的行止来屏弃仁义圣智那套东西和说教对人们真实生命的束缚,当是这则出自《南华真经·外篇·田子方》的故事给我们的最大启示。在魏文侯的喟叹中,他竟然把自己的江山社稷都视作个人的拖累,也算是不枉看透了个中的奥妙,田子方有意先夸邻居而为后面的发挥作铺垫,也不失为巧妙讽喻的手段。

孔子见人一语不发

南方楚国的温伯雪子带着仆从一行外出,北上齐国的途中,温伯雪子在鲁国歇足留宿。这时,鲁国有人到其下榻之处,请求拜会他,温伯雪子却一口加以拒绝,他说:"不行。我听说中原国家的读书人,虽然明了礼义,却不会善解人心,我不想接见他。"

等他到了齐国,在返回楚国的途中,温伯雪子又在鲁国歇足,而前段日子曾经上门请求谒见的这个人,此番又来请求温伯雪子会见他。

温伯雪子说:"这人先前要求会见我,如今又要求会见我,三番五次地求见心切,这人一定是有什么可以打动我的。"

于是,温伯雪子就出来接见了这个客人,可是等到见过面后,温伯雪子回到屋里,就叹息不已。

第二天,他又再次会见这个客人,回到屋里还是像前日那样叹息不已。他的仆从看见主人如此,不禁好奇地问道:"先生每次会见这位客人后,必定是回到屋里就叹息不已,这又是为什么呢?"

温伯雪子解释道:"我原先就告诉过你,中原国家的人,明了礼义却不善解人心。前几天会见我的那人,进退全都是那么循规蹈矩,动容起来,却又全都如龙似虎。他劝告我时,就像是儿子对待自己的父亲;而他在开导我时,那样子又像是个父亲对待自己的儿子。我就是因此总是叹息不已啊。"

作为鲁国的贤哲,孔子在见到这位来自南方的温伯雪子时,却一言不发。

子路问道:"先生一心想会见温伯雪子,已经很久很久了,可怎么见到了他,却一句话也不说,这是为什么呢?"

孔子说:"像他那样的人,目光方才投出,大道已自存留,也就无须再用言语交流了。"

北方的贤哲如孔子者,看到南方来的哲人温伯雪子"目击而道存",已自然体悟到"不可以容声"的道理。相比那位两度去谒见温伯雪子的鲁国访客,孔子果然要高明许多,察言辨色,知晓对方的心理,才会有此"得意忘言"的对应之举。

周文王重用姜太公

周文王姬昌在渭水附近的臧地游览时,看见一位老人正在水边垂钓,可是他看上去像是在垂钓,却又不像是在钓鱼,而且这位老人不是手拿钓竿而有心钓鱼,因为那钓钩总常在其手上拿着,可见老人的心思根本没有用在钓鱼这件事上面。此人就是历史上有名的姜太公。

文王一心要起用姜太公,并把所有的朝政都委托给他,可是,又担心大臣和宗族成员们放心不下。他曾经打算就此作罢,放弃这个念头,却又不忍心天下的百姓得不到天子的恩泽和德政的庇荫。于是,姬昌在大清早便召来诸大夫,对他们宣布重要的决定。

姬昌说:"昨天晚上,我梦见了一位非常贤良的人,他那黑黑的面孔上有着长长的胡须,骑着一匹斑驳的杂色马,而且四只马蹄半侧是红的。他对我大声呼喊:'把你的朝政托付给那位臧地的老人,这样的话,你的百姓们也就可以免遭痛苦和灾难了!'"

诸位大夫闻听此言,都惊恐不安,皱着眉头说:"这个托梦者就是君王的父亲!"

文王说:"既然如此,那么我们还是占卜来问问这件事吧。"

诸位大夫说:"这是先君的命令,君王还是不必多虑,又哪里用得着再行卜问呢!"

君臣意见取得一致后,大家迎来了这位臧地老人,并且把朝政委托给他。在这老人的治下,典章法规不更改,偏颇的政令不发布。三年之后,文王在国内各地遍访考察,见到各地的地方朋党势力集团全都纷纷离散,各级长官不再树立和夸耀自己的功德,不同的度量衡器不再能进入国境内得到使用。地方势力集团全都纷纷离散,也就使得政令可以通达,上下同心;各级长官不再树立夸耀个人的功德,也就能够使政务相当和劳绩统一;不同的度量衡器不再能进入国境内得到使用,诸侯也就不容易滋生出异心。

于是,文王正式地拜那个臧地的老人为太师,并以臣下的礼节恭敬地向他问道:"这样的政事可以推行于天下吗?"

臧地老人默默地不作回应,抑或漫不经心地不予作答,早晨文王向他征询意见,他还行使政令,而到夜晚,他就隐匿远遁了。从那以后就再也听不到任何关于他的消息。

颜渊向孔子问道:"文王难道还未能达到圣人的境界吗?为什么还要假托于梦呢?"孔子说:"闭嘴,你不要再说!文王算得上是很完美的圣人了,你怎么能随意评论和指责他呢?他也只不过是一时顺着众人的心态罢了。"

看来垂钓于渭滨臧地的姜太公,还真是一位难得的奇才,三年中将西周境内政事处理得井然有序,上下同心,国力大增,关键就在于其"自然无为"的理念在处理国事上的体现,而这一点在其垂钓之时,就已露出端倪。该故事其实还展现了文王有知人善任的智慧和达到目的之聪明,他假借太公托梦之说,说服众人而大胆启用了"太公望",从而为周国的强盛奠定了厚实的基石。

孔子从老子处问道

孔子活了五十一岁了,都还没能够领悟大道的真义,于是专程往南到沛地去拜见老聃。

老聃说:"你来了吗?我听说你是北方的贤者,你恐怕已经领悟了大道吧?"

孔子谦逊地说:"我还未能领悟大道。"

老子问道:"那你是如何寻求大道的呢?"

孔子说:"我在规范、法度方面寻求大道,用了足足五年的工夫,却还未得到。"

老子又问:"你又是怎样去寻求大道呢?"

孔子说:"我又从阴阳的变化来寻求,十二年过去了,还是未能得到。"

老子说:"是的。假使道是可以用来奉献的,那么作为人臣的没有谁不会向国君进献大道;假使道可以用来奉送进贡,那么为人之子的就没有谁不会向自己的双亲奉送大道;假使道可以传告他人,那么人们就没有谁不会告诉自己兄弟的;假使道可以给予他人,那么人们没有谁不会用来给予他们的子孙。然而不可以这样做的原因，没有别的，就是内心不能自持因而大道不能停留，对外不能印证，因而大道不能推行。出自内心的领悟，若不能为外界所接受，圣人也就不会有所告示；从外部进入内心的东西，若心中无所领受，圣人也就不会留存。名器乃人人都可使用，不可多取。仁义乃前代帝王的馆舍，可住上一宿而不可久居，形迹昭彰必会生出许多责难。

"古代道德修养高的至人，假道于仁，托足于义，而游乐于自由自在、无拘无束的境域，生活于无奢无华的简单境地，立身于从不施与的园圃。自由自在、无拘无束，便是无为；马虎简单易于满足；从不施与，就不会耗费。古代称这种情况为'采真之遨游'。

"贪图财贿的人，不会让人利禄；追求显赫的人，不会让人名声；迷恋权势的人，不会授人权柄。掌握了利禄、名声和权势便唯恐丧失而会整日里战栗不安，而放弃了上述东西又会悲苦不堪，而且心中全无一点鉴识，眼睛只盯住自己无休止追逐的东西，以自然的道理来看，这样的人像是受刑戮的人。怨恨、恩惠、获取、施与、谏诤、教化、生存、杀戮，这八种是用来纠正他人的工具，只有顺乎自然变化而无所阻塞滞留的人，才能够运用它。所以说，自正者能使人端正。如果内心里不这样认为，那么心灵的门户就永远不可能敞开。"

孔子拜见老聃时，又讨论到仁义。老聃说："簸糠之屑进入眼睛，天地四方便会看似颠倒；蚊虻小虫叮咬皮肤，就会通宵难以入睡。仁义毒害人的心灵，就更为惨痛乃至令人昏聩糊涂，没有什么比仁义更为害人的了。你要想让天下不至于丧失淳厚真朴，就该顺化而行，如风起风落似的自然而然地行动，一切顺着自然的规律行事，又何必那么卖力地去宣扬什么仁义，好像是敲着鼓去追赶逃亡的人一样呢？白鹤不需要天天沐浴而毛色自然洁白，乌鸦不需要每天用黑色去渍染而毛色自然乌黑。黑白都是出于本然，不值得分辨谁优谁劣；名声和荣誉那样的外在东西，更不足以播散张扬。泉水干涸了，鱼儿困在陆地上，大口出气来取得一点儿湿气，靠唾沫来相互得到一点儿润湿，倒真不如在江湖里彼此忘却对方。"

孔子拜见老聃后回来，整整三天都不讲话。弟子问道："先生见到老聃，对他可有什么诲劝吗？"

孔子说："我直到如今，才竟然在老聃那儿见到了真正的龙！龙，合在一起便成为一个整体，散开来成为文采，乘驾云气而翱翔养息于阴阳之间。我大张着口都久久地不能合拢，我又哪能对老聃作出什么诲劝呢！"

子贡说："这样说，那么人难道有像尸体一样安稳不动而又像龙一样神情飞扬地显现，像疾雷一样震响而又像深渊那样沉寂，发生和运动犹如天地运动变化的情况吗？我也能见到他并亲自加以体察吗？"于是，子贡就借助孔子的名义前去拜见老聃。

老聃正伸腿坐在堂上，轻声地应答："我年岁老迈，你将用什么来指教我呢？"

子贡说："远古时代三皇五帝治理天下各不相同，然而都有好的名声，唯独先生您不认为他们是圣人，这是为什么呢？"

老聃说："年轻人，你稍稍走近前些！你凭什么说他们各自有所不同？"

子贡回答："尧让位给舜，舜让位给禹，禹用劳力治水而汤用武力征伐，文王顺从商纣不敢有所背逆，武王悖逆商纣而不顺服，所以说各不相同。"

老聃说："年轻人，你再稍微靠前些！我来对你说说三皇五帝治理天下的事。黄帝治理天下，使人民心地淳厚保持本真，百姓有谁死了双亲并不哭泣，人们也不会加以非议。唐尧治理天下，使百姓敬重双亲，百姓有谁为了敬重双亲而减除礼节的限制，人们也不会非议。虞舜治理天下，使百姓心存竞争，怀孕的妇女十个月生下孩子，孩子生下五个月就张口学话，不等长到两三岁就开始识人问事，于是开始出现夭折短命的现象。夏禹治理天下，使百姓心怀变诈，人人存有机变之心因而动刀动枪成了理所当然之事，杀死盗贼不算杀人，人们自行其意而天下大受惊扰，儒家、墨家纷纷而起。开始时他们还有伦序道理，可是时至今日，却弄成这般模样，还有什么可说的呢？我告诉你，三皇五帝治理天下，名义上叫作治理，而在扰乱人性和真情上，没有什么比他们更严重的了。三皇的心智就只是，上掩日月光明，下违山川精粹，中毁四时推移。他们的心智比蛇蝎之尾还歹毒，就连小小的兽类，也不可能使本性和真情获得安宁，可还自以为是圣人，难道不是很可耻吗？他们是这样地无耻啊！"

子贡听了惊惶不定，只得心神不安地站着，无言以对。

孔子在见老子时，还对老聃说："我研修《诗》《书》《礼》《乐》《易》《春秋》六部经书，自认为很久了，熟悉了旧时的各种典章制度，用以进见七十二个国君，论述先王治世的方略和彰明周公、召公的政绩，可是没有一个国君取用我的主张。实在太难了！是这些人难以规劝吗，还是大道难以彰明发扬呢？"

老子说:"幸运啊,你不曾遇到过治世的国君!所谓的六经,乃是先王留下的陈旧遗迹,哪里是先王遗迹的本原!如今你所谈论的东西,就好像是足迹;足迹是脚踩出来的痕迹,然而足迹就可以看作脚吗?白鹢雌雄相互而视,定睛而视便能孕育;虫子是雄的在上方鸣,雌的在下方应,便会生育;有种名'类'的动物,自身具备雌雄两性,不待交合而生子。本性不可改变,天命不可变更,时光不会停留,大道不会壅塞。如真正得道,无论怎样都不会受阻遏;失道的人,无论去哪里都行不通。"

孔子三月闭门不出,等他再次见到老聃时说:"我终于懂得了,乌鸦喜鹊在巢里交尾孵化,鱼儿濡沫而生育,蜜蜂自化而生,弟弟出生,哥哥失爱就会啼哭。很长时间了,我没有和万物自然变化为友!不能跟自然造化相识为友,又怎么能去教化他人呢?"

老子听了后说:"好。孔丘得道了!"

一代贤哲如孔子者,曾发过感叹,称"朝闻道,夕死可矣"。上述取自《南华真经·外篇·天运》中的故事,老子向孔子讲述的道理,颠覆了人们对仁义礼智的传统观念,动摇了人们对三皇五帝以来诸圣的崇拜心理,其实反映了先秦道家与儒家二者显学之间的争辩。崇尚淳厚质朴,主张绝圣弃智,抛弃仁义之说对人们思想的禁锢,用顺其自然的观念来看待万事万物,确实有其合理的因素,现代社会生活的节奏如此快捷急速,有时忙碌起来,人们往往连喘息的工夫都没有,如果通过上述故事中老子的话语,再用"清静无为法自然"的观念来省视一下自己的生活,或许会获得有益的感悟。

扁子为学生而长叹

有个名叫孙休的人,走到门前,惊叹不已地向老师扁庆子询问:"我安居乡里,不曾被人指责,说我的道德修养差;面临危难时,也没有人说过我不勇敢。然而我的田地里,却从未遇上过什么好年成;为国家出力,也未遇上圣明的国君;还被乡里所屏弃,受到地方官的放逐。我对于上天而言,莫非有什么罪过吗?我怎么会遇上如此的命运啊?"

扁子回答道:"你难道没有听说过那道德修养极高者的身体力行之事吗?他们忘却了自己的肝胆,也遗弃了自己的耳目,茫然无心地彷徨于世俗的尘垢之外,逍遥自在地生活在不求建树的环境中,这就叫作有所作为而不自恃,有所建树而不自得。如今,你把自己打扮得很有才干,用以惊吓众人;用修养自己的办法来突出他人的污秽,毫不掩饰地炫耀自己,就像在举着太阳和月亮走路。你得以保全自己的形体和身躯,具备了九窍,没有中道上天折于聋、瞎、跛、瘸而处于寻常人的行列,也真是万幸了,又有什么闲暇来抱怨上天呢?你还是走吧!"

孙休走出了屋子,扁子回到房里。坐了不多一会儿,扁子仰天长叹,身旁的弟子问道:"先生为什么长叹呢?"

扁子说:"刚才孙休进来,我把道德修养极高者的德行告诉了他,我真担心他会吃惊以至于迷惑得更深。"

弟子说:"不对吧。孙休所说的话难道是正确的吗?先生所说的话难道是错误的吗?错误的本来就不可能迷惑正确的。孙休所说的话是不对的吗?先生所说的话是正确的吗?他本来就因迷惑而来请教,又有什么过错呀!"

扁子说:"不是这样的。从前有只海鸟飞到鲁国都城郊外,鲁国国君很喜欢它,用'太牢'来宴请它,奏'九韶'乐来让它快乐,海鸟竟忧愁悲伤,眼花缭乱,不敢吃喝。这叫作按自己的生活习性来养鸟。假若是按鸟的习性来养鸟,就应当让它栖息于幽深的树林,浮游于大江大湖,让它吃泥鳅和小鱼,这本是极为普通的道理而已。如今的孙休,本是一个只有管窥之见和孤陋寡闻的人,我告诉他道德修养极高者的德行,就好像用马车来托载小老鼠,用钟鼓的乐声来取悦小鴳雀一样。他又怎么会不感到吃惊啊!"

谁都不愿听人抱怨,人们最烦的就是身边有人唠叨个没完,真是应了那句俗话:连上帝都不喜欢倾听人的抱怨。孙休在自己老师扁庆子那里确实是碰了一鼻子的灰,临走时还被扁子训斥一番。而扁子之所以会发出长叹,完全是因为想到自己对学生的耳提面命是一种"不对路"的施教,因为向孙休这样的"寡闻之民"灌输"至人之德",既有对牛弹琴之嫌,且有恐其受惊而不适之虞。看来,对学生还须做到"因材施教"。

壶子识破神巫面目

郑国有个名叫季咸的神巫，擅长相面和算命术，据说他能够知道人的生死存亡与祸福，还能知道他人的寿限，甚至能够准确推断到何岁、何月、何旬、何日，其掐断生死的本领之灵验，犹如神仙一般。郑国的民众看到他时都会夺路而逃，因为全都唯恐他会说出什么不利于自己的倒霉话。

列子却非常佩服其本事，他回去对自己的老师壶子说："我原以为老师您的道行已经是高深到极致了，没想到还有道行比您更高深的人呢。"

壶子答道："我传授给你的，还只是刚入门的表面文章，尚未涉及道的深层妙谛，难道就凭你这样的浅薄认识，就算得道了吗？比如光有一群雌鸟而没有雄鸟，又怎么会有生命之卵出现呢？你舍弃大道而取其皮毛与世人相周旋，而求他人信任，自然被人看透你的心思。你把他叫来，替我看看相吧。"

第二天，列子带着季咸一起来见壶子。季咸看过壶子后，出来对列子说："唉！你的先生快要死了，不能活了，恐怕过不了十天了！我看他面带怪相，就如湿灰一样。"

列子回到屋内,一边伤心得让泪水湿透了衣服,一边向老师壶子说明情况。壶子说:"刚才我给他看的是地文之相,不动又不止,因而他断定我是杜塞生机之相,才会说我不久于人世。你请他再来帮我看看。"

次日,列子邀季咸再来看壶子。这回季咸出来对列子说:"幸亏你的先生遇见了我,有救了,全然有生气了!我看到他的闭塞的生机又萌动了。"

列子将话传给壶子,壶子说:"刚才我显示的是天壤之相,名实不入于心,只有一线生机从脚后跟升发出来,他见我这线生机,才改说此话。你不妨再叫他来看看。"

下一日,列子又将季咸带来看望壶子。季咸看完壶子面相后,出来对列子说:"你的先生变化不定,我无法给他看相。等他气定神闲,心思安宁下来,我再来替他相面。"

列子进屋向老师转告这番话,壶子说:"我刚才向他显示的是太冲莫胜之相,没有任何征兆可让他揣测判断,他只看到我气度持平的机兆。巨鲵盘旋之深处可成渊,静止之水深处可成渊,流动之水深处可成渊。渊有九种,我显示的只是其中的三种而已。你再把他请来看看。"

翌日,列子按照老师的嘱咐,又把季咸邀来看壶子。这次季咸连脚都没有站定,才和壶子打个照面,就神色仓皇地逃走了。壶子说:"追上他!"列子没有追赶上,回来告诉壶子:"他已跑得不见踪迹了,我没能追上。"

壶子说:"刚才我给他看的相并没出示我的根本大道。我对他随机应变,顺势而动,让他无法参透,如茅草遇风披靡,像水那样随波逐流,他看不出什么名堂,只好落荒而逃了。"

列子这才从这几天的经历和老师壶子的教诲中,知道自己并没真正学到高深莫测的道。于是回到家里,三年中间杜门不出,只是帮助妻子做饭,喂猪时也如同侍候人一样,对事物无所偏私,屏弃浮华而返璞归真,在世俗纷乱的世界中独然持守自己的本来真朴,终身都是如此。

在上述有关列子修道的故事中,名气很大的神巫季咸充当的是反面角色,这正是那种外表光鲜亮丽,一时可以蒙混别人,最终却难免要露馅坍台者之流。而壶子与列子师生两人间的对话表明,人们对道的认识需有一番过程,高深莫测的"道"绝非轻易就可修炼参悟到的,倘若人云亦云地随大流,或只为事物的表面现象所迷惑,难以学到正宗的大道根本。列御寇最后能够得道成为冲虚真人,与其后来做到在日常的生活中长期持守真朴是分不开的。而且,我们从中也不难看到,深藏不露的"道",其实就含蕴在看似普通平常的生活中,关键在于怎样真正做到不为浮华及各种欲念所拖累,独立于世俗而返璞归真。

子贡邂逅灌园老人

孔子的高足子贡到南边的楚国游历,在返回晋国时,途中经过汉水的南沿,见一位老者正在菜园里整地开畦。老人打了一条地道直通到井边,只见他抱着水瓮浇水灌地,显得非常吃力。老者如此往返不停地干活,用力甚多而功效却甚少。

子贡见了就忍不住劝说道:"如今有一种机械,每天可以浇灌上百个菜畦,用力很少而功效颇多,老先生,难道您不想试试吗?"

灌园的老人抬起头来看着子贡说:"那我应该怎么做呢?"子贡说:"用木料加工成机械,后面重而前面轻,提水就像从井中抽水似的,它的速度之快,犹如沸腾的水向外溢出一样,这种器械的名字就叫作桔槔。"

灌园的老人听闻后变了脸色,他讥笑着说:"我从我的老师那里听到过这样的话,有了机械之类的东西必定会出现机巧之类的事,有了机巧之类的事必定会出现机变之类的心思。机变的心思存留在胸中,那么不曾受到世俗沾染的纯洁空明的心境就不完整齐备;纯洁空明的心境不完备,人的精神就不会专一安定;而精神不能专一安定的人,大道也就不会充实他的心田。我不是不知道你所说的办法,只不过是感到羞辱而不愿那样做呀。"一席话,说得子贡满面羞愧,低下头去无言作答。

隔了一会儿,灌园老人问子贡道:"你是干什么的呀?"子贡说:"我是孔丘的学生。"灌园老人说:"你不就是那具有广博学识,并处处仿效圣人,夸诞盖过众人,自唱自和哀叹世事之歌以周游天下卖弄名声的人吗?你要抛弃你的精神和志气,废置你的身形体骸,恐怕就可以逐步接近于道了吧!你自身都不善于修养和调理,哪里还有什么闲暇去治理天下呢!你走吧,不要在这里耽误我的事情!"

在灌园老人一番教训后,子贡大感惭愧,神色顿改,怅然若失而不能自持,走出三十里开外,方才逐渐恢复常态。子贡的弟子问道:"先前碰到的那个人是干什么的呀?先生为什么见到他面容大变,顿然失色,一整天都不能恢复常态呢?"

子贡说:"起初我总以为天下圣人就只有我的老师孔丘一人罢了,不知道还会有刚才碰上的那样的人。我从我的老师那里听说到,办事要寻求可行,功业要寻求成就。用的力气要少,获得的功效要多,这就是圣人之道。如今却竟然不是这样。持守大道的人德行才完备,德行完备的人身形才完整,身形完整的人精神才健全,精神健全方才是圣人之道。这样的人,他们寄托形骸于世间,跟万民生活在一起却不知道自己应该去到哪里,内心世界深不可测,德行淳厚而又完备。一切功利机巧,必定不会放在他们那种人的心上。像那样的人,不同于自己的心志不会去追求,不符合自己思想的事情不会去做。即使让天下人都去称誉他,称誉的言词合乎他的德行,他也会孤傲而不顾;即使让天下人都非议他,非议使其名声丧失,他也会无动于衷而不予理睬。天下人的非议和赞誉,对于他们既无增益又无损害,这就叫作德行完备的人啊!我只能被称作心神不定为世俗尘垢所沾染的人。"

子贡回到鲁国之后,把自己在路上遇到的情况告诉孔子。孔子听罢,不由感叹:"那是研讨和实践浑沌氏主张的人,他们了解自古不移和浑沌无别的道理,不懂得需要顺乎时势以适应社会的变化,他们善于自我修养调理精神,却不善于治理外部世界。那明澈白静到如此素洁,清虚无为回返原始的朴质,体悟真性持守精神,优游自得地生活在世俗之中的人,你怎么会不感到惊异呢?况且浑沌氏的主张和修养方法,我和你又怎么能够了解呢?"

平心而论,这则故事有扬道抑儒之嫌,其中对灌园老人的颂赞,所展示的是他那种纯素无为、自然真朴和鄙薄世俗的精神气度与风貌。以现代人的眼光来看,"灌叟抱瓮"的行止有点笨得无可理喻,但仔细想想,其话语很有几分道理。试想一下,如今人们洗衣已经都习惯于用洗衣机,洗碗刷盘用洗碗机,出门办事都以车代步等,各式各样的类似当年子贡所提及的"桔槔"之类的现代化设备,充斥于我们这个时代。在确实大大减轻我们自身的劳动强度外,不同时也剥夺了很多直接能够锻炼人体肌肉和运动关节,能使人的身体各部位保持活力的活动机会吗?如今许多城市人舍得花大钱去健身房锻炼身体,但偏偏没想到,还有大把的健身强体机会就存在于我们的生活中,例如多干家务活,坚持散步等。由此来看,灌园老人"羞而不为"的"笨拙"之举,实则包含了简单实用的道理。而其用来反讽子贡的诘难之辞,其实也是站在修道者的立场上,对儒家传统意义上的"修齐治平"思想所作的透彻诠释。只有从自身的修持踏踏实实地做起,才有可能从根本上奠定治国的南面之术,所谓"治大国如烹小鲜",唯有成为素朴守真的载道者,方可能以无为自然的方法管理天下。

至于灌园老人对功利机巧的看法,亦体现了修持大道者的大智慧。子贡自己后来也由衷地赞羡灌园老人这类心上全无半点功利机巧的"执道全德"者。世间之人往往容易沉溺于对功利机巧的追求和推崇上,看不到其类同于双刃剑,足可以伤害危及人类本身,因为毁誉参半的结果,很大程度上就是追求功利过程中的衍生产品,而对那些飞短流长的话语,也有不少人会很在乎,乃至耿耿于怀者也大有人在。其实,与其喟叹"人言可畏",莫如像灌园老人那样修道避俗,对功利机巧嗤之以鼻,或许会从此类人生的怪圈中得到解脱。

圣人与佞人的区别

鲁国人彭则阳南下游历到楚国,楚臣夷节将他推荐给楚王,但楚王却并没有接见他,夷节就打道回府。

彭则阳去见楚国贤人王果,并问王果道:"先生您为何不在楚王面前提起我呢?"

王果说:"我不如公阅休。"

彭则阳问:"那公阅休又是何许人,他是干什么的呢?"

王果回答道:"冬天在江里刺甲鱼,夏天则在山旁栖息。有过路客人询问,他就说'这是我居住的房子'。夷节都做不到这一点,何况是我呢?我又不像夷节。夷节的为人,没有真正的德,但有智识,而且不以德自许,反以智巧来神化其交结之术,迷惑于富贵官场之地,这样并无助于增长德行,反倒是令其德性消退。受冻的人会期盼春暖如加衣于己,中暑的人会渴求冬日的寒风。楚王的为人,形貌尊贵而威严,对于犯罪之人,犹如猛虎而绝不予以宽赦。若非小人或正德之士,有谁能说服他呢?所以圣人在贫穷时,可使家人忘却贫困;在通达时,可令王公不在意爵禄而变得谦卑。圣人对物能和谐相处,对人乐于沟通而不迷失自己。故此,或以不言之教而给人以心灵上的谐和,与人并立而使人得到感化。使父子间的关系,各得其所,且以清静无为的态度去对待他人。圣人的心境和一般世人的争竞欲望之心,二者相去是如此之远。所以我说,要使楚王信服,还得期待公阅休呢。"

故事中楚国贤人王果的一番话,暗指鲁国人彭则阳想通过夷节这样的小人来求得进升,是无济于事的。此处借楚人王果之口,对公阅休和夷节、彭则阳之流这两种质地截然不同的人,进行了形象的比较。显然,争竞夺利于世俗富贵场所中的人,哪怕智巧多、情商高如夷节者,也是为有道者所贬斥的"佞人",此即那种蝇营狗苟的钻营小人;而那在冬、夏两季,都能在大自然中享受怡然自得快乐的公阅休,则是富贵不能淫,贫穷不能移的正德之"圣人"。如此鲜明的褒贬,正反映了道家的人格观念。至于彭则阳那样的争竞干禄,希冀在官场中求觅一席之地者,与有道之人的差距也是不可同日而语的。

魏王与贤人的对话

魏惠王与齐威王订立了盟约，而齐威王却违背了盟约。魏王大怒，打算派人去刺杀齐威王。将军公孙衍知道后认为这样做很可耻，他说："您是大国的国君，却用普通百姓的手段去报仇！我愿统带二十万部队，替你攻打齐国，俘获齐国的百姓，牵走他们的牛马，使齐国的国君心急如焚，热毒病发于背。然后我就攻占齐国的土地。齐国的大将田忌望风逃跑，于是我再鞭打他的背，折断他的脊骨。"

季子知道后，同样认为公孙衍的做法也很可耻，他说："建筑七八丈高的城墙，筑城已经七八丈高了，接着又把它毁掉，这是使役使之人痛苦的事。如今战争不起已经有七年了，这是你王业的基础。公孙衍实在是挑起祸乱的人，不可听从他的主张。"

华子知道以后，又鄙夷公孙衍和季子两人的做法，他说："极力主张讨伐齐国的人，是拨弄祸乱的人；极力劝说不要讨伐齐国的人，也是拨弄祸乱的人；评说讨伐齐国还是不讨伐齐国为拨弄祸乱之人的人，他本身就是拨弄祸乱的人。"

魏王说："既然如此，那将怎么办才好呢？"

华子说:"你还是求助于那清虚淡漠、物我兼忘的大道罢!"

惠子知道了,将梁国的贤人戴晋人引见给魏惠王。戴晋人对魏王说:"有叫蜗牛的小动物,国君知道吗?"

魏王说:"知道。"

戴晋人说:"有个国家在蜗牛的左角,名字叫触氏,有个国家在蜗牛的右角,名字叫蛮氏,它们正相互为争夺土地而打仗,倒下的尸体数也数不清,追赶打败的一方花去整整十五天方才撤兵而回。"

魏王说:"咦,那都是虚妄的言论吧?"

戴晋人说:"让我来为你证实这些话。你认为四方与上下有尽头吗?"

魏王说:"没有止境。"

戴晋人说:"知道使自己的思想在无穷的境域里遨游,却又返身于人迹所至的生活范围,这狭小的生活范围处在无穷的境域里恐怕就像是若存若失一样吧?"

魏王说:"是的。"

戴晋人又说:"在这人迹所至的狭小范围内有一个魏国,在魏国中有一个大梁城,在大梁城里有你魏王。大王与那蛮氏相比,有区别吗?"

魏王回答:"没有。"

戴晋人辞别而去后,魏王心中不畅,怅然若有所失。

在戴晋人离开后,惠子去见魏惠王,魏王对惠子说:"这个戴晋人可真是一个了不起的人啊,圣人都不足以和他相提并论。"

惠子说:"吹起竹管,就会有嘟嘟的响声;吹着剑首的环孔,只会有啾啾的声音罢了。尧与舜,都是人们所赞誉的圣人;而在戴晋人面前称赞尧与舜的话,就好比那微弱的啾啾之声罢了。"

上述故事无情地讥讽了战国时期君主之间的互相征伐。所谓春秋无义战,战国时期的国家之间的争战程度更加激烈,人的宝贵生命更是受到漠视。梁国贤哲戴晋人的比喻,让现实生活中威风八面的统治者显得那样渺小与可笑。魏王与手下的公孙衍、季子等这一拨热衷于杀伐征战的战国政治家们之言行,都有悖于虚静大道的哲理。很多时候,我们常人陷在纷繁扰乱的俗务中,很难看到自己的可笑之处,如真能做到"跳出三界外,不在五行中",像戴晋人讲的那样,换个视角考虑问题,或许很多滋扰我们的问题也会迎刃而解吧。

孔子对颜回的教诲

颜回拜见老师仲尼，请求老师同意他出远门。孔子问："你要到哪里去呢？"颜回回答："打算去卫国。"孔子说："去干什么？"颜回说："我听说卫国的国君年轻气盛，但办事专断；处理政事轻率，却看不到自己的过失；而且动辄役使百姓使人民大量死亡，死人遍及全国，就像大泽中的草芥一样，百姓都无所依归。我曾听老师说：'治理得好的国家可以离开它；治理得不好的国家却要去那里，就好像医生门前病人多一样。'我希望根据先生的教诲去思考治理卫国的办法，或许卫国还可逐步恢复元气吧！"

孔子说："唉！恐怕你去了卫国就会遭到杀害啊！推行大道不宜掺杂，杂乱就会事多，事多就会心乱，心乱就生忧患，忧患多了就自身难保，何况拯救国家呢？古时道德修养高尚的圣人，总是先使自己日臻成熟，方才去扶助他人。如今你在自己的道德修养方面还没有什么建树，哪里还有什么工夫到暴君那里去推行大道！你懂得道德毁败和智慧表露的原因吗？道德的毁败在于追求名声，智慧的表露在于争辩是非。名声是互相倾轧的原因，智慧是互相争斗的工具。二者都像是凶器，不可以将它们推行于世。一个人虽然德行纯厚诚实笃守,可未必就能和对方互通声气;一个人虽然不争名声,可未必能得到广泛的理解。而勉强把仁义和规范之类的言辞述说于暴君面前,就好比用别人的丑行来显示自己的美德,这样做可以说是在害人。害人的人一定会被别人所害,你这样做恐怕会遭到别人的伤害呀!况且,假如说卫君喜好贤能而讨厌恶人,那么,哪里还用得着等待你去才有所改变?你果真去到卫国也不能向卫君进言,否则卫君一定会紧紧抓住你偶然说漏嘴的机会,马上与你展开争辩。你必将眼花缭乱,而面色将佯作平和,你说话自顾不暇,容颜将被迫俯就,内心也就姑且认同卫君的所作所为了。这样做就像是用火救火,用水救水,可以称之为错上加错。有了依顺他的开始,以后顺从他的旨意便会没完没了,假如你未能取信便进直言,那么定会死在暴君面前。"

孔子又说道:"从前,夏桀杀害了敢于直谏的关龙逢,商纣王杀害了力谏的王子比干,这些贤臣都十分注重自身的道德修养而以臣下的地位抚爱百姓,同时也以臣下的地位违逆了他们的国君,所以他们的国君就因为他们道德修养高尚而排斥并杀害了他们。这就是喜好名声的结果。当年帝尧征伐丛枝和胥敖,夏禹攻打有扈,三国的土地变成废墟,人民全都死尽,而国君自身也遭受杀戮,原因就是三国不停地使用武力,贪求别国的土地和人口。这些都是求名求利的结果,你偏偏就没有听说过吗?名声和实利,就是圣人也不可能超越,何况是你呢?虽然这样,你必定有自己的想法,不妨说来听听。"

颜回说:"我外表端庄内心虚豁,勤奋努力终始如一,这样可以吗?"

孔子说:"唉,这怎么可以呢?卫君刚猛暴烈盛气露于言表,而且喜怒无常,人们都不敢有丝毫违背他的地方,他也借此压抑人们的真实感受和不同观点,以此来放纵他的欲望。这真可说是每日用道德来感化都不会有成效,何况用大德来劝导呢?他必将固守己见而不会改变,表面赞同而内心也不会对自己言行作出反省,你那样的想法怎能行得通呢?"

颜回说:"如此,那我就内心秉正诚直而外表俯首曲就,内心自有主见并处处跟古代贤人作比较。内心秉正诚直,这就是与自然为同类。跟自然为同类,可知国君与自己都是上天养育的子女。何必把自己的言论宣之于外而希望得到人们的赞同,又何必管别人不予赞同呢?像这样做,人们就会称我赤子之心,这就叫跟自然为同类。外表俯首曲就的人,是跟世人为同类。手拿朝笏躬身下拜,这是做臣子的礼节,别人都这样去做,我敢不这样做吗?做一般人臣都做的事,人们也就不会责难了吧,这就叫跟世人为同类。心有成见而上比古代贤人,是跟古人为同类。他们的言论很有教益,而这些诤言都有根据。这样做自古就有,并不是从我才开始的。像这样做,言语虽直率也不会招致怨恨,这就叫跟古人为同类。这样做可以吗?"

孔子说:"唉,这怎么可以呢?太多事情需要纠正,就是有所效法也会出现不当,虽然固陋而不通达也无罪责。即使这样,也不过如此而已,又怎么能感化他呢?你好像太执着于自己内心的成见了。"

颜回说:"我没有更好的办法了,冒昧地向老师求教方策。"

孔子说:"你先斋戒清心,我再来告诉你!如果怀着积极用世之心去做,难道是容易的吗? 如果你以为这样做很容易的话,就不合乎自然之理了。"

颜回说:"我的家境贫穷,不饮酒浆、不吃荤食已经好几个月了,像这样,可以说是斋戒了吧?"

孔子说:"这是祭祀前的所谓斋戒,并不是'心斋'。"

颜回说:"请教什么是'心斋'。"

孔子说:"你必须屏除杂念,专一心思,不用耳去听而用心去领悟,不用心去领悟而用气去感应! 耳的作用仅在于聆听,心的功用仅在于跟外界事物交合。气才是虚弱柔顺而能应待宇宙万物的,只要你到达空明的心境,道理自然与你相和。虚无空明的心境就叫作'心斋'。"

颜回说:"我不曾禀受'心斋'的教诲时,确实不能做到忘我;等到接受了'心斋'的道理后,我便顿时感到不曾有过真实的颜回。这可以叫作虚无空明的境界吗?"

孔子说:"你对'心斋'的理解实在十分透彻。我再告诉你,假如能够进入追名逐利的环境中遨游而又不为名利地位所动,卫君能采纳你,就阐明你的观点;不能采纳你,就停止不说,不去寻找仕途的门径,也不向世人提示索求的标的,心思凝聚全无杂念,把自己寄托于无可奈何的境域,那么就差不多合于'心斋'的要求了。一个人不走路容易,走了路不在地上留下痕迹就很难。受世人的驱遣容易伪装,受自然的驱遣便很难作假。听说过凭借翅膀才能飞翔,不曾听说过没有翅膀也能飞翔;听说过有智慧才能了解事物,不曾听说过没有智慧也可以了解事物。看一看那空旷的寰宇,空明的心境可以生发光明;一切吉祥之事都止于凝静的境界。至此还不能凝止，这就叫形坐神驰。倘若让耳目的感观向内通达而又排除心智于外，那么鬼神都会前来归附，何况是人呢？万物都可以感化，这是禹和舜处世的关键要领，也是伏羲、几蘧行为所遵循的准则，何况是普通的人呢？"

　　颜回与老师孔子的这段对白，原本出自道家的杜撰，然而它却揭橥了古代中国一个血淋淋的事实：伴君如伴虎。在儒家历史上被尊为"复圣"的颜回，在故事中展现的是"明知山有虎，偏向虎山行"的一种执拗和执着。作为其恩师的孔子显然不愿爱徒去卫国白白送死。孔子在教诲中提到的那些道理，套用在现实的人生中，依旧可以派得上用场。有时人们在面对暴君类型，或刚愎自用的上司时，出于公心而提建议，进说言，其实是"很傻很天真"的，对方反而会将你视为仇雠，甚至会反过来给你下套害你。故此，上司能够采纳你的话，能够从善如流，那就但说不妨；若是根本听不进半点异议，那就闭口不言为妥。孔子所提到的"心斋"还是很有一些指导意义的。至少在如何与人相处及自处之道上，去除求名斗智的心念与行止，而让心灵达到空明虚静的境地，同样是道法自然的别样诠释。

孔子为叶公解烦恼

有楚庄王玄孙身份的叶公子高,在自己将要出使齐国前,特地来向孔子请教:"楚王派我出使齐国,责任重大。齐国接待外来使节,总是表面恭敬而内心怠慢。平常老百姓尚且不易说服,何况是诸侯呢?我心里十分害怕。您常对我说:'事情无论大小,很少有不通过言语的交往可以获得圆满结果的。事情如果办不成功,那么必定会受到国君惩罚;事情如果办成功了,那又一定会忧喜交集酿出病害。事情办成功或者办不成功都不会留下祸患,只有道德高尚的人才能做到。'我每天吃的都是粗糙不精美的食物,烹饪食物的人也就无须解凉散热。我今天早上接受国君诏命,到了晚上就得饮用冰水,恐怕是因为我内心焦躁担忧了吧!我还不曾了解到事情的真相,就已有了忧喜交加所导致的病患;事情假如真的办不成,那一定还会受到国君惩罚。成与不成这两种结果,做臣子的我都不足以承担,先生您大概有什么可以教导我的吧!"

孔子回答:"天下有两个足以为戒的大法:一是自然的天命,一是人为的道义。做儿女的敬爱双亲,这是自然的天性,是无法从内心解释的;而臣子侍奉国君,这是人为的道义,无论到什么地方,都不会没有国君的统治,这是无法逃避的现实。这就叫作足以为戒的大法。所以侍奉双亲的人,无论什么样的境遇,都要使父母安适,这是孝心的最高表现;侍奉国君的人,无论办什么样的事都要让国君放心,这是尽忠的极点。注重自我修养的人,悲哀和欢乐都不容易使他受到影响,知道世事艰难,无可奈何却又能安于处境、顺应自然,这就是道德修养的最高境界。做臣子的原本就会有不得已的事情,遇事要能把握真情并忘掉自身,哪里还顾得上眷恋人生、厌恶死亡呢?你这样去做就可以了!"

孔子又说:"不过我还是把我所听到的道理再告诉你:大凡与邻国交往,一定要用诚信使相互之间和顺亲近;而与远方国家交往,则必定要用语言来表示相互间的忠诚。国家间交往的语言总得有人相互传递。传递两国国君喜怒的言辞,乃是天下最困难的事。两国国君喜悦的言辞必定添加了许多过分的夸赞,两国国君愤怒的言辞必定添加了许多过分的憎恶。大凡过度的话语都类似于虚构,而虚构言辞的真实程度也就值得怀疑,国君产生怀疑后,那传达信息的使者就要遭殃。所以古代格言说:'传达真实的言辞,不要传达过分的话语,这就可以保全自己了。'况且以智巧相互较量的人,开始时明来明去,后来就常常暗使计谋,达到极点时则大耍阴谋和诡计了。按照礼节饮酒的人,开始时规规矩矩地合乎人情,到后来常常就一片混乱而大失礼仪,达到极点时则荒诞淫乐、放纵无度。无论什么事情,恐怕都是这样:开始时相互信任,到头来互相欺诈;开始时单纯细微,临近结束时便变得纷繁巨大。

"言语犹如风波,传达言语有得有失。风吹波浪容易动荡,有了得失容易出现危难。所以愤怒发作没有别的什么缘由,就是因为言辞虚浮而又片面失当。猛兽临死时什么声音都叫得出来,气息急促喘息不定,于是迸发伤人害命的恶念。大凡过分苛责,必会产生不好的念头来应付,而他自己也不知道这是怎么回事。假如做了些什么而他自己却又不知道那是怎么回事,谁还能知道他会有怎样的结果?所以古代格言说:'不要随意改变已经下达的命令,不要勉强他人去做力不从心的事,说话过头一定是多余、添加的。'改变成命或者强人所难都是危险,成就一桩好事要经历很长时间,坏事一旦做出,悔改是来不及的。行为处世能不审慎吗?至于顺应自然而使心志自在遨游,一切都寄托于不得已而蓄养神智精气,这就是最好的办法。不如顺乎自然,有何必要去作意完成国君所给的使命呢?这样做是很困难的。"

孔子回答叶公子高的一番说辞,不啻道出人臣与国君之间关系的难处,传言不当或会招致杀身之祸,一方面是君命难违,另一方面又是力不胜任。这种尴尬的事情即便在现代社会的职场中,也经常会碰上。解决难题的办法其实还是顺乎自然,一切听其自然,注意避免做过分过头的事情,掌握好分寸,当是保全自己的最佳态度。

断足者王骀的德行

鲁国有个断掉了一只脚的人,名叫王骀,可是跟从他学习的人却不少,几乎与孔子的门徒一样多。看到这样的情况,孔门弟子中也有感到心态不平之人,一个名叫常季的学生就向孔子问道:"王骀是个被砍去了一只脚的人,可是跟从他学习的人在鲁国却能和先生门下的弟子相当。此人站着不能给人教诲,坐着不能议论大事,弟子们却空虚而来,满载而归。难道世上确实有不用言表的教导,无形感化而能够达到潜移默化效果吗?这又是一个什么样的人呢?"

孔子听了学生的询问后,谦逊地回答:"王骀先生是一位圣人,我的学识和品行都落后于他,只是还没有前去请教他罢了。我都准备把他当作自己的老师,何况世上那些在学识和品行上都不如我孔丘的人呢?何止鲁国,我将引领天下的人跟从他学习。"

常季说:"他是一个被砍去了一只脚的人,而学识和品行竟超过了先生,跟平常人相比,那相差就更远了。像这样的人,他运用心智是怎样与众不同的呢?"

仲尼回答:"死或生都是人生变化中的大事了,可是死或生都不能使他随之变化；即使天翻转过来，地坠陷下去，他也不会因此而丧失或毁灭。他通晓无所依凭的道理而不随物变迁，听任事物变化而信守自己的要旨。"

常季听后，还是感到不解，就又问道："这是什么意思呢？"

孔子说："从事物千差万别的一面去看，肝胆虽同处于人体之中，彼此邻近，但也可以像楚国和越国那样相距得很远；而从事物都有相同的一面去看，万事万物又都是同一的。像这样的人，将不知道耳朵眼睛最适宜何种声音和色彩，而让自己的心思自由自在地遨游在忘形、忘情的浑同境域之中；对于外物看到了它同一的方面却无视它因失去而引起差异的一面，因而看到丧失了一只脚就像是看到失落了一块泥土一样。"

常季说："他运用自己的智慧来提高自己的道德修养，他运用自己的心智去追求自己的理念。如果达到了忘情、忘形的境界，那么那些追随其左右的众多弟子们，为什么还聚集在他的身边呢？"

孔子回答："一个人不能在流动的水面照见自己的身影，而是要面向静止的水面，只有静止的事物才能使别的事物也静止下来。各种树木都受命于地，但只有松树、柏树无论冬夏都郁郁葱葱；每个人都受命于天，但只有尧舜的道德品行最为端正。幸而他们都善于端正自己的品行，因而也能端正他人的品行。保全本初时的迹象，心怀无所畏惧的胆识；勇士只身一人，也敢称雄于千军万马。一心追逐名利而自我索求的人，尚且能够这样，何况那主宰天地，包藏万物，只不过把躯体当作寓所，把耳目当作外表，掌握了自然赋予的智慧所通解的道理，而精神世界又从不曾有过衰竭的人呢？他定将选择好日子升登最高的境界，这样超尘绝俗之人，是人们要紧紧地跟随着他，他自己还怎么会把聚合众多弟子当成一回事呢？"

　　孔子与常季师生两人围绕着残疾人王骀的一番话语，生动地展现了师生两人在看问题的视角，以及考虑事情的境界上的天壤之别。常季只从表面现象认识事物，对王骀这样一个断足的残疾人能有众多拥趸而大惑不解，这正是世上很多人观察事物时最容易犯的"以貌取人"之毛病。而孔子阐发并认同王骀对事物的认识及褒扬其德行，其实也代表了这位大宗师自己的高远境界。圣贤之人的人格魅力，经由王骀、孔子这样的古代贤哲的言行举止，得到了最充分的昭示，仔细琢磨他们的睿智话语，可以让我们的内心世界也得到智慧之光的照拂。

申徒嘉正言驳子产

申徒嘉是个受刑后被砍掉了一只脚的人,他跟郑国的大臣子产同拜伯昏无人为师。子产颐指气使地对申徒嘉说:"我先出去那么你就留下,你先出去那么我就留下。"

到了第二天,子产和申徒嘉合堂同席地坐在一起学习。这时,子产又对申徒嘉说:"我先出去那么你就留下,你先出去那么我就留下。现在我将出去,你可以暂时留下不走吗?抑或是不能留下呢?你见了我这执掌政务的大官却不知道回避,莫非你真把自己看得同我这个执政的大臣一样地平起平坐吗?"

申徒嘉说:"伯昏无人先生的门下,哪有什么执政大臣来拜师从学的呢?难道说,你津津乐道于执政大臣的地位,却把别人都不放在眼里吗?我听说这样的话:'镜子明亮,是尘垢没有停留在上面;尘垢落在上面,镜子也就不会明亮。长久地跟贤人相处便会没有过错。'你拜师从学,为的是追求广博精深的见识,正是为了了解先生所倡导的大道。而你竟说出这样的话,未免太过分了吧!"

子产说:"你已经如此形残体缺,还要跟唐尧争比善心,你估量一下自己的德行,都已经是受过刖刑的人了,难道还不足以使你有所反省吗?"

申徒嘉说:"一个人自己陈述或辩解自己的过错,认为自己不应当形残体缺的人很多;不陈述或辩解自己的过错,认为自己不应当形整体全的人很少。懂得事物之无可奈何,而能安于自己的境遇,并视如命运安排的那样,只有有德的人才能做到这一点。一个人来到世上就像来到善射的后羿张弓搭箭的射程之内,中央的地方也就是最容易中靶的地方,然而却没有射中,这就是命。用完整的双脚笑话我残缺不全的人很多,我常常会脸色陡变,怒气填胸;可是只要来到伯昏无人先生的寓所,我便怒气消失回到正常的神态。真不知道先生用什么善道来洗刷我的呢?我跟随先生十九年了,可是先生从不曾感到我是个断了脚的人。如今你跟我心灵相通,以德相交,而你却用外在的形体来要求我,岂不是太过分了吗?"

子产听了申徒嘉一席话,深感惭愧,他脸色顿改而恭敬地说:"请你不要再说下去了!"

子产作为执政大臣而对有同窗之谊的申徒嘉直接表露出骄横跋扈的心态,丝毫不念及两人同学的情分,而是用那种高高在上的官场做派来展示其可笑的优越感,殊不知,在学习伯昏无人学问精粹方面,子产还远没有达到申徒嘉的认识境界。这正说明体残形缺的申徒嘉,心灵却比那看似体形完好无损的子产来得更为健康。后者既无充分的学识上的自信心,亦无价值取向上的正确定位,在官场里黑风迷雾的长期熏染下,几次三番地对同堂学习的同窗提出过分要求,本身也是很没有品位和不大气的写照。及至申徒嘉一番犀利的话语刺痛了他,子产才先倨后恭地要对方免开尊口地放过他。这类浅薄之人的嘴脸,在现下社会中,其实也并不鲜见。今人应该以子产为鉴戒,深自戒惕,别让自己重蹈古人的覆辙。

相貌丑陋的大贤者

一次,鲁哀公向孔子问道:"卫国有个面貌十分丑陋的人,名叫哀骀它。男人跟他相处,常常会因为想念他而舍不得让他离去。女人见到他,便会向父母提出请求,说:'与其做别人的妻子,不如做哀骀它先生的妾。'这样的人都已经十多个了,而且还在增多。从不曾听说哀骀它倡导什么,只是常常见他在附和别人罢了。他没有居于统治者的地位而拯救他人于临近败亡的境地,他也没有聚敛大量的财物而使他人吃饱肚子。他的面貌丑陋能使天下人感到吃惊,而且总是附和他人而从没有倡导什么,他的才智也超不出他所生活的四境,不过接触过他的人,无论是男是女都乐于亲近他。这样的人一定有什么不同于常人的地方吧?"

鲁哀公接着说:"我把他召来看了看,这人果真相貌丑陋得足以惊骇天下人了。但跟我相处不到一个月,我便对他的为人有了了解;不到一年时间,我就十分信任他。国家没有主持政务的官员,我便把国事委托给他。他神情淡漠地回答,看似漫不经心又好像在加以推辞。我深感愧然,后来终于把国事交给了他。没过多久,他就离开我走掉了。我的内心忧虑,就像丢失了什么,好像整个国家没有谁可以跟我一道共欢乐似的。这究竟是什么样的人呢？"

孔子回答："我孔丘也曾出使楚国，正巧看见一群小猪在吮吸刚死去的母猪的乳汁，不一会儿又惊惶地丢弃母猪逃跑了。因为不知道自己的同类已经死去，母猪不能像先前活着时那样哺育它们。小猪爱它们的母亲，不是爱它的形体，而是爱支配那个形体的精神。战死沙场的人，他们埋葬时无须用棺木上的饰物来送葬；被砍掉脚的人，对于原来穿过的鞋子，没有理由再去爱惜它。这都是因为失去了根本。做天子的妃子宫女，不剪指甲不穿耳孔；婚娶之人只在宫外办事，不会再到宫中服役。为保全形体尚且能够做到这一点，何况德性完美而高尚的人呢？如今哀骀它即便不说话也能取信于人，没有功绩也能赢得亲近，让人乐意授给他国事，还唯恐他不接受，这一定是那种才智完备而德不外露的人。"

鲁哀公问："什么叫作才智完备呢？"

孔子说："死、生、存、亡、穷、达、贫、富，贤能与不肖、诋毁与称誉、饥、渴、寒、暑，这些都是事物的变化，都是自然规律的运行；日夜更替于我们的面前，而人的智慧却不能窥见它们的起始。因此，它们都不足以搅乱本性的谐和，也不足以侵扰人们的心灵。要使心灵平和安适，通畅而不失怡悦，要使心境日夜不间断地跟随万物融会在春天般的生气里，这样便会接触外物而萌生顺应四时的感情。这就叫作才智完备。"

鲁哀公又问："什么叫作德不外露呢？"

孔子说："均平是水静止时的最佳状态。它可以作为取而效法的准绳，内心保持着极端的静止状态而毫不为外境所摇荡。所谓德，就是最纯美的修养，德不外露，万物自然亲附而不愿离开他了。"

有一天，鲁哀公把孔子的这番话告诉闵子，说："起初我认为坐朝当政统治天下，掌握国家的纲纪而忧心人民的死活，便自以为是最通达的了，如今我听到至人的名言，真忧虑没有实在的政绩，轻率作践自身而使国家危亡。如此看来，我跟孔子不是什么君臣关系，而是以德相交的朋友呢。"

一个才智完备而德不形诸外部的贤者，纵然长相丑陋得达到令人惊骇的程度，但其人格的天然魅力，却会自然而然地吸引他人，卫国的哀骀它就是这样一位让别国君主都为之倾心的贤哲之人。在《南华真经·内篇·德充符》中多次讲述了身残体缺，或外貌丑陋的贤者故事。确实，心灵的健全和外表身躯的完整与否不是一码事，身躯有残疾或长相不够完美者的内在德性完全可以充足，其生命自然能够焕发出吸引他人的精神力量，打破我们固有的只重外表的偏见，更注重人们的内在道德品性，或许是上述故事留给我们的启示吧。

忘却利禄的修心者

原宪住在鲁国,他的家为长宽各有一丈的正方形小屋,屋顶上盖着新割下的茅草,蓬草编成的门也四处透亮。他用折断的桑条作为门轴,用破瓮作窗,隔出来两个居室,然后再将粗布衣堵在破瓮的口上。遇上下雨天,原宪的屋子是上漏下湿,而原宪自己却端端正正地坐着弹琴唱歌。

孔子的高足子贡前去看望原宪。子贡驾着高头大马,穿着暗红色的内衣,外罩着素雅的大褂,而小小的巷子里容不下子贡那高大华贵的马车。原宪戴着裂开口子的帽子,穿着破了后跟的鞋,拄着藜杖应声开门,子贡见了说:"哎呀!先生莫非得了什么病吗?"

原宪回答:"我听说,没有财物的话,被人叫作贫;学习了却不能付诸实践的叫作病。如今我原宪,是贫困,而不是生病。"

子贡听了,不由得退后数步,面露羞愧之色。原宪又笑着说:"迎合世俗去行事,比附周旋而交朋结友,勤奋学习只是用以求取别人的夸赞,注重教诲却是为了炫耀自己,用仁义来作为奸恶勾当的掩护,讲求高车大马的华贵装饰,这些都是我原宪不愿去做的。"

孔子的另一位得意门生曾子居住在卫国时,用乱麻作为絮里的袍子已经破破烂烂,他看上去满脸浮肿,手和脚也都磨出了厚厚的老茧。他已经三天没有生火做饭,十年没有添制新衣,正一正帽子,帽带就会断掉;提一提衣襟,臂肘就会外露;穿一穿鞋子,鞋后跟就会裂开。他还拖着散乱的发带吟咏《商颂》,声音宏亮,好似充满天地一般,就像那用金属和石料做成的乐器发出的声响。天子不能把他看作臣仆,诸侯不能跟他结交成朋友。所以,修养心志的人能够忘却形骸,调养身形的人能够忘却利禄,得道的人能够忘却心机与才智。

孔子对爱徒颜回说:"颜回,你过来!你家境贫寒居处卑微,为什么不外出做官呢?"

颜回听到老师的发问,赶紧回答:"我无心做官。在城郭之外,我有五十亩地,足以供应我的食粮;在城郭之内,我有四十亩地,足够用来种麻养蚕;平日里,拨动琴弦,就足以使我欢娱;学习先生所教给的道理,也足以使我快乐。因此,我不愿做官。"

孔子听了之后,深受感动,连面容都为之改变。孔子不禁感叹:"颜回的心愿实在是好啊!我听说:'知道满足的人,不会因为利禄而使自己受到拘累;真正安闲自得的人,明知失去了什么也不会畏缩焦虑;注意内心修养的人,没有什么官职也不会因此惭愧。'我吟咏这样的话已经很久很久了,如今在你的身上,才算真正看到了它,这也可以算是我的一点收获吧。"

"学而优则仕",是传统士大夫与后来的文人梦寐以求的目标。即便是斗转星移,时空变化到现下,有些人还是在官本位的怪圈中走不出来。穿金戴银、宝马香车的生活,权位利禄的诱惑,都是有些人孜孜以求的。不少人知道这样确实很俗，而且恶俗，但又有几个能够看透这些过眼云烟的东西呢？上述故事中修道养心者如原宪、曾子、颜回等人简单而快乐的精神生活境界，是世上绝大多数的俗人们难以企及的，也是凡俗之流无法想象和理解的。孔子的喟叹，说出了这些修心养性悟道之人的最大特点，那就是"知足常乐"，知道满足的人，才会对自己的一切处境和面临的事物感到由衷的满意，才会有发自内心的真正快乐。这样的人生，才会有实实在在的意义。

不受封赏的屠羊说

楚昭王丧失了国土后,屠羊说跟随他在外逃亡。等到昭王返回楚国,打算赏赐跟随他逃亡的忠心之士,当论功行赏到屠羊说时,屠羊说却说:"当年大王丧失了国土,我也失去了屠宰羊牲的职业;大王返归楚国,我也就得以重操旧业。我从业的报酬已经得到了恢复,又何必赏赐什么呢?"

楚昭王发话说:"强迫令其接受奖赏!"可倔强的屠羊说就是不领情,他说:"大王失去楚国,不是为臣的过失,所以我不愿坐以待毙,伏法受诛;如今大王返归楚国,也不是为臣的功劳,所以我也不该接受大王的赏赐。"

楚昭王闻听手下回报后说:"既然如此,那么我就来接见他!"

谁想到屠羊说对此又有说法,他说:"按照楚国的法令,必定有大功的人在受重赏后方才能够得到接见的礼遇,现在我的才智不足以使国家得到保全,而我的勇力又不足以使敌寇受到歼灭。吴军攻入郢都,我却畏惧危难而躲避敌寇,并不是有心追随大王在外逃亡。如今大王意欲弃置法令和制度来接见我,这并不是我所希望的传闻天下的办法。"

楚昭王对司马子綦说："屠羊说身处卑贱，而他陈述的道理却很深刻啊，你还是替我用三卿之位来延请他。"

屠羊说知道后说："三卿的高位，我知道比起我目前从事的屠宰羊牲的作坊，实在是高贵得多；从这些高位得到的优厚俸禄，我也知道比起屠宰羊牲的报酬来，实在是丰厚得多。然而，我又怎么可以为了贪图高官厚禄而使国君承受胡乱施舍的坏名声呢？我决不敢接受大王延请的公卿之位，对我来说，目前只是一门心思地想回到自己那间屠宰羊牲的作坊。"

在公开作了这样的表示后，直到最后，屠羊说都始终不肯接受来自楚昭王的任何封赏。

在常人看来，上述故事中的屠羊说是很迂腐甚至很愚笨的，论功行赏是跟随国君，付出辛劳，苦尽甘来的应得报酬，真是不要白不要。但屠羊说那显得有些另类的行止，其实却自有深意，他的出发点就是两个，一是不愿无功受禄；二是不想让国君因此承受弃置法制规矩和胡乱施舍的坏名声。故此，他这样做才更加赢得楚昭王的尊重，以致想用三卿的高位虚位以待，让这样的贤者来掌管国事。当然，屠羊说最后还是没有接受国君的任何封赏，其平和的心态和包含的智慧值得他人效法，这样的事迹才能传闻天下和令后人景仰。

华子与颜阖的故事

韩国和魏国两个国家之间，在相互争夺着边界上的土地。华子拜见昭僖侯，昭僖侯正面带忧色。华子说："如今让天下所有人都来到你面前书写铭记，书写的言辞说：'左手抓取东西，那么右手就砍掉；右手抓取东西，那么左手就砍掉，不过抓取东西的人一定会拥有天下。'君侯会抓取吗？"

昭僖侯一口回绝说："我是不会去抓取的。"

华子说："很好！由此观之，两只手臂比天下更为重要，而人的自身又比两只手臂重要。韩国比起整个天下来，实在是微不足道，如今两国所争夺的土地，比起韩国来又更是微不足道的了。您又何苦愁坏身体、损害生命而担忧得不到那边界上的弹丸之地呢？"

昭僖侯说："好啊！跑来劝我的人已经有很多很多了，我却从来不曾听到过如此高明的言论。"按照昭僖侯的如此说法，华子真可说是一个懂得孰轻孰重的人了。

鲁国国君听说颜阖是一个得道的人，马上派出使者，先行送去聘礼表达自己的敬慕之意。颜阖居住在极为狭窄的巷子里，穿着粗麻布衣而且亲自喂牛。鲁君的使者来到颜阖家后，颜阖亲自接待了他。

使者问:"这里是颜阖的家吗?"

颜阖回答:"这里就是颜阖的家。"

使者送上了鲁国国君的礼物,颜阖巧妙地说:"恐怕听话的人听错了,而给使者带来过失,不如回去再仔细问个明白。"

使者返回鲁国,等到他查问清楚了,再次跑来找颜阖,却再也找不到了。像颜阖这样的人,真正是厌恶富贵的修道之人。

所以,大道的真谛是可以用来养身,大道的剩余可以用来治理国家,而大道的糟粕才用来统治天下。由此观之,那些帝王的功业,只不过是圣人余剩的事,不是可以用来保全身形、修养心性的。如今世俗人口中所说到的君子,大多危害身体、弃置禀性而一味地追逐身外之物,这难道不是很可悲吗?大凡圣人有所动作,必定要仔细地审察他所追求的方式以及他所行动的原因。如今却有这样的人,用珍贵的随侯之珠去弹打那飞得很高的麻雀,世上的人们一定会笑话他,这是为什么呢?乃是因为他所使用的东西实在贵重,而所希望得到的东西又实在是微不足道。至于说到生命,难道珍贵程度只是像随侯之珠那样吗?

上述这则寓言类的故事,提到了为修道者珍视的最重要东西,就是人的生命,对每个个体而言,确实,生命是最重要的,离开了生命,谈什么都是乌有虚空的,毫无半点意义。他山之石,可以攻玉,西方社会中的文明价值观念的基石,无疑首推基督教文化,《新约·马太福音》中同样有"人若赚得全世界,赔上自己的生命,有什么益处"的道理,由此可见,蕴含着人生哲理的文化在最高层面上其实亦有相通之处。现实生活中,人为财死,鸟为食亡的悲剧比比皆是,大千世界中忙碌操劳的芸芸众生,不妨多给自己一些闲暇和安宁,将精力投放一些在修心养生方面,或许可以避免做出"随侯之珠弹射飞鸟"的蠢事。

困厄于陈蔡的孔子

圣人孔子在陈、蔡两国之间遭受困厄，七天里都不能生火做饭，喝下去的野菜汤里没有一粒米屑，脸色疲惫。尽管如此困顿，孔子还是在屋里不停地弹琴唱歌。

颜回在室外择菜，子路和子贡相互谈论起来："先生两次被赶出鲁国，在卫国又遭受铲削足迹的污辱，在宋国则受到砍掉坐荫大树的羞辱，在商、周后裔居住的地方被弄得走投无路，如今在陈、蔡之间，竟又陷入如此困厄的境地。图谋杀害先生的没有被治罪，凌辱先生的没有受禁阻，可是先生自己却还在不停地弹琴吟唱，不曾中断过乐声。君子不懂得羞辱竟然达到这样的地步吗？"

一旁的颜回没有办法回答两位同门的询问，他进入内室后，将同窗之间的谈话告诉了孔子。孔子听闻之后，推开琴弦，长长地叹息说："子路和子贡，真是见识浅薄的人。叫他们进来，我有话对他们说。"

子路和子贡进到屋里。心直口快的子路说："像现在这样的处境，真可以说是走投无路了！"

孔子说："这是什么话！君子通达于道，那叫作一以贯通，不能通达于道才叫作走投无路。如今我信守仁义之道而遭逢乱世带来的祸患，怎么能说是走投无路呢？所以说，善于反省就不会不通达于道，面临危难就不会丧失德行。严寒已经到来，霜雪降临大地，我这才真正看到了松柏仍是那么郁郁葱葱。这次在陈、蔡之间的困厄，对于我来说，恐怕真还是一件幸事啊！"

孔子说完后，继续安详地拿过琴来，并随着琴声开始了阵阵歌咏。受到先生教诲而有所悟的子路，也兴奋而又勇武地拿着盾牌跳起舞来。在一旁的子贡不无惭愧地说道："我真不知道先生是如此高洁，而我却是那么浅薄啊！"

古时候得道的人，在困厄的环境里照样能快乐，通达的情况下也能快乐。心境快乐的原因不在于困厄与通达，道德存留于心中，那么困厄与通达都像是寒与暑、风与雨那样有规律地变化着。所以，唐尧时代的隐士许由能够在颍水的北岸求得欢娱，而共伯则在共首之山优游自得地生活。

孔子在周游列国时大多遭逢的是颇为狼狈的场面，然而能够在穷困潦倒时照样抚琴唱歌，真是"穷且不坠青云之志"的最直观之写照。把种种面临的困难，作为幸事，也需要有大智慧才能达到如此境界。得道与否，道是否存留于心中，是能否勇敢面对困难的关键所在。将人生中的任何困难看成考验自己心志的好事，自然会笑对人生，只是平庸凡俗之辈很难做到这点。如果我们通过上述故事而有所悟，也在今后的任何环境中都尝试着去快乐，对改变我们的人生感受，定会大有裨益。

为避禅让而投深渊

虞舜想把统治天下的君主位子让给他的朋友北人无择,北人无择却说:"舜的为人,真是奇怪啊!本来在历山之麓从事农耕却要结识唐尧,并且还接受了禅让!不仅只是接受了禅让就到此为止了,现在居然又想要用那样的丑行来玷污我。我见到他真是感到羞辱。"说完此话,北人无择就跳入了一条名叫清泠的深渊而死去。

夏末,天下形势如沸如羹,贤德的成汤打算正式讨伐夏朝的末代君主夏桀。当成汤拿这件事跟卞随商量时,卞随立即回答道:"这不是我该做的事。"

成汤问:"那么谁才可以呢?"

卞随的回答还是很干脆:"我不知道。"

于是,成汤又拿这件事跟瞀光商量,瞀光也表示:"这不是我该做的事。"

成汤感到很郁闷,就问瞀光:"谁才可以呢?"

瞀光回答:"我不知道。"

成汤试探性地询问道:"伊尹怎么样?"

瞀光说:"伊尹这个人毅力坚强而且能够忍受耻辱,至于其他方面,我便不知道了。"

听了瞀光的回答后,成汤就跑去与伊尹商量起讨伐夏桀的大事。在打败了桀王之后,建立起新王朝的商汤又动了念头,想把天下让给卞随。卞随推辞说:"君王讨伐夏桀,曾经跟我商量,必定是把我看作凶残的人;在战胜了桀王之后,又想要禅让天下给我,必定是把我看作贪婪的人。我生活在天下大乱的年代,而且不明大道的人两次用他的丑行来玷污我,我不能忍受如此的言谈。"讲完之后,卞随就自己跳入椆水而死去。

商汤又打算禅让给瞀光,还说:"智慧的人谋划怎样夺取天下,勇武的人继而加以完成,仁德的人则居于统治之位,这是自古以来的道理。先生怎么能不居于其位呢?"

瞀光推辞说:"废除了自己的国君,不合于道义;征战杀伐,不合于仁爱;别人冒着危难,我却坐享其利,不合于廉洁。我听说过这样的话:不合乎道义的人,不能接受他赐予的利禄;不合乎大道的社会,不能踏上那样的土地。何况是尊我为帝呢?我不忍长久地见到这种情况。"作出这样坚决的表示之后,瞀光竟然背着石块沉入庐水而死。

上述故事有点让人匪夷所思,北人无择、卞随和瞀光三个人在君临天下的国主表示要禅让大位时,竟都毅然选择以投水自尽的方式来结束生命,以此表示一种鲜明的抗争态度。远古时代修道的先民,把帝王的禅让表示视作丑行,觉得是个人难以容忍的玷污,以致要采用如此极端的方式来加以拒绝,并不惜用宝贵的生命,来对帝王的

"禅让行径"予以最严厉的谴责。反观时下有些人的习性,早就习惯于官本位观念和制度的熏染,为数众多者对名利的追逐,甚至都达到了趋之若鹜的程度。在分别投入清泠深渊、稠水、庐水的三位有道君子的话语中,价值取向非常明晰,对政治的厌恶感也表露无遗。比照先贤的行止,我们难道不应该深自戒惕吗?

孤竹国的两位贤人

殷商末年,正当周国兴起于西方的时候,孤竹国有两位贤人,名叫伯夷和叔齐。两人相互商量:"听说西方有个人,好像是一个有道的人,我们不妨前去看看。"

于是,伯夷、叔齐两人结伴西行。当他们来到岐山的南面时,周武王姬发知道了这件事,遂派他的弟弟姬旦前去拜谒两位贤者,并且跟他们结下了誓盟。周公旦还一本正经地对两位远道而来的贤人表示说:"将增加俸禄二等,授予一等官职。"说完,就用牲血涂抹在盟书上,并且将盟书埋于地下。

伯夷、叔齐见状,两人相视而笑说:"咦,真是奇怪啊!这不是我们所谈论的道啊。从前神农氏治理天下,按时祭祀,竭尽虔诚而不祈求赐福;对于百姓,忠实诚信,尽心治理而不向他们索取。凡有乐于参与政事的人,就让他们参与政事;乐于从事治理的人,就让他们从事治理;不趁别人的危难而自取成功,不因别人地位卑下而自以为高贵,不因遭逢机遇而图谋私利。如今,周人看见殷商政局动荡,就急速地想夺取那统治天下的权力,崇尚谋略和收买臣属,依靠武力来保持威慑,以宰牲结盟来表示诚信,宣扬德行以取悦众人，凭借征战求取私利，这是用推动祸乱的办法替代已有的暴政。我听说，上古的贤士，遭逢治世不回避责任，遇上乱世不苟且偷生。如今天下昏暗，周人如此做法，说明德行已经衰败，与其跟周人在一起而使自身受到污辱，不如逃离他们来保持我们自身品行的高洁。"

两人在离开了让他们乘兴而来、失望而去的周国后，就向北来到了首阳山，最后还因要保持气节而"不食周粟"，最终双双饿死在那里。像伯夷、叔齐这样的人，他们对于富贵，假如真有机会得到，那也决不会去获取。他们所表现的，是高尚的气节和不同流俗的行为，自适自乐，而不追逐于世事，这就是二位贤士的节操。

伯夷、叔齐在看透了周人其实不异于殷商的本质后，选择了避居首阳山以及不食周粟的举止，来对周人德行败坏，却在表面上标榜德政的行为作出划清界限、不同流合污的抉择。两位贤者为此也受到过诟病，认为他们不识时务恐怕是较多人的看法。事实上，在这则故事中，庄子借伯夷、叔齐之口，不无辛辣地揶揄了后来被儒家奉若圣贤的武王及周公，所谓圣贤的真面目，不过尔尔。今人在现实人生中，亦可经常遇见经过包装打扮，加上吹得天花乱坠的一些"正人君子"，如若其头上的政治光环褪去，或干脆东窗事发，则其"金玉其外，败絮其中"的本质同样会让世人为之瞠目。故此，换个角度来看待所谓的圣贤的行止，包括那些华丽漂亮的词句或口号，透过一些表面现象来思考深层次的东西，也许有助于我们避免迷信和轻信。

神龟托梦难逃一死

宋元君在半夜里做梦,梦见有人披散着头发,站在侧门旁向内窥视,而且还向他说:"我来自名叫宰路的深渊,我是作为清江的使者,出使到河伯的居所,被一个叫余且的渔夫捕捉了。"

宋元君从梦里醒来后,立即派人到宫中来为自己占卜。占卜者说:"这是一只神龟。"

宋元君听了占卜者的解释后,就向身边的近臣打听:"在渔夫中可有一个名叫余且的人没有?"

左右侍臣外出了解了情况后,跑来回答宋元君道:"大王,是有这么一个渔夫。"

宋元君说:"叫余且来朝见我。"

第二天,渔夫余且上朝,前来拜见宋元君。宋元君问余且道:"这两天你可曾捕捞到了什么没有?"

余且回答:"我的渔网捕捉到一只大白龟,周长有五尺。"

宋元君听后就说:"把你捕获到的白龟献出来吧。"

国君命令,草民哪有敢不遵从奉行的道理啊,不一会儿,白龟就被送到了宫里。看着眼前这只大白龟,宋元君居然心思不定起来，他一会儿想杀掉它，一会儿又想把白龟养起来，心里正在犯嘀咕，于是就卜问吉凶，并因此想到杀掉白龟用来占卜，一定大吉。于是，宋元君就叫人把白龟剖开挖空，用龟板占卜了数十次，推断起来也没有一点失误。

孔子知道这件事情后就说："神龟能显梦给宋元君，却不能避开余且的渔网；才智能占卜数十次也没有一点失误，却不能逃脱被人剖腹和挖肠的祸患。如此说来，才智也有困窘的时候，神灵也有考虑不到的地方。即使存在最高超的智慧，也匹敌不了万人的谋算。鱼儿即使不畏惧渔网却也会害怕鹈鹕。屏弃小聪明，方能显示大智慧；除去矫饰的善行，方才能使自己真正回到自然的善性。婴儿生下地来，没有高明的老师指教也能学会说话，只是因为跟会说话的人自然相处的缘故啊。"

作为不语"怪力乱神"的孔夫子，在听闻宋元君最后将托梦的白龟剖腹挖肠制成占卜用的龟板这件事情后，也不免要生发喟叹：神龟虽寿，犹有竟时，此龟聪慧到用托梦显灵给宋元君，来让自己摆脱网罗之苦，但这样的小聪明还是没有让神龟享受天年，最后居然还是死于它所托梦的宋元君之手，而且还是被挖肠破肚地横死。难怪孔子要说最高超的智慧也难敌万人的谋算，至于人们一般喜欢卖弄的"小聪明"，或者什么急智、捷辩，在真正的"大智慧"面前，更不值一提。俗话说，"聪明反被聪明误"，从神龟的遭遇来看，其所托非人，如果不去惊动那喜欢占卜问吉凶的宋元君，或许可能被渔夫余且拿到市场上卖给哪个善人养起来，甚至被好心人放生也未可定。所以说，有的事，还是顺其自然，少点折腾为好。

境界不同的三种剑

赵文王是一个喜好剑术的国君，擅长击剑的人蜂拥而至其门下，充当食客的多达三千余人。他们在赵文王面前日夜都忙于相互比试剑术，为此死伤的剑客每年也都有百余人，而赵文王喜好击剑的欲望从来就不曾得到满足。

三年后，赵国的国力因此日益衰退，各国诸侯都在谋算怎样攻打赵国。太子悝十分担忧，他对左右近侍说："有能够说服赵王停止比试剑术者，我就赠与他千金。"

左右近侍回答："只有庄子能够担当此任。"

太子于是派人携带千金厚礼，上门去赠送给庄子。庄子却并不肯接受礼品，他跟随使者一道，前往会见太子说："太子有什么见教，居然要赐给我千金的厚礼？"

太子说："听说先生通达贤明，谨此奉上千金用以犒赏。先生不愿接受，我还有什么可说的呢？"

庄子说："听说太子想要用我，意欲断绝赵王对剑术的爱好。假如我对上游说赵王，却违拗了赵王的心意，对下也未能符合太子的意愿，那也就一定会遭受刑戮而死去，我哪里还用得着这些赠礼呢？假如我对上能说服赵王，对下能合于太子的心愿，在赵国这片天地，我希望得到什么难道还得不到？"

太子说："是这样。父王的心目中，只有击剑的人。"

庄子说："好的，我也善于运用剑术。"

太子说："不过父王所见到的击剑人，全都头发蓬乱、鬓毛突出、帽子低垂、帽缨粗实、衣服紧身、瞪大眼睛而且气喘语塞。大王竟喜欢见到这样打扮的人。如今先生一定是穿儒服去会见赵王，事情一定会弄糟。"

庄子说："请让我准备剑士的服装。"

三天以后，剑士的服装裁制完毕，于是庄子面见太子。太子就跟庄子一道去拜见赵王，赵王则解下利剑正等待着庄子的到来。

庄子不急不忙地进入殿内，见到赵王后，也不行跪拜之礼。赵王说："你想用什么话来开导我，而且要让太子先作引荐？"

庄子说："我听说大王喜好剑术，特地用剑术来参见大王。"

赵王说："你的剑术怎样能遏阻剑手、战胜对方呢？"

庄子说："我的剑术，十步之内可杀一人，就是行走千里也不会受人阻留。"

赵王听了大喜，说："如此说来，天下都没有谁是你的对手了！"

庄子说："击剑的要领是，有意把自己的弱点显露给对方，再用有机可乘之处来引诱对方，并且后于对手发起攻击，同时要抢先击中对手。希望有机会能试试我的剑法。"

赵王说："先生暂回馆舍休息，等待通知，我将安排好击剑比武的盛会，再请先生出面比武。"

赵王于是用七天时间让剑士们比武较量，死伤有六十多人，并从中挑选出五六人，让他们拿着剑在殿堂下等候。赵王召见庄子，说："今天可让剑士们跟先生比试剑术了。"

庄子说："我已经盼望很久了。"

赵王说："先生所习惯使用的宝剑，长短怎么样？"

庄子说："我的剑术对长短剑都可适应。不过我有三种剑，任凭大王选用，请让我先作些说明再行比试。"

赵王说："愿意听听你介绍三种剑。"

庄子说："有天子之剑，有诸侯之剑，有百姓之剑。"

赵王说："天子之剑怎么样？"

庄子说："天子之剑，将燕谿的石城山做剑尖，把齐国的泰山做剑刃，用晋国和卫国做剑脊，拿周王畿和宋国做剑环，以韩国和魏国做剑柄；用中原以外的四境来包扎，用四季来围裹，用渤海来缠绕，用恒山来做系带；靠五行来统御，靠刑律和德教来论断；遵循阴阳的变化而进退，遵循春秋的时令而持延，遵循秋冬的到来而运行。这种剑，向前直刺一无阻挡，高高举起无物在上，按剑向下所向披靡，挥动起来旁若无物，向上割裂浮云，向下斩断地纪。这种剑一旦使用起来，可以匡正诸侯，使天下人全都顺服。这就是天子之剑。"

赵文王听了茫然若有所失，说："诸侯之剑怎么样？"

庄子说："诸侯之剑，拿智勇之士做剑尖，拿清廉之士做剑刃，拿贤良之士做剑脊，拿忠诚圣明之士做剑环，拿豪杰之士做剑柄。这种剑，向前直刺也一无阻挡，高高举起也无物在上，按剑向下也所向披靡，挥动起来也旁若无物；对上效法于天而顺应日月星辰，对下取法于地而顺应四时序列，居中则顺和民意而安定四方。这种剑一旦使用，就好像雷霆震撼四境之内，没有不归服而听从国君号令的。这就是诸侯之剑。"

赵王说:"那百姓之剑又怎么样呢?"

庄子说:"百姓之剑,全都头发蓬乱、鬓毛突出、帽子低垂、帽缨粗实、衣服紧身、瞪大眼睛而且气喘语塞。相互在人前争斗刺杀,上能斩断脖颈,下能剖裂肝肺,这就是百姓之剑,跟斗鸡没有什么不同,一旦命尽气绝,对于国事就什么用处也没有。如今大王拥有夺取天下的地位却喜好百姓之剑,我私下认为大王应当鄙薄这种做法。"

赵文王于是牵着庄子来到殿上。厨师献上食物,赵王沿着坐席惭愧地绕了三圈。庄子说:"大王安坐下来定定心气,有关剑术之事我已启奏完毕。"

于是赵文王三个月里不出宫门,而剑士们都在自己的住处自刎而死。

上述故事中的赵文王,是一个标准的尸位素餐的国君,在这样的大位上,不去操劳国事,却不务正业地只顾干一些百姓喜好之事,乃致造成国力日衰,引起周边诸侯列强觊觎。难怪太子要忧心忡忡地敦请庄子来当说客,叫赵文王改弦易辙,不要再沉溺于剑术中了。

"天子之剑"也好,"诸侯之剑"也罢,在境界上都远高于所谓的"百姓之剑",庄子的巧妙借喻令赵文王受到触动后,其人还知道幡然悔悟,应该属于亡羊补牢,犹未为晚。对于现代社会上很多成年人而言,其实也有类似于赵文王那样的问题,网游成瘾,应该就是较为典型的一种玩物丧志的表现。而如何劝诫人们加以警醒,庄子的巧妙做法和游说技巧,还是值得今人效法的。

盗跖怒目斥骂孔子

孔子跟柳下季是朋友,柳下季的弟弟名叫盗跖。盗跖的部下有九千人,横行天下,侵扰各国诸侯;穿室破门,掠夺牛马,抢劫妇女;贪财妄亲,全然不顾及父母兄弟,也不祭祀自己的祖先。他所经过的地方,大国避守城池,小国退入城堡,百姓们被他弄得很苦。孔子对柳下季说:"大凡做父母的,必定能告诫自己的子女;做兄长的,必定能教育自己的弟弟。假如做父亲的不能告诫自己的子女,做兄长的不能教育自己的兄弟,那么父子、兄弟之间的亲密关系也就没有什么可贵的了。如今先生你是一个当世的贤士,可你的兄弟却被人叫作盗跖,成为天下的祸害,而且你还不能加以管教,我私下里都替先生感到羞愧。我愿意替你前去说服他。"

柳下季说:"先生谈到做父亲的必定能告诫自己的子女,做兄长的必定能教育自己的弟弟,假如子女不听从父亲的告诫,兄弟不接受兄长的教育,即使像先生今天这样能言善辩,又能拿他怎么样呢?而且盗跖的为人,思想活跃犹如喷涌的泉水,感情变化就像骤起的暴风,勇武强悍得足以抗击敌人,巧言善辩,也足以掩盖过失。顺从他的心意,他就高兴,违背他的意愿,他就发脾气,而且盗跖很容易用言语侮辱别人。先生千万不要去见他。"

对老友的这番话,孔子听不进去,他让颜回驾车、子贡作陪坐在车右,师生一同前去会见盗跖。盗跖正好在泰山的南麓休整队伍,其手下士卒正在煮食人肝再吃掉,非常残忍。孔子下了车走上前去,见了禀报的人员说:"鲁国人孔丘,听说将军刚毅正直,敬请转达我前来拜见的心意。"

禀报的人入内通报,盗跖听说孔子求见勃然大怒,他双目圆睁亮如明星,头发怒起直冲帽顶,说:"这不就是那鲁国的巧伪之人孔丘吗?替我告诉他:'你矫造语言,托伪于文王、武王的主张;你头上戴着树杈般的帽子,腰上围着宽宽的牛皮带,满口的胡言乱语;你不种地却吃得不错,不织布却穿得讲究;你整天摇唇鼓舌,专门制造是非,用以迷惑天下的诸侯,使天下的读书人全都不能返归自然的本性,而且虚妄地标榜尽孝尊长的主张,以侥幸得到封侯的赏赐而成为富贵的人。你实在是罪大恶极,快些滚回去!要不然,我将把你的心肝挖出来增加午餐的膳食!'"

孔子再次请求通报接见,说:"我荣幸地跟柳下季相识,诚恳希望能够面见将军。"

禀报人员再次通报后,盗跖说:"叫他进来!"孔子小心翼翼地快步走进帐去,又远离坐席连退数步,向盗跖深深施礼。盗跖一见孔子大怒不已,伸开双腿,按着剑柄怒睁双眼,喊声犹如哺乳的母虎,说:"孔丘你上前来!你所说的话,若是合我的心意,有你的活路;若是不合我的心意,你就等着一死!"

孔子说:"我听说,大凡天下人,有三种美德:生就魁梧高大,长得漂亮无双,无论老少贵贱,见到他都十分喜欢,这是上等的德行；才智能够包罗天地，能力足以分辨各种事物，这是中等的德行；勇武、剽悍、果决、勇敢，能够聚众和统率士兵，这是下等的德行。大凡人们有此一种美德，足以南面称王了。如今将军同时具备了上述三种美德，你高大魁梧身长八尺二寸，面容和双眼熠熠有光，嘴唇鲜红犹如朱砂，牙齿整齐犹如编贝，声音洪亮合于黄钟，然而名字却叫盗跖，我暗暗为将军感到羞耻并且认为将军不应有此恶名。将军如果有意听从我的劝告，我将南边出使吴国越国，北边出使齐国鲁国，东边出使宋国卫国，西边出使晋国秦国，派人为将军建造数百里的大城，确立数十万户人家的封邑，尊将军为诸侯，跟天下各国根除旧怨开启新的一页，弃置武器休养士卒，收养兄弟，供祭祖先。这才是圣人贤士的作为，也是天下人的心愿。"

盗跖闻听后大怒道："孔丘上前来！凡是可以用利禄来规劝、用言语来规谏的，都只能称作愚昧、浅陋的普通顺民。如今我身材高大魁梧面貌英俊美好，人人见了都喜欢，这是我的父母给我留下的美德。你孔丘即使不当面吹捧我，我难道不知道吗？而且我听说，喜好当面夸奖别人的人，也好背地里诋毁别人。如今你把建造大城、会聚众多百姓的意图告诉我，这是用功利来诱惑我，而且是用对待普通顺民的态度来对待我，这怎么可以长久呢？城池最大的，莫过于整个天下。尧舜拥有天下，子孙却没有立锥之地，商汤与周武王立作天子，可是后代却遭灭绝，这不是因为他们贪求占有天下的缘故吗？

"况且我还听说，古时候禽兽多而人少，于是人们都在树上筑巢而居躲避野兽，白天拾取橡子，晚上住在树上，所以称他们有巢氏之民。古时候人们不知道穿衣，夏天多多存积柴草，冬天就烧火取暖,所以称他们懂得生存的人。到了神农时代,居处是多么安静闲适,行动是多么优游自得,人们只知道母亲,不知道父亲,跟麋鹿生活在一起,自己耕种自己吃,自己织布自己穿,没有伤害别人的心思,这就是道德鼎盛的时代。然而到了黄帝就不再具有这样的德行,跟蚩尤在涿鹿的郊野上争战,流血百里。尧舜称帝,设置百官,商汤放逐了他的君主,武王杀死了纣王。从此以后,世上总是依仗强权欺凌弱小,依仗势众侵害寡少。商汤、武王以来,就都是属于篡逆叛乱的人了。

"如今你研修文王、武王的治国方略,控制天下的舆论,一心想用你的主张传教后世子孙,穿着宽衣博带的儒式服装,说话与行动矫揉造作,用以迷惑天下的诸侯,而且一心想用这样的办法追求高官厚禄,要说大盗再没有比你更大的了。天下为什么不叫你盗丘,反而竟称我盗跖呢?你用甜言蜜语说服了子路,让他死心塌地地跟随你,使子路去掉了勇武的高冠,解除了长长的佩剑,受教于你的门下,天下人都说你孔子能够制止暴力禁绝不轨。可是后来,子路想要杀掉篡逆的卫君却不能成功,而且自身还在卫国东门上被剁成了肉酱,这就是你那套说教的失败。你不是自称才智的学士、圣哲的人物吗?却两次被逐出鲁国,在卫国被人铲削掉所有足迹,在齐国被逼得走投无路,在陈国蔡国之间遭受围困,不能容身于天下。而你所教育的子路却又遭受如此的祸患,做师长的没有办法在社会上立足,做学生的也就没有办法在社会上为人,你的那套主张难道还有可贵之处吗?

"世上所尊崇的,莫过于黄帝,黄帝尚且不能保全德行,而征战于涿鹿的郊野,流血百里。唐尧不慈爱,虞舜不孝顺,大禹半身不遂，商汤放逐了他的君主，武王出兵征讨商纣，文王曾经被囚禁在羑里。这以上的六个人，都是世人所尊崇的，但是仔细评论起来，都是因为追求功利迷惑了真性而强迫自己违反了自然的禀赋，他们的做法实在是极为可耻的。

"世人所称道的贤士，就如伯夷、叔齐。伯夷、叔齐辞让了孤竹国的君位，却饿死在首阳山，尸体都未能埋葬。鲍焦着意清高非议世事，竟抱着树木而死去。申徒狄多次进谏不被采纳，背着石块投河而死，尸体被鱼鳖吃掉。介子推算是最忠诚的了，割下自己大腿上的肉给晋文公吃，文公返国后却背弃了他，介子推一怒之下逃出都城隐居山林，也抱着树木焚烧而死。尾生跟一女子在桥下约会，女子没有如期赴约，河水涌来尾生却不离去，竟抱着桥柱子而淹死。这以上的六个人，跟肢解了的狗、沉入河中的猪以及拿着瓢到处乞讨的乞丐相比没有什么不同，都是重视名节轻生赴死，不顾念身体和寿命的人。

"世人所称道的忠臣，没有超过王子比干和伍子胥的了。伍子胥被抛尸江中，比干被剖心而死，这两个人，世人都称作忠臣，然而最终被天下人讥笑。从上述事实看来，直到伍子胥、王子比干之流，都是不值得推崇的。

"你孔丘来说服我，假如告诉我怪诞离奇的事，那我是不可能知道的；假如告诉我人世间实实在在的事，不过如此而已，都是我所听闻的事。现在让我来告诉你人之常情，眼睛想要看到色彩，耳朵想要听到声音，嘴巴想要品尝滋味，志气想要满足、充沛。人生在世高寿为一百岁，中寿为八十岁，低寿为六十岁，除掉疾病、死丧、忧患的岁月，其中开口欢笑的时光，一月之中不过四五天罢了。

天与地是无穷尽的,人的死亡却是有时限的,拿有时限的生命托付给无穷尽的天地之间,迅速地消逝就像是千里良驹从缝隙中骤然驰去一样。凡是不能够使自己心境获得愉快而颐养寿命的人,都不能算是通晓常理的人。

"你孔丘所说的,全都是我想要废弃的,你赶快离开这里滚回去,不要再说了!你的那套主张,颠狂失性钻营奔逐,全都是巧诈、虚伪的东西,不可能用来保全真性,有什么好谈论的呢?"

孔子一再拜谢,快步离去,走出帐门登上车子,三次失落拿在手里的缰绳,眼光失神模糊不清,脸色犹如死灰,低垂着头靠在车前的横木上,颓丧地不能大口喘气。回到鲁国东门外,正巧遇上了柳下季。

柳下季说:"近来多日不见,心里很不踏实,看看你的车马好像外出过的样子,恐怕是前去见到盗跖了吧?"

孔子仰天长叹道:"是的。"

柳下季说:"盗跖莫不是像先前我所说的那样,违背了你的心意吧?"

孔子说:"正是这样。我这样做真叫作没有生病而自行扎针一样,自找苦吃,急急忙忙地跑去撩拨虎头、编理虎须,几乎不免被虎口吞掉啊!"

在历史上被誉为"万世师表"的儒家创始人孔子,在与盗跖会见时的言辞交锋中,竟然被鞭挞得全无半点招架之力,皆因事前不听智者柳下惠(即故事中的柳下季)之劝,硬要去闯那龙潭虎穴。对方原本就是鲁国的有名贤能之人,且对自己的胞弟习性脾胃知根知底,才给孔子指出了对事态发展的前景预测。而过于自负的孔子想凭靠自己的三寸不烂之舌去游说盗跖，而且其建功之心太切，才会根本听不进去老友的良言相劝，以致带着两个得意门生去盗跖的军营游说，最终遭到了后者的羞辱，灰溜溜地落得狼狈下场。此故事固然明显有道家贬抑儒家的意思，但故事中孔子的行止及动机上，从一开始就有失当及不妥之处，包括所导致的必然失败，对世人而言，颇有前车之鉴的意涵。何况孔子一开始不明就里地站在道德高度上，去谴责那本来在贤良上并不逊色于自己的柳下惠，加上对柳下跖其人的了解又不深，冒失唐突地跑去对人指手画脚，可谓"下车伊始，哇哩哇啦"，才最后被人反呛和严辞训斥。上述故事里的孔子其实给后人提供了一个绝佳的反面教员例子：做人，还是低调一些好；而总是摆着一副道德家的面孔教训人，有时反倒会让自己下不了台。此外，从盗跖的激烈话语中我们也不难看到，社会上的广大处于底层的民众，对高高在上的所谓圣王贤达以及统治阶层长期灌输的那套论调和价值观，其实并不怎么买账。虚伪、巧诈的说教，一旦被人看透，真还不如道法自然的全真率性更为符合人性。

庚桑楚放言论尧舜

在老聃的弟子中，有个叫庚桑楚的，独得老聃的真传，他居住在北边的畏垒山。奴仆中凡是有起劲自己炫耀才智的，他就让他们卷铺盖走人；侍婢中若是有在那儿标榜仁义的，他就让她们远离自己。只有那些敦厚朴实的人，才有资格同他住在一起；只有那些任性自得的人，才能有机会得到他的役使。庚桑楚居住了三年后，畏垒山一带获得了大丰收。此地的民众相互传言："庚桑楚刚来畏垒山，我们都微微吃惊，且感到诧异。如今我们一天天地计算收入，虽然还嫌不足，但一年下来，总的收益也还富足有余。庚桑楚恐怕就该算是圣人了吧！大家何不共同像供奉神灵一样供奉他，像对待国君一样地敬重他呢？"

听到了大家的议论之后，庚桑楚对人家要尊奉他南面为王，心里很是不愉快，弟子们都感到奇怪。庚桑楚说："你们对我有什么感到奇怪呢？春天的阳气蒸腾，百草生长；正当秋天时节，庄稼成熟，果实累累。春天与秋天，难道无所遵循就能够这样吗？这是自然规律的运行与变化啊。我听说道德修养极高的人，像没有生命的人一样虚淡宁静地生活在斗室小屋内，而百姓纵任不羁，全不知道应该做些什么。如今畏垒山一带的庶民百姓私下里谈论着想把我列入贤人的行列而加以供奉,我难道乐意成为众人所注目的人吗?我正因为遵从老聃的教诲,所以才会对此感到大大地不愉快啊!"

弟子说:"不是这样的。小水沟里,大鱼没有办法回转它的身体,可是小小的泥鳅却能转身自如;矮小的山丘,大的野兽没有办法隐匿它的躯体,可是妖狐却正好得以栖身。况且尊重贤才授权能人,以善为先给人利禄,从尧舜时代起就是这样,何况畏垒山一带的百姓呢?先生,您还是顺从大家的心意吧!"

庚桑楚说:"小子你过来!口能含车的巨兽,孤零零地离开山野,那就不能免于罗网的灾祸;口能吞舟的大鱼,一旦被水波荡出水流,小小的蚂蚁也会使它困苦不堪。所以鸟兽不厌山高,鱼鳖不厌水深。保全身形本性的人,隐匿自己的身形,不厌深幽高远罢了。至于尧与舜两个人,又哪里值得加以称赞和褒扬呢?尧与舜那样分辨世上的善恶贤愚,就像是在胡乱地毁坏好端端的垣墙而去种上没有什么用处的蓬蒿。选择头发来梳理,点数米粒来烹煮,计较于区区小事又怎么能够有益于世啊!举荐贤才,人民就会相互出现伤害;任用智能,百姓就会相互出现伪诈。这数种做法,不足以给人民带来好处。人们对于追求私利向来十分迫切,为了私利,有的儿子杀了父亲,有的臣子杀了国君,大白天抢人,光天化日之下在别人墙上打洞。我告诉你,天下大乱的根源,必定是产生于尧舜的时代,而它的流毒和遗害又一定会留存于千年之后。千年之后,还将会出现人与人相食的情况哩!"

据说乾隆皇帝下江南时,有次在镇江登上屹立江中的焦山,望着南来北往的船只。宽阔江面上百舸争流，乾隆突发奇想，向随从们提出一个古怪问题："你们中间有谁能够说出这江面上到底有多少船只？"左右大臣面面相觑，对此类似脑筋急转弯的问题，想必那些饱读诗书的翰林们只怕也要挠头，唯有大学士纪晓岚微微一笑，接过皇上的话头："启禀陛下，两只。"弘历瞟了聪明的纪昀一眼，君臣俩会心一笑。因为纪昀看似无厘头的回答，颇带机锋，实际上就是指所有的船只具有的抽象概念上的意义，一只指的是"名"，一只代表的是"利"，古往今来，江面上往来者要么属于希望博取功名的文人骚客，要么就是那从事贸易，一心追逐厚利的商人小贩。所以说，大千世界的芸芸众生，不都为此二者奔忙不息么？而上述故事中的庚桑楚，却深得老聃教诲的真谛，对尧舜代表的正统社会价值观念及由此衍生的名利思想，包括种种流毒，进行了辛辣的嘲讽，道家崇尚自然的特质，正是在这种对传统儒家思想的批判中得以凸显。伪诈投机的习性皆因追名逐利而起，到头来也贻害人类自身，如果能够像庚桑楚那样多"看透"一些，或许会让我们的人生更潇洒和轻松一些。

南荣趎受教于老子

南荣趎前去庚桑楚那里讨教。他虔敬地端正而坐,恭恭敬敬地询问道:"像我这样的人已经年纪大了,将怎样学习,才能达到您所说的那种修道境界呢?"

庚桑楚说:"保全你的形体,护养你的生命,不要使你的思虑为求取私利而奔波劳苦。像这样三年时间,那就可以达到我所说的那种境界了。"

南荣趎说:"盲人的眼睛和普通人的眼睛,彼此的外形我看不出有什么不同,而盲人的眼睛却看不见东西;聋子的耳朵和普通人的耳朵,彼此的外形我看不出有什么不同,而聋子的耳朵却听不见声音;疯狂人的样子与普遍人的样子,彼此之间我看不出有什么不同,而疯狂人却不能把持自己。形体与形体之间本是相通的,但出现不同的感知,是外物有什么使之区别吗?还是希望获得却始终未能获得呢?如今先生对我说:'保全你的形体,护养你的生命,不要使你的思虑为求取私利而奔波劳苦。'我只不过是勉强听到耳朵里罢了!"

庚桑楚说:"我的话说尽了。小土蜂不能孵化出豆叶虫,越鸡不能孵化天鹅蛋，而鲁鸡却能够做到。鸡与鸡的禀赋并没什么不同，有的能做到有的不能做到，是因为它们的本领原本就有大有小。现在我的才干就很小，不足以使你受到感化，你何不到南方去拜见老子呢？"

听了庚桑楚的话，南荣趎带足干粮，走了七天七夜来到老子的住所。老子说："你是从庚桑楚那儿来的吧？"

南荣趎说："是的。"

老子说："怎么跟你一块儿来的人如此多呢？"

南荣趎恐惧地回过头来看看自己的身后。

老子说："你不知道我所说的意思吗？"

南荣趎低下头来羞惭满面，而后仰面叹息："现在我已忘记了我应该怎样回答，因为我忘掉了我的提问。"

老子说："什么意思呢？"

南荣趎说："不聪明呢，人们说我愚昧无知；聪明呢，反而给身体带来愁苦和危难。不具仁爱之心便会伤害他人，推广仁爱之心反而给自身带来愁苦和危难。不讲信义便会伤害他人，推广信义反而给自己带来愁苦和危难。这三句话所说的情况，正是我忧患的事，希望因为庚桑楚的引荐而获得赐教。"

老子说："刚来时我察看你眉宇之间，也就借此了解了你的心思。如今你的谈话更证明了我的观察。你失神的样子真像是失去了父母，又好像在举着竹竿探测深深的大海。你确实是一个丧失了真性的人啊，是那么迷惘而又昏昧！你一心想返归你的真情与本性却不知道从哪里做起，实在是值得同情啊！"

南荣趎回寓所求取自己喜好的东西，舍弃自己讨厌的东西，整整十天愁思苦想,再去拜见老子。老子说:"你作了自我反省,郁郁不安的心情实在沉重啊!然而你心中那充满外溢的情况,说明还是有邪念。受到外物的束缚便不可避免繁杂与急促,于是内心必将堵塞不通;内心受到束缚便不可避免杂乱无绪和急促,于是外部感官必定会闭塞不通。外部感官和内心都被束缚缠绕,即使道德高尚也不能持守,何况还是开始学道仿行之人呢?"

南荣趎说:"邻里的人生了病,周围的乡邻询问他,生病的人能够说明自己的病情,而能够把自己的病情说个清楚的人,那就算不上是生了重病。像我这样的听闻大道,好比服用了药物反而加重了病情,因而我只希望能听到养护生命的常规罢了。"

老子说:"养护生命的常规,能够使身形与精神浑一谐和吗?能够不失却真性吗?能够不求助于卜筮而知道吉凶吗?能够满足于自己的本分吗?能够对消逝了的东西不作追求吗?能够舍弃仿效他人的心思而寻求自身的完善吗?能够无拘无束、自由自在吗?能够心神宁寂无所执着吗?能够像初生的婴儿那样纯真、朴质吗?婴儿整天啼哭咽喉却不会嘶哑,这是因为声音谐和自然达到了顶点;婴儿整天握着小手而不松开,这是因为听任小手自然地握着乃是婴儿的天性与常态;婴儿整天瞪着小眼睛一点也不眨眼,这是因为内心世界不会滞留于外界事物。行走起来不知道去哪里,平日居处不知道做什么,接触外物随顺应合,如同随波逐流、听其自然:这就是养护生命的常规了。"

南荣趎:"那么这就是至人的最高思想境界吗?"

老子回答:"不是的。这仅仅是所谓冰冻消解那样自然消除心中积滞的本能吧?道德修养最高尚的人,跟人们一块儿向大地寻食而又跟人们一块儿向天寻乐,不因外在的人物或利害而扰乱自己,不参与怪异,不参与图谋,不参与尘俗的事务,无拘无束、自由自在地走了,又心神宁寂无所执着地到来。这就是所说的养护生命的常规。"

南荣趎说:"那么这就达到了最高的境界吗?"

老子说:"没有。我原本就告诉过你:'能够像初生的婴儿那样纯真、朴质吗?'婴儿活动时不知道自己在干什么,行走时也不知道会去哪里,身形就像枯槁的树枝,而心境则像熄尽了死灰。像这样的人,灾祸不会到来,幸福也不会降临。祸福都不存在,哪里还会有人间的灾害呢?"

护养生命的重要性,如今业已受到人们的充分认识,南荣趎经庚桑楚指点,亲自上门拜谒老子,从对方的耳提面命中领受大道的至理名言及养护生命的精髓,实在是很幸运的。"返璞归真"如达到婴孩那样,对于成年人来说,其实是很难做到的,但明白这个道理,对于我们在自己的人生逆旅中,享受那与天地自然和谐,与他人和睦相处,与面临的万事万物保持和顺关系的快乐生活,还是很有助益的。而其中的关键,在于谨记老子教诲中反复提到的那养护生命的"常规"之要旨,此即我们常说的"顺其自然"。

鲁国国君供养海鸟

孔子最欣赏的学生颜渊要向东而行,出发到齐国去。此事被孔子知道后,老夫子十分忧虑。另一位高足子贡见状,离开座席上前探问道:"学生可否冒昧地向先生询问,颜渊此次往东去齐国,先生却面呈忧色,这是为什么呢?"

孔子回答道:"你的提问实在是好啊!当年管仲有句话,我认为说得很好,管仲是这样说的:'布袋小的不可能包容大东西;水桶上的绳索短了,不可能汲取深井里的水。'如此说来,就应当看作禀受天命而形成了形体,形体虽异,却各有其适宜的用处,全都是不可以随意添减或改变的。我担忧颜渊跟齐侯谈论尧、舜、黄帝治理国家的那套主张,而且还进一步地推重燧人氏、神农氏的言论。齐侯必将要求自己而苦苦思索,却仍旧不能理解,不理解的话,就必定会产生疑惑,一旦齐侯产生了疑惑,便有可能会迁怒对方而杀害颜渊。"

停顿一下后,孔子接着又说:"况且你不曾听说过吗?从前,一只海鸟飞到鲁国都城郊外停息下来,鲁国国君让人把海鸟接到太庙里去供养献酒,还专门演奏'九韶'之乐,为的是想使它高兴;

又用'太牢'作为膳食。海鸟竟眼花缭乱，加上忧心伤悲，不敢吃一块肉，也不敢饮一杯酒，三天就死了。这是人在按自己的生活习性来养鸟，而不是按鸟的习性来养鸟。按鸟的习性来养鸟，就应当让鸟栖息于深山老林，游戏于水中沙洲，浮游于江河湖泽，啄食泥鳅和小鱼，随着鸟群的队列而止息，从容自得、自由自在地生活。它们最讨厌听到人的声音，又为什么还要那么喧闹和嘈杂呢？咸池、九韶之类的著名乐曲，演奏于广漠的原野，鸟儿听见了腾身高飞，野兽听见了惊惶逃遁，鱼儿听见了潜下水底，一般的人听见了，相互围着观看不休。鱼儿在水里才能生存，人处在水里就会死去，人和鱼彼此间必定有不同之处，他们的好恶因而也一定不一样。所以前代的圣王不强求他们具有划一的能力，也不等同他们所做的事情。名义的留存在于符合实际，合宜的措置在于适应自然，这就叫条理通达而福分长久地得到保持啊。"

上述故事中借孔子与子贡师生间的对话，以鲁国国君养海鸟的寓言来强调为政者不能用自己的意愿来令民众做到整齐划一，这样做只会给人民带来灾难祸害。所谓"先圣不一其能，不同其事"，才是真正理想的为政之道。我们做人也是一样的道理，凡事不要强求一致或有意无意地去趋同，为的是增强与别人或团体的认同感，这样的生活，真的很累，太不自然，肯定不会快乐，也就会让福分长久永存的目标大打折扣。

真正知晓大道之人

妸荷甘和神农一同在老龙吉处学习。大白天里,神农就把门关上,靠着几案睡起觉来。到了中午时分,妸荷甘推门而入,大声地说道:"老龙吉死了!"

听见此话,神农抱着拐杖站起身来,接着又"啪"的一声,丢下拐杖而笑了起来。神农说:"老龙吉知道我见识短浅心志不专,所以舍弃了我而死去。完了,我的先生!还没有用至道的言论来启发教导我,就这样死去了啊!"

弇堈吊知道了这件事,就说:"体悟大道的人,天下一切有道德修养的人都将归附于他。如今老龙吉对于道,可以说连秋毫之末的万分之一也未能得到,尚且懂得深藏他的谈吐而死去,又何况真正体悟大道的人呢?大道看上去没有形体,听起来没有声音,对于人们所谈论的道,称它是昏昧而又晦暗,而可以用来加以谈论的道,实际上并不是真正的道。"

于是,泰清向无穷请教:"你知晓道吗?"

无穷回答:"我不知晓。"

泰清又问无为。无为回答:"我知晓道。"

泰清又问:"你知晓道,难道道也有名目吗?"

无为回答:"有。"

泰清说:"道的名目怎么样呢?"

无为说:"我知道道可以处于尊贵,也可以处于卑贱;可以聚合,也可以离散。这就是我所了解的道的名目。"

泰清用上述谈话去请教无始,说:"像这样,那么无穷的不知晓和无为的知晓,又是谁对谁错呢?"

无始说:"不知晓是深奥玄妙,知晓是浮泛浅薄;不知晓处于深奥玄妙之道的范围内,知晓却刚好与道相乖背。"

于是泰清仰起头来有所醒悟而叹息着说:"不知晓就是真正的知晓啊!知晓就是真正的不知晓啊!有谁懂得不知晓的就是知晓呢?"

无始说:"道不可能听到,听到的就不是道;道不可能看见,看见了就不是道;道不可以言传,言传的就不是道。要懂得有形之物之所以具有形体正是因为产生于无形的道啊!因此大道不可以称述。"

无始又说:"有人询问大道便随口回答的,乃是不知晓道。就是询问大道的人,也不曾了解过道。道无可询问,问了也无从回答。无可询问却一定要问,这是在询问空洞无形的东西;无从回答却勉强回答,这是说对大道并无了解。内心无所得却期望回答空洞无形的提问,像这样的人,对外不能观察广阔的宇宙,对内不能了解自身的本原,所以不能越过那高远的昆仑,也不能遨游于清虚宁寂的太虚之境啊。"

根据上述故事中几位人物的说法,人世间真正知晓大道真谛者可谓凤毛麟角。而且,对道的称述也是必须慎之又慎的,如果表述不清,还真不如不说,正所谓"知之为知之,不知为不知,是知也"。无怪乎,连在西方社会中奉若圭臬的《圣经》中,也有"义人的口,好似高银"的经文,足见"沉默是金"是人类社会交往中积累的宝贵经验。生活中,不轻易表态和在人前谨言慎行,让他人感到你是一个莫测高深的人,未尝不是一种智慧。

黄帝向广成子问道

黄帝做了十九年的天子，诏令通行天下。听说广成子居住在空同山上，特意前去拜见他。黄帝对广成子说："我听说先生已经通晓至道，冒昧地请教至道的精华。我一心想获取天地的灵气，用来帮助五谷生长，用来养育百姓。我又希望能主宰阴阳，从而使众多生灵遂心地成长，对此我将怎么办？"

广成子回答："你所想问的，是万事万物的根本；你所想主宰的，是万事万物的残留。自从你治理天下，天上的云气不等到聚集就下起雨来，地上的草木不等到枯黄就飘落凋零，太阳和月亮的光亮也渐渐地晦暗下来。然而，谄谀的小人心地是那么偏狭和恶劣，又怎么能够谈论大道呢？"

黄帝听了对方的这一席话，便退了回来，弃置朝政，筑起清心寂智的静室，里面铺着洁白的茅草，谢绝交往，在独居三月后，再次前往求教。

广成子头朝南地躺着，黄帝则从下方，双膝着地匍匐向前，叩头着地行了大礼后问道："听说先生已经通晓至道，冒昧地请教，若是修养自身，怎么样才能活得长久？"

广成子闻听后,急速地挺身而起,说:"问得好啊!来,我告诉你至道。至道的精髓,幽深渺远;至道的至极,晦暗沉寂。什么也不看什么也不听,持守精神保持宁静,形体自然顺应正道。一定要保持宁寂和清静,不要使身形疲累劳苦,不要使精神动荡恍惚,这样就可以长生。眼睛什么也没看见,耳朵什么也没听到,内心什么也不知晓,这样你的精神定能持守你的形体,形体也就长生。小心谨慎地屏除一切思念,封闭起对外的一切感官,智巧太盛定然招致败亡。我帮助你达到最光明的境地,到达那至阳的本原。我帮助你进入幽深渺远的大门,直达那至阴的本原。天地都各有主宰,阴和阳都各有府藏,谨慎地守护你自身,万物将会自然昌盛。我持守着至道的纯一而又把握至道的和谐境界,所以我修身至今已经一千二百年,而我的身形还从未曾有过衰老。"

黄帝再次向广成子叩头至地。在行了大礼之后,黄帝不由得感叹:"先生真可说是跟自然混而为一了!"

广成子说:"来,我告诉你。宇宙间的事物是没有穷尽的,然而人们却认为有个尽头;宇宙间的事物是不可能探测的,然而人们却认为有个极限。掌握了我所说的道的人,在上可以成为天子,在下可以成为王侯;不能掌握我所说的道的人,在上只能见到日月的光亮,在下只能化为土块。如今万物昌盛可都生于土地又返归土地,所以我将离你而去,进入那没有穷尽的大门,从而遨游于没有极限的原野。我将与日月同光,我将与天地共存。向着我而来,是与我泯合啊!背着我而去,我无所在意啊!人们恐怕都要死去,而我还独自留下来么?"

与自然相和谐,是广成子这样的世外高人所追求的。在黄帝两次问道的过程中,广成子的回答及相应的肢体语言和答话内容,所透射出来的信息十分清晰:道家的贵生修身重命的观念和顺应自然的思想,其重要性远在所谓治理天下的考量之上。这番高论让黄帝受益匪浅,对凡俗的世人而言,同样可以从类似坐忘、不思、守静、定神的状态要求中贴近那享受自然安逸的愉悦感觉。

老聃对孔子论仁义

孔子在和门下一班学生们相互交谈时,流露出他想把身边的书籍保藏到西边的周王室去的想法。向来就以鲁莽坦直性格著称的子路出主意说:"我听说周王室管理文典的史官老聃,已经引退回到家乡隐居。先生若是想要藏书,不妨暂且经过他家,上门去询问一下老聃先生的意见。"

孔子听后点头说:"好。"

于是,孔子前往拜见老聃,并谈到自己藏书于周室的想法。老聃听了,却对孔子的要求并不予以承诺。为了说服老聃,孔子就翻检起随身带来的众多经书,并反复地加以解释。

老聃中途打断了孔子的解释,开门见山地说:"你说得太冗繁了,我希望能够听到有关这些书的内容大要。"

孔子说:"要旨就在于仁义。"

老聃问道:"请问,仁义是人的本性吗?"

孔子回答:"是的。君子如果不仁,就不能成其名声;如果不义,就不能立身社会。仁义的确是人的本性,离开了仁义又能干些什么呢?"

老聃又追问道:"再请问,什么叫作仁义?"

孔子答道:"中正而且和乐外物,兼爱而且没有偏私,这就是仁义的实情。"

老聃不客气地说道:"噫!你后面所说的这许多话,几乎都是些浮华虚伪的言辞啊!兼爱天下,这不是太过迂腐了吗?对人无私,其实正是希望获得更多的人对自己的爱。先生你是想让天下的人都不失去养育自身的条件吗?那么,天地原本就有自己的运动规律,日月原本就存在光亮,星辰原本就有各自的序列,禽兽原本就有各自的群体,树木原本就直立于地面。先生,你还是仿依自然的状态行事,顺着规律去进取,这就是极好的了。又何必如此急切地标榜仁义,这岂不就像是打着鼓去寻找逃亡的人,鼓声越大逃亡者就跑得越远吗?噫!先生实在是扰乱了人的本性啊!"

《道德经》云:"大道废,有仁义。"上述故事中老聃向孔子揭橥的真理,与此有异曲同工之妙,因为等到社会失去了正确的治国之道,人们被各种贪欲迷惑了淳良敦厚的本性,出现官贪民私、社会纷乱、人欲横流的状况,才会提倡仁义,以济世救民。事物的出现都有因果关系,"仁义"这样看似充满正面积极效应的抽象东西,在崇尚自然的老聃眼里,却有着那么多虚诞浮华乃至迂腐不切实际的负面因素。确实,有的时候,与其夸夸其谈地讲述什么崇高的"大道理",还真不如因循自然生活的法则行事做人,顺着事物自然的发展规律去达到自己的目的。任何说教,也应符合自然,否则只怕会扰乱人的本性。

士成绮两度见老子

士成绮见到老子,就上前问道:"听说先生您是一个圣人,我便不辞路途遥远地赶来,一心希望能见到您,走了上百天,脚掌上结上厚厚的老茧,也不敢停下来休息休息。如今我观察先生,您看上去竟然不像是一个圣人。从老鼠洞里掏出来的泥土中,有许多余剩下的食物,看轻并随意抛弃这些物品,不能算合乎仁的要求;粟帛饮食享用不尽,而聚敛财物却没有限度。"

对此,老子的反应是就好像没有听见一般,漠然地不作任何回答。

第二天,士成绮再次见到老子,又开口说道:"昨日我用言语刺伤了您,今天我已有所省悟了,这又是什么原因呢?"

老子说:"我自以为自己不属于巧智神圣的这种人,我以为早已脱离了这种人的行列。过去你叫我是牛,我就称作牛;喊我为马,我就称作马。假如存在那样的外形,人们给他相应的称呼却不愿接受,将会第二次受到祸殃。我顺应外物总是自然而然,我并不是因为要顺应而有所顺应。"

听到老子的回答后,士成绮像大雁一样侧身而行,不敢正视自己羞愧的身影,他蹑手蹑脚地走上前来打听道:"修身之道是怎样的呢?"

老子说:"你的容颜看上去伟岸高傲,你的目光突视,你的头额矜傲,你的口舌夸张,你的身形巍峨,好像奔马被拴住,身虽休止,而心犹奔腾。你想动而有所顾虑,一旦行动,就会像那箭发弩机;你明察而又精审,自持智巧而又外露骄恣之态,凡此种种都不能看作人的真实本性。边远闭塞的地方有过这样的人,他们的名字就叫作取巧者。"

上述故事借士成绮与老子之间的对话,评说人类的智巧骄态之弊,指出顺任自然的立场。士成绮与老子客主两方语言中含蕴的信息,处处透露了前者即士成绮的浅薄和粗鄙,而后者即老子的深奥与平稳,跃然纸上。真正的智者,即便顺应外物,也总是做到"自然而然",并不是有意而为之。

田开之谈养生之要

田开之专门去拜见周威公。周威公说:"我听说祝肾在学习养生,你跟祝肾交游,从他那儿听到过一些什么呢?"

田开之说:"我只不过是拿起扫帚来打扫门庭,又能从先生那里听到什么啊!"

周威公说:"先生不必谦虚,我希望能听到这方面的道理。"

田开之说:"我听先生说,善于养生的人,就像是牧放羊群似的,瞅到落后的便用鞭子赶一赶。"

周威公好奇地问道:"这话说的是什么意思呢?"

田开之说:"鲁国有个叫单豹的,在岩穴里居住、在山泉边饮水,不跟任何人争利,活了七十岁还有婴儿一样的面容;不幸遇上了饿虎,饿虎扑杀并吃掉了他。另有一个叫张毅的,高门甲第、朱户垂帘的富贵人家无不趋走参谒,但他活到四十岁时便患内热病而死去。单豹注重内心世界的修养,可是老虎却吞食了他的身体。张毅注重身体的调养,可是疾病侵扰了他的内心世界。这两个人,都不是能够鞭策落后而取其适宜的人。"

孔子说:"不要进入荒山野岭把自己深藏起来,也不要投进世俗而使自己处处显露，要像槁木一样站立在两者中间。倘若以上三种情况都能具备，他的名声必定最高。要是路有劫匪，使人可畏，十个行人有一个人被杀害，于是父子兄弟相互提醒和戒备，必定要使随行的徒众多起来方才敢于外出，这不是很聪明吗？人所最可怕的，还是枕席之上的姿意，在饮食间的失度，却不知道为此提醒和戒备，这实在是过错啊。"

上述故事说到了养生的重要性。在田开之的举例中，单豹"养其内而虎食其外"，张毅则是"养其外而病攻其内"，两人都是因为偏废一端，而丧失了养生真谛，最后成为失败者。后来道教也是强调"众术合修"，按照葛洪在《抱朴子·内篇》卷六《微旨》与卷十三《极言》中的说法："偏修者不得仙。"道教认为，"通众术者"可免除六害之苦；所谓六害，指的是诸欲、老、百病、毒恶、邪气、风冷。可见重视养生的确是祛病延寿的指导思想，其中同样富含着人类传承的大智慧。故事最后借孔子之口，要人们对"衽席之上、饮食之间"必须保持戒惕心理。这也是我们应该铭记在心的至理名言。毕竟，这些方面容易熟视无睹的疏忽，却有可能带来致命的后果。

齐桓公打猎撞见鬼

齐桓公在草泽中打猎时,由大臣管仲替他驾车。突然,齐桓公感觉自己见到了鬼。慌乱中,桓公拉住了管仲的手问道:"仲父,你见到了什么没有?"

管仲坦然地回答:"我没有见到什么啊。"

齐桓公此行打猎回来后,就因疲惫困怠而生了病,好几天都不出门。

齐国有个士人叫皇子告敖的进宫谒见齐桓公,他对桓公说:"你是自己伤害了自己,鬼又怎么能伤害你呢?身体内部郁结着气,精魂就会离散而不返归于身,对于来自外界的骚扰也就缺乏足够的精神力量。郁结着的气上通而不能下达,就会使人易怒;下达而不能上通,就会使人健忘;不上通又不下达,郁结内心而不离散,那就会生病。"

齐桓公听了后还是未解疑惑,问道:"这样的话,世上还有鬼吗?"

告敖回答:"有。水中污泥里有叫履的鬼,灶里有叫髻的鬼。门户内的各种烦壤,名叫雷霆的鬼在处置;东北的墙下,名叫倍阿、鲑蠪的鬼在跳跃；西北方的墙下，名叫攻入阳的鬼住在那里。水里有水鬼罔象，丘陵里有山鬼莘，大山里有山鬼夔，郊野里有野鬼彷徨，草泽里还有一种名叫委蛇的鬼。"

桓公接着问："请问，委蛇的形状怎么样？"

告敖回答："委蛇，身躯大如车轮，长如车辕，穿着紫衣戴着红帽。他作为鬼神，最讨厌听到雷车的声音，一听见就两手捧着头站着。见到了他的人恐怕也就成了霸主了。"

桓公听了之后开怀大笑，说："原来这就是我所见到的鬼啊。"于是，他整理好衣帽跟皇子告敖坐着谈话，不到一天时间，齐桓公身上的病也就不知不觉地消失了。

俗话说：疑心生暗鬼。医家也认为"病由心生"。齐桓公所罹患的正是我们常人经常会碰到的毛病。这种全然由心理因素或情绪产生的疾病，如果不"对症下药"地去加以化解，恐怕再多的药石针砭也是无济于事的，更有甚者，有人还会因此发展到沉疴不起，乃至命丧黄泉。而若采取"心病还须心药医"的明智态度，针对问题予以解决处理，如齐桓公这样在草泽中自感白昼见鬼，莫如就告诉其实情，像告敖那般具体描绘各式各样的"鬼相"，神秘感和莫名的恐惧感消除后，桓公的心病自然而然得到消弭。很多困扰我们的事情即因素，同样可以采取类似的态度加以排除或处理好，亦可让我们的人生充满喜乐安宁。

顺乎水势的泅水者

孔子在吕梁山观赏风景，只见那山中的瀑布高悬二三十丈，被冲刷而起的激流和溅起的水花，可以远达四十里。连鼋、鼍、鱼、鳖之类的水中生物，都不敢在这一带游水。突然，孔子看见有一个壮年男子在水中游动，他以为此人大概是有什么无法解决的痛苦而想寻死的，于是就派弟子顺着水流而去，想将此男子从鬼门关上救回来。

忽见那壮年男子游出数百步远，而后又露出水面，还披散着头发，边唱边游地在堤岸下好不轻松惬意。孔子紧走两步地赶上前去，跟在此人身后，并向他问道："我还以为你是鬼呢，仔细一观察，却发现你其实是个人。请问，游水也有什么特别的门道吗？"

那人爽快地回答道："没有啊，我可没啥特别的方法。我起初是故常，长大了是习性，有所成就在于顺乎自然。我跟水里的漩涡一块儿向下潜到水底，又跟着向上的涌流一道游出水面，顺着水势而不作任何违拗。这就是我游水的方法。"

孔子大惑不解地发问："什么叫作'起初是故常，长大了是习性，有所成就在于顺乎自然'呢？"

那游水的壮汉又回答："我出生于山地，就安于山地的生活，这就叫作故常；长大了又生活在水边，就安于水边的生活，这就叫作习性；不知道为什么会这样而这样地生活着，这就叫作顺乎自然。"

这则篇幅十分短小的故事，讲的就是一个道理：安习成性。孔老夫子虽精通六术，或许有百步穿杨的射箭技术在身，但北方人大多不识水性，也是普遍情形，古今都是如此，概莫能外。估计老先生也属于旱鸭子类型，故此会问对方在游水方面有何特别门道，足见孔子对那在瀑布冲击而形成的激流中自由出没的男子还是很赞佩的。对方的回答很有意思也很简洁明了，安习成性，顺应自然。该壮汉在湍急水流中之所以能够上下翻腾自如，靠的就是"顺着水势而不作任何违拗"。其实，我们在生活中不也同样需要这种顺应时势、顺乎自然的处世态度吗？

大葫芦与大樗之用

曾经做过梁惠王宰相的惠子跑来对好友庄子说:"魏王送给我大葫芦种子,我将它培植起来后,结出的果实有五石容积。用大葫芦去盛水浆,可是它的坚固程度却承受不了水的压力。把它剖开做瓢也太大了,没有什么地方可以放得下。这个葫芦不是不大呀,我认为它没有什么实际用处,干脆就砸烂了它。"

庄子说:"先生实在是不善于使用大东西啊!宋国有一善于调制不皲手药物的人家,世世代代以漂洗丝絮为职业。有个游客听说了这件事,愿意用百金的高价收买他的药方。全家人聚集在一起商量:'我们世世代代在河水里漂洗丝絮,所得不过数金,如今一下子就可卖得百金。还是把药方卖给他吧。'游客得到药方,来游说吴王。正巧越国发难,吴王派他统率部队,冬天跟越军在水上交战,大败越军,吴王划割土地封赏他。能使手不皲裂,药方是同样的,有的人用它来获得国君的封赏,有的人却只能靠它在水中漂洗丝絮过日子,这是使用的方法不同。如今你有五石容积的大葫芦,怎么不考虑用它来制成腰舟,而浮游于江湖之上,却担忧葫芦太大无处可容?看来先生你还是心窍不通啊!"

惠子又对庄子说："我有棵大树，人们都叫它'樗'。它的树干却疙里疙瘩，不符合绳墨取直的要求；它的树枝弯弯扭扭，也不适应圆规和角尺取材的需要。虽然生长在道路旁，木匠连看也不看。现今你的言谈，也是大而无用，大家都会鄙弃它的。"

庄子说："先生你难道没看见过野猫和黄鼠狼吗？它们低着身子匍匐于地，等待那些出洞觅食或游乐的小动物。一会儿东，一会儿西，跳来跳去；一会儿高，一会儿低，上下蹿越，不曾想到落入猎人设下的机关，死于猎网之中。再有那藜牛，庞大的身体就像天边的云；它的本事可大了，不过不能捕捉老鼠。如今你有这么大一棵树，却担忧它没有什么用处，怎么不把它栽种在什么也没有生长的地方，栽种在无边无际的旷野里，悠然自得地徘徊于树旁，优游自在地躺卧于树下。大树不会遭到刀斧砍伐，也没有什么东西会去伤害它。虽然没有派上什么用场，可是哪里又会有什么祸害呢？"

惠施与庄周虽系好友，却因两人所处地位及社会身份的迥异，在看问题的视角上有很大的区别，这也是很自然的。庄子能看出惠子不能察觉的"无用之用"，显见其敏锐的观察力和洞察事物本质的分析能力更在那于官场里厮混的好友之上，惠子以大瓠之种及大樗无用来揶揄嘲讽庄子的言谈及观点理念，经过庄子的诠释，反而凸显了自己的心窍阻塞不通，目光短浅。这则出自《庄子·逍遥游》的故事，非常有名，它也告诉我们，有时候需要转换视角，发现那些看似无用的事物蕴含的有用之处。

颜阖向蘧伯玉求教

颜阖将被请去做卫国太子的师傅,他向卫国有名的贤良大夫蘧伯玉求教:"如今有这样一个人,他的德行生就凶残嗜杀。同他朝夕与共的话,如果不符合法度与规范,势必会危害到自己的国家;如果合乎法度和规范,那又会危害到自身。他的智慧足以了解别人的过失,却不了解别人为什么会出现过错。像这样的情况,我该怎么办呢?"

蘧伯玉听了以后就说:"问得很好啊!要警惕,要谨慎,首先要端正你自己!表面上不如顺从依就,以示亲近;内心里不如顺其秉性,暗暗疏导。即使这样,这两种态度仍有隐患。亲附他不要关系过密,疏导他不要心意太露。外表亲附到关系过密,会招致颠仆毁灭,招致崩溃失败。内心顺性疏导显得太露,将被认为是为了你自己的名声,这也会招致祸害。他如果像个天真的孩子一样,你也姑且就跟他一样,像个无知无识的孩子;他如果同你不分界限,那你也就跟他不分界限;他如果跟你无拘无束,那么你也姑且跟他一样无拘无束。慢慢地将他思想疏通,引到正轨上来,便可进一步达到没有过错的地步。"

蘧伯玉继续说道："你不了解那螳螂吗？奋起它的臂膀去阻挡滚动的车轮，根本不明白自己的力量全然不能胜任，还自以为才高智盛很有力量。警惕呀，谨慎呀！经常夸耀自己的才智而触犯了他，就危险了！你不了解那养虎的人吗？他从不敢用活物去喂养老虎，因为他担心扑杀活物会激起老虎凶残的怒气；他也从不敢用整个的动物去喂养老虎，因为他担心撕裂动物也会诱发老虎凶残的怒气。他知道老虎饥饱的时刻，通晓老虎暴戾凶残的秉性。老虎与人不同类却向饲养人摇尾乞怜，原因就是养老虎的人能顺应老虎的性子，而那些遭到虐杀的人，是因为触犯了老虎的性情。爱马的人，以精细的竹筐装马粪，用珍贵的蛤壳接马尿。刚巧一只牛虻叮在马身上，爱马之人出于爱惜随手拍击，没想到马儿受惊便咬断勒口、挣断辔头、弄坏胸络。本意在爱马，却失其所爱，难道能不谨慎吗？"

常言说：伴君如伴虎。颜阖将要去做储君的师傅，后者的乖张暴戾，自然让前者心中发怵。蘧伯玉的开导，就是强调要顺其脾性和小心谨慎地加以引导。其中的话语也被后人引用为成语。做人切忌自不量力，犹如螳臂当车那样可笑。在今天很多处理上下级关系的时候，人们易犯的错误就是过高地估计了自身的力量，感觉太好的人在现实面前往往会跌跟头。

至于蘧伯玉用养虎及饲马的两个例子，同样说明对待任何事情都须小心谨慎，充分考虑到事态发展的可能性。那个爱马者的随手击虻之举引起的严重后果，就是前功尽弃，他原来对马的所有爱心举止及努力，可以在刹那间化为乌有，全部付诸东流。

生死存亡浑然一体

子祀、子舆、子犁、子来四个人在一块聊天时表示："谁能够把'无'当作头，把'生'当作脊柱，把'死'当作尻尾，谁能够通晓生死存亡浑然一体的道理，我们就可以跟他交朋友。"四个人都会心地相视而笑，心心相契却不说话，于是相互成为莫逆之交的好朋友。

不久子舆生了病，子祀前去探望他。子舆说："伟大啊，造物者！把我变成如此曲屈不伸的样子！腰弯背驼，五脏穴口朝上，下巴隐藏在肚脐之下，肩部高过头顶，弯曲的颈椎形如赘瘤朝天隆起。"阴阳二气不和酿成如此灾害，可是子舆的心里却十分闲逸，好像没有生病似的，蹒跚地来到井边，还对着井水照看自己，说："哎呀，造物者竟把我变成这样一个拘挛的人啊！"

子祀说："难道你讨厌这曲屈不伸的样子吗？"

子舆回答："没有，我怎么会讨厌这副样子呢？假令造物者逐渐把我的左臂变成公鸡，我便用它来报晓；假令造物者逐渐把我的右臂变成弹弓，我便用它来打斑鸠烤熟了吃。假令造物者把我的臀部变化成为车轮，把我的精神变化成骏马，我就用来乘坐，难道还要更换别的车马吗？至于生命的获得,是因为适时,生命的丧失,是因为顺应;安于适时而处之顺应,悲哀和欢乐都不会侵入心房。这就是古人所说的解脱了倒悬之苦,而不能自我解脱的原因,则是受到了外物的束缚。况且事物的变化不能超越自然的力量已经很久很久,我又怎么能厌恶自己现在的变化呢?"

不久子来也生了病,气息急促将要死去,他的妻子儿女围在床前哭泣。子犁前往探望,对他们说:"嘿,走开！不要惊扰他由生而死的变化！"子犁自己靠着门跟子来说话:"伟大啊,造物者！又将把你变成什么,把你送到何方？把你变化成老鼠的肝脏吗？把你变化成虫蚁的臂膀吗？"

子来说:"父母对于子女,无论东西南北,他们都只能听从吩咐调遣。自然的变化对于人,则不啻于父母;它使我靠拢死亡而我却不听从,那么我就太蛮横了,而它有什么过错呢？大地托载我的形体,用生存来使我劳苦,用衰老来使我闲适,用死亡来使我安息。所以把我的存在看作好事,也因此可以把我的死亡看作好事。现在如果有一个高超的冶炼工匠铸造金属器皿,金属熔解后跃起说'我将必须成为良剑莫邪',冶炼工匠必定会认为这是不吉祥的金属。如今人一旦承受了人的外形,便说'成人了成人了',造物者一定会认为这是不吉祥的人。如今把整个浑一的天地当作大熔炉,把造物者当作高超的冶炼工匠,用什么方法来驱遣我而不可以呢？"

于是子来安闲熟睡似的离开人世,又好像惊喜地醒过来而回到人间。

上述故事中几个心照不宣又相互契合的好友,在对待身体形貌、生死等问题上都表现出异于常人的淡定自如,对任何事情都能泰然处之,其实并不容易,这同样需要有非凡的大智慧。中国台湾法鼓山已故的住持圣严法师,就说过面对任何事情,先是接受它,然后处理它,最后再放下它的充满智慧的话语。上述故事中的"造物者",其实就是能够生物化物的"道",若是我们一切都能做到顺应"道"的自然法则,就可达到安详自在、闲适平静、喜乐康宁的境界。

临尸而歌的好朋友

子桑户、孟子反、子琴张三人在一起谈话:"谁能够相互交往于无心交往之中,相互有所帮助却像没有帮助一样?谁能登上高天巡游雾里,循环升登于无穷的太空,忘掉自己的存在,而永远没有终结和穷尽?"三人会心地相视而笑,心心相印于是相互结成好友。

过不多久,子桑户死了,还没有下葬。孔子知道了,派弟子子贡前去帮助料理丧事。孟子反和子琴张却一个在编曲,一个在弹琴,相互应和着唱歌:"哎呀,子桑户啊!哎呀,子桑户啊!你已经返归本真,可是我们还寄迹在人世间呀!"

子贡听了,快步地走到他们近前,说:"我冒昧地请教两位先生,你们对着死人的尸体唱歌,这合乎礼仪吗?"

两人闻听子贡责询,相视而笑,不屑地说:"这种人又怎么会懂得'礼'的真实含意呢?"

子贡回来后,把见到的情况告诉孔子,说:"他们都是些什么样的人呢?不看重德行的培养而无礼仪,把自身的形骸置于度外,面对着死尸还要唱歌,容颜和脸色一点也不改变,没有什么办法可以用来描述他们。他们究竟是些什么样的人呢?"

孔子回答道:"他们都是些摆脱了礼仪约束而逍遥于人世之外的人,我却是生活在具体的世俗环境中的人。人世之外和人世之内彼此不相干涉,可是我却让你前去吊唁,我实在是浅薄呀!他们正跟造物者结为伴侣,而逍遥于天地浑一的元气之中。他们把人的生命看作像赘瘤一样多余,他们把人的死亡看作毒痈化脓后的溃破,像这样的人,又怎么会顾及死生优劣的存在呢?凭借于彼此不同的物类,但最终寄托于同一的整体;忘掉了体内的肝胆,也忘掉了体外的耳目;无尽地反复着终结和开始,但从不知道它们的头绪;茫茫然彷徨于人世之外,逍遥自在地生活在无所作为的环境中。他们又怎么会烦乱地去炮制那些世俗的礼仪,而故意炫耀于众人的耳目之前呢?"

子贡说:"那么先生将遵循什么准则呢?"

孔子说:"我是苍天惩罚的罪人。即使这样,我仍将跟你们一道去竭力追求那至高无上的'道'。"

子贡问:"请问追求'道'的方法。"

孔子回答:"鱼儿争相投水,人争相求道。争相投水的鱼,掘地成池便给养充裕;争相求道的人,漠然无所作为便心性平适。所以说,鱼相忘于江湖里,人相忘于道术中。"

子贡说:"再冒昧地请教'畸人'的问题。"

孔子回答:"所谓'畸人',就是不同于世俗而又等同于自然的奇人。所以说,自然的小人就是人世间的君子,从自然观点看来是君子的就是人世间的小人。"

能够把生死置之度外,将之看作返归本真,甚至做到"临尸而歌",除了庄周本人在丧妻时亦有类似举止,即"鼓盆而歌"外,在向来就重视丧葬礼仪的中国传统社会中,一般还真的不太多见这种"怪现象"。此则出自《庄子·内篇·大宗师》的故事,淋漓尽致地展现了道家人物那种不为生死之情所束缚的达观自如境界;相形之下,儒家拘泥于世俗的繁文缛节式的礼仪中,活得真是很累。今人若是通过上述真人体道的行为中,能够悟出"道法自然"的玄妙所在,最起码,也会减少一点人对死亡的恐惧感。

阳子居受教去骄态

阳子居往南而行,目的是要到沛地去,正巧老聃到西边的秦地闲游,阳子居与老子相约,两人将在郊外之地会面,最后是到了梁地,两人正式见上了面。

老子在半路上,似乎很有些感慨,他仰天长叹地说:"当初,我把你看作可以教诲的人;如今看来,你是不可受教的啊。"

听到老子这么说他,阳子居连一句话都没说。两人走到旅店,阳子居呈上各种盥洗的用具,并把自己的鞋子脱在了门外,然后双脚跪着,恭恭敬敬地上前说道:"刚才弟子正想请教先生,正赶上先生旅途中没有空闲,所以不敢贸然启齿。如今先生闲暇下来,恳请先生指出我的过错吧。"

老聃说:"你仰头张目的样子实在是傲慢跋扈,你还能够跟谁相处呢?过于洁白的,就好像总会觉得有什么污垢;德行最为高尚的,好像总会觉得有什么不足之处。"

阳子居听了老子的批评,脸色大变,羞惭不安地说:"弟子由衷地接受先生的教导。"

经过老子耳提面命的指点之后,在待人接物方面,阳子居明显地有了变化。阳子居刚来旅店的时候，店里的客人都会出来迎送他，那个旅舍的男主人亲自为他安排坐席，女主人更是亲手拿着毛巾梳子，专门侍候他进行盥洗，其他旅客们见了阳子居，也都得让出座位，正在烧饭的人见了他，也会远离灶台。而等到阳子居离开旅店的时候，整个旅店的客人，几乎都已经同他无拘无束地争席而坐了。

"大白若辱，盛德若不足"，出自《道德经》的四十一章，上述故事中老子对阳子居教诲的要旨，与此如出一辙。阳子居个人飞扬跋扈的骄态，让老子觉得看不过去，所以出言很重，不留任何情面。阳子居的回应值得后人仿效，他对老子先是以非常恭敬的态度侍奉，继之又谦逊诚恳地接受对方的指教，而日后的事实证明阳子居确实按照了老子点拨的内容去践行，整个旅舍中的客人对阳子居态度发生的明显变化，就是最好的证明。如此看来，低调做人，容易换得他人的认同；反之，自大摆谱的家伙，有时表面上可以得到别人的尊重，或是大家对你敬而远之，但这种产生距离的关系，本身就含有人格上的罅隙，这样的人际关系不正常，做人也是有缺陷的。

徐无鬼慰问魏武侯

徐无鬼靠女商的引荐,得以拜见魏武侯。武侯慰问他:"先生一定是极度疲惫了!隐居山林是劳累困苦的,所以方才肯前来会见我。"

徐无鬼说:"我是来慰问你的,你有什么可以慰问我的呢?你想要满足嗜好和欲望,增多喜好和憎恶,那么性命攸关的心灵就会弄得疲惫不堪;你想要废弃嗜好和欲望,退却喜好和憎恶,那么耳目的享用就会困顿乏厄。我正打算来慰问你,你又有什么可以慰问我的?"

魏武侯听了徐无鬼如此直截了当而又毫不客气的一番话,怅然若失,不能应答。

不一会儿,徐无鬼又开口说道:"我来告诉大王,我会相狗术,善于观察狗的体态,以确定它们的优劣。下等品类的狗只求填饱肚子也就算了,这是跟野猫一样的禀性;中等品类的狗好像总是凝视上方;上等品类的狗,便总像是忘掉了自身的存在。我的相狗术,又不如我的相马术。我观察马的体态,直的部分要合于墨线,弯的部分要合于钩弧,方的部分要合于角尺,圆的部分要合于圆规,这样的马就是国马,不过还比不上天下最好的马。天下最好的马具有天生的素质,或缓步似有忧虑或奔逸神采奕奕,总像是忘记了自身的存在,超越马群疾如狂风把尘土远远留在身后,却不知道这样高超的本领从哪里得来。"

听了徐无鬼的这番关于相狗术和相马术的言谈后,先前还有点悻悻然的魏武侯居然高兴得笑了起来。

徐无鬼走出宫廷,女商对他说:"先生究竟是用了什么办法使国君高兴起来的呢?我平时用来使国君高兴的办法是,横说是向他介绍诗、书、礼、乐,纵说是向他谈论太公兵法。侍奉国君而大有功绩的人不可计数,而国君从来不曾有过笑脸。如今你究竟是用什么办法来取悦国君,竟使国君如此高兴呢?"

徐无鬼回答道:"我只不过是告诉他我怎么相狗、相马罢了。"

女商有点狐疑地问道:"难道就是这样吗?"

徐无鬼说:"你没有听说过越地流亡人的故事吗?离开都城几天,见到故交旧友便十分高兴;离开都城十天整月,见到在国都中曾经见过的人便大喜过望;等到过了一年,见到好像是同乡的人便欣喜若狂。不就是离开故人越久,思念故人的情意也就越深吗?逃向空旷原野的人,丛生的野草堵塞了黄鼠狼出入的路径,却能在杂草丛中的空隙里跌跌撞撞地生活着,听到人的脚步声就高兴起来,更何况是兄弟亲戚在身边说笑呢?很久很久了,没有谁用真人淳朴的话语在国君身边说笑了啊!"

徐无鬼又一次入宫拜见魏武侯,武侯说:"先生居住在山林,吃的是橡子,满足于葱韭之类的菜蔬,而谢绝与我交往,已经很久很久了!如今是上了年岁吗?还是为了寻求酒肉之类的美味呢?抑或有什么治国的良策而造福于我的国家吗？"

徐无鬼说："我出身贫贱，不敢奢望能够享用国君的厚禄，只是打算来慰问你。"

武侯听了不由觉得诧异，他说道："为什么？怎样来慰问我呢？"

徐无鬼说："前来慰问你的心神和形体。"

武侯说："你说的是什么呀？"

徐无鬼说："天与地对于人们的养育是同样的，登上高位的人不可以自以为高人一等，身处低下的地位者不可以认为是矮人三分。你作为大国的国君，使全国的百姓劳累困苦，以人民的劳苦来满足眼耳口鼻的享用，弄得心神不自在。心神喜欢跟外物和谐而厌恶为自己求取私利；为个人求取私利，这是一种严重的病态，所以我特地前来慰问。只有国君你患有这种病症，为什么呀？"

武侯说："我希望见到先生已经很久了。我想爱护我的人民并为了道义而停止战争，这恐怕就可以了吧？"

徐无鬼说："不行。所谓爱护人民，实乃祸害人民的开始；为了道义而停止争战，也只是制造新的争端的祸根；你如果从这些方面来着手治理，恐怕什么也不会成功。大凡成就了美好的名声，也就有了作恶的工具；你虽然是在推行仁义，却更接近于虚伪和作假啊！有了仁义的形迹必定会出现仿造仁义的形迹，有了成功必定会自夸，有了变故也必定会再次挑起争战。你一定不要浩浩荡荡地像鹤群飞行那样布阵于高楼前，不要陈列步卒骑士于锱坛的宫殿，不要包藏贪求之心于多种苟有所得的环境，不要用智巧去战胜别人，不要用谋划去打败别人，不要用战争去征服别人。杀死他人的士卒和百姓,兼并他人的土地,用来满足自己的私欲和精神的,他们之间的争战不知道究竟有谁是正确的?胜利又存在于哪里?你不如停止争战,修养心中的诚意,从而顺应自然的真情而不去扰乱其规律。百姓死亡的威胁得以摆脱,你哪里还用得着再来止息争战呢?"

以上故事见诸《庄子·杂篇·徐无鬼》,其实可分上下两段内容,虽然都发生在魏国隐士徐无鬼与国君魏武侯之间,但主旨各有不同。前一次会见讲的是徐无鬼凭借着个人的相狗术、相马术,而让长期在近臣围绕下郁郁寡欢的国君展颜解颐,足见已经习惯于耳朵中灌满谀辞谗言或假话套话的一国之君,偶尔听见一次来自社会的真实话语,接触到具有真性情的人物,也会让他产生极大的新鲜感和快意。这种不啻讽刺的境况,即便在网络发达的今天,依旧会发生和上演,个中的意味值得我们好好思索。离开真实活泼的东西远了,个人性情都会受到损伤。

在后一次会见中,徐无鬼对贵为万乘之主的君王尖锐地指出,国君发动战争是为了个人的私利,爱民的口号喊得山响,实质上却是在戕害万民。所谓"春秋无义战",及至战国七雄之间无休止的征伐杀戮,规模更是远胜过往年代。统治者漂亮华丽的政治口号中往往藏掖着丑陋的东西,将统治阶级标榜的仁义和世间为人鞭挞的虚伪画上等号,正是隐士徐无鬼代表的道家思想犀利鲜明的观点所在。我们可以看到,"顺应自然"的主张一再地被道家人物提及,从某种意义上讲,这也应当是今人应该秉持的处世待人的正确理念。

山木与家鹅的命运

庄子和自己的弟子们赶路,当他们行走于山中时,看见有一棵大树,枝叶长得十分茂盛。而让他们感到奇怪的是,在山中伐木的人却停留在树旁,并不去动手砍伐这棵参天大树。庄子弟子中有人按捺不住好奇心,于是上前询问伐木者是何缘故。伐木者回答:"这棵树没有一点用处。"

庄子听了以后感叹道:"这棵树就是因为不成材,反而能享尽它的自然寿命啊!"

庄子走出山来,留宿在朋友家中。多时不见的朋友看到远道而来的友人,自然很高兴,就吩咐家里的童仆,去杀一只鹅来款待庄子一行。那童仆问主人:"家里的一只鹅能叫,一只鹅不能叫,请问是要杀哪一只呢?"

主人说:"就杀那只不能叫的。"

次日,随行的弟子问庄子:"昨日遇见山中的大树,因为不成材而能终享天年;如今主人的鹅,却又因为不成材而被杀掉。先生,您将怎样对待呢?"

庄子笑道:"我将处于成材与不成材之间。成材与不成材之间,好像合于大道,却并非真正与大道相合,所以这样还是不能免于拘束与劳累。假如能顺应自然而自由自在地处世,也就不是这样了。"

庄子又说道:"没有赞誉,亦无诋毁;时而像龙一样腾飞现身,时而像蛇一样蛰伏隐蔽,跟随时间的推移而变化,而不偏滞于某一方面;时而进取时而退缩,一切以顺应自然作为原则,优游自得地生活在万物的原初状态,主宰外物,却不被外物所役使,这样又怎么会受到外物的拘束和劳累呢?这就是神农、黄帝的处世原则。至于说到万物的真情,人类的传统习惯,就不是这样了。有聚合就有离析,有成功就有毁败;棱角锐利就会受到挫折,尊显就会受到倾覆,有为就会受到亏损,贤能就会受到谋算,而无能也会受到欺侮,怎么可以偏执于某一方面呢?可叹啊!弟子记住,凡事只有顺其自然啊!"

庄子提倡的就是顺其自然,顺势而为,不可偏执,"物物而不物于物",即不让自己被身外之物所牵累。外界的事物不是一成不变的,山木无用而得存,家鹅无用却遭戮。弟子听过前一天老师的感叹,当然要有此一问。庄子从弟子的询问中,引申并强调了要顺其自然的认识,有助于人们在日常生活中真正将自己从各种劳烦俗事的纠结中完全解脱出来。心由境生,心随境安,个人当多提醒自己经常向如斯的境界努力,自然获益匪浅。

一言止杀的丘神仙

在有全真龙门派第一丛林之称的白云观，留有乾隆的御笔，爱新觉罗·弘历特书楹联所写的"一言止杀，始知济世有奇功"，正是这位皇帝对长春真人丘处机生前最为人称道的一则故事的赞誉。

丘处机（1148—1227），山东登州栖霞人，被龙门派尊称为"丘祖"。他曾分别受到当时在政治上南北对峙的南宋、金国两个政权的召请，但这两个显然已在走下坡路的政权并未能入有着敏锐政治察觉力的丘真人之法眼。

当时丘处机虽生活在金朝控制的疆域内，但其名声已是远播大江南北，以致连正在中亚率领蒙古铁骑进行鏖战的铁木真，也都知道大金国内有这么一号人物；号称"一代天骄"的成吉思汗，还曾特地遣派使者向丘处机探询长生之药。兴定三年（1219），当成吉思汗于西征途中，派使者来敦请丘处机前去军中和其会面时，长春真人丘处机欣然以七十多岁的高龄，亲率十八个弟子长途跋涉至国外，赶到雪山（今阿富汗境内库什山）去和铁木真会面，直到1222年，方才在昆都斯和大汗碰上头。

"一言止杀"的故事发生在南宋末年，两人在西域雪山的邂逅,不啻命运的巧妙安排,双方各自在最初欲和对方沟通的话题上却是风马牛不相及。已年届花甲的蒙古大汗之初衷,是要从中原来的"丘神仙"处打听长生不老的灵丹妙药,而龙门派的祖师爷胸中却自有一番打算。可以说,铁木真感兴趣的,无非是他所向往和相当陌生的中原内地的仙道贵生术。这和古代汉人王朝帝王们的想法并没有太多区别,最多只是一个草原上弯弓射雕的老年君王,听了身边近臣关于丘神仙年三百岁,有养生延命的秘术之类等说辞,不禁心驰神往,遂立即向还不是其属土之民的丘处机发出征召。但长春真人怀揣着的,却是一番政治抱负和殷切的宗教期盼,从其上路前所作赠道友诗中即可窥其端倪:"十年兵火万年愁,千万中无一二留。去岁幸逢慈诏下,今春须合冒寒游。不辞岭北三千里,仍念山东二百州。穷急漏诛残喘在,早教身命得消忧。"这表明了他对当时北方中国境内疮痍满目、饿殍遍野之惨境的痛心,以及他要济世度人的决心。

两人见面后,铁木真急切地问谂:"丘神仙此番远来,可有何长生之药以资朕乎?"

丘初机答道:"有卫生之道而无长生之药。"就这样,丘道长接过对方的话头,顺势引入有利于自己向那手上掌握着生杀予夺大权的蒙古君王进行谏劝的谈话路径。

一日,大汗在行猎时,不慎从马上摔下,根据对方顾惜性命的特点,因势利导的丘真人就要铁木真在这样的年纪,最好少打猎为妥。而在谈到长生之道时,他又向大汗强调"外积功德,内固精神"的重要性。按照丘道长的说法,前者就是关心民众疾苦,令其安居乐业;而后者指的是要减少欲望,保养精气。朴实的大汗对丘神仙的话十分信服。据《元史·释老传》，丘真人力劝蒙古大汗"不嗜杀人"。另据《元史·释老传》载称，丘处机返回中国北方后，经其手还搭救了饱受兵燹之灾的民众，其数多达二三万人，"中州人至今称道之"。

当年王重阳创立了全真道后，其门下的"全真七子"中，就属丘处机的龙门派发展得最为昌盛，这固然与丘处机个人的宗教领袖魅力和才干有直接的关系，但其利用西行接触蒙古最高统治者之便"一言止杀"及后来回山东后搭救受灾民众的嘉言懿行，更是彰显了其济世度人的善良美德和过人的智慧。故事中丘道长对嗜杀成性，杀人见血都不会眨眼的对方，用的劝说方法很巧妙，他先是投其对长生之所好，再因势利导地要大汗少杀人以积功德。就这样，丘处机在劝说对方时，巧妙地将修道方法和统治者个人的权柄、意志、欲念及责任联系起来，这才可能达到后为乾隆楹联中赞颂的"一言止杀"之效果。事实上，年逾古稀的长春真人这次为期数年的西行，也让他从蒙古统治者那里得到了其他宗教所没有的特权，这正是全真教在蒙元政权初期的发展能一度达到极盛的重要原因。

山中宰相巧画双牛

南朝著名的道士陶弘景(456—536),是丹阳秣陵(今属江苏南京)人。他出身官宦,且其家族有地望背景,为丹阳陶姓,在重视门阀世族的当时社会,这本是走上仕途的很好招牌。年轻时的陶氏,也的确曾在刘宋末参与过朝廷权贵间的势力角逐,后来还担任过南齐诸王侍读,但在感到政治上终究不得意的状况下,南齐永明十年(492),才三十六岁的他,就毅然脱去朝服,并悬挂于神武门,同时上表辞官。离开朝廷后,陶弘景来到江苏句容的茅山,在山上的华阳洞里正式开始自己隐居修道的生活。后世道教界人士也有称其为"陶隐居"的。

可是,读书破万卷的陶弘景始终没有完全放下对国家政局的关心,当早年曾号称南齐"竟陵八友"之一的贵族萧衍拥兵代齐后,在萧衍率大军抵达新林之际,陶弘景立即派遣自己的弟子戴猛之前去奉表致意。他还巧妙地利用自己特殊的宗教身份,为萧衍大造社会舆论。在"梁王"萧衍上演禅代的政治闹剧时,陶弘景又不失时机地"授引图谶,数处皆成梁字",然后他再令弟子进呈萧衍。萧衍采纳国号为梁,就与听取陶弘景的意见有直接的关系。

萧梁代齐，是在公元502年，陶弘景在这年已是四十六岁的中年人。年富力强的他，虽说在帮助梁武帝萧衍夺取帝位上出过力，但他并没有接受梁武帝的多次敕召及屡次礼聘，而是继续保持其在山林修道的生活。为表心志，有一次他还特地画上两头牛，一头牛散放于水草之间，另一头牛虽套着黄金打造的笼头，却有人在旁牵着绳索，正用杖在驱赶着。这张图像清楚地表明了陶弘景的心志。梁武帝也就明白不可能将这位高道招致自己的身边，而令其跻于朝臣之列，但他还是十分器重陶弘景的意见，史称国家每有吉凶征讨大事，无不前以咨询。月中常有数信，时人谓之"山中宰相"。

及至年届五十，陶弘景又移居到积金东涧，他一面保持自己的修道方式，继续研习辟谷导引之法；一面仍旧和朝廷保持联络的渠道，如曾和后来坐上龙椅的萧纲（梁简文帝）关系密切，后者坐镇南徐州时特地召见陶氏，两人竟畅谈数日之久，史称萧纲对陶弘景非常敬重。他还曾向武帝献丹；晚年时，已是年逾古稀的陶弘景还向武帝敬献过分别名为"善胜"和"威胜"的两把宝刀等。这些都表明他并未全然地移情留心于山林野居，陶弘景只不过是以自由的隐居之身，在修道的同时，也对国家的政治生活大事发表意见，从而间接地施展影响。

陶弘景是个很特别的道士，他虽然辞官去山中隐居修道，但依旧对外界政治情势洞若观火，而且积极参与政事。然而梁武帝来敕召其到朝廷就职，他却表示宁愿像那散放于水草之间的牛，有个自由身，也不愿当那被套上金笼头，却要遭人役使和驱赶鞭打的牛。他婉拒皇帝的礼聘，用的手法也很别致，不是直说，而是画上状态迥异的双牛，对方萧衍当年能跻身于响震一时的"竟陵八友"之名士，是何等地冰雪聪明，自然明白陶氏之意。"山中宰相"的大号，虽说有过誉之嫌，但利用超脱的社会地位来影响政治，正是陶弘景的高明之处。从历史来看，由于萧衍是历史上最为佞佛的皇帝，整个梁朝笼罩在佛教势力的影响下，道教生存的空间在当时受到极大的挤压，陶弘景个人所施展的魅力及与王室之间的交往，客观上对南朝道教的发展也有重要的帮助作用。

长生术引起的议论

战国时期,曾有一个称自己知道长生术的人,燕国的国君就遣派使者去向此人学习这种长生术,可还未学成,那个自诩知晓长生不死之道的人却早早地奔赴黄泉了。燕王非常愤怒,于是把派去的使者当作出气筒,准备将其处以极刑。

见燕王如此行事,其身边的宠幸佞臣便向燕王谏劝说:"人们平日里所担忧的事情,没有比怕死更厉害的了;人们所看重的,也没有比自己的生命更重要的了。这个自称掌握长生之术者自己都丢失了性命,又怎能做到让大王长生不死呢?"

燕王听闻此言,觉得近臣们说得颇有道理,于是打消了处死该使者的念头。

当时另有一个名叫齐子的人,也曾动过念头,有意要向那个自称知道长生之术者学习,当齐子听到那人已经去世的消息后,还捶胸而叹,懊悔不已。有个叫作富子的人知道这件事后,就取笑齐子说:"人们想要学习的是长生不死之术,如今那人自己都已经死了,齐子还要悔恨,真是不知道他要学习的究竟是什么啊!"

胡子听说他们的事情后,也发表议论,说:"那个富子说的也不对啊，社会上懂得道术而不能行道者大有人在，能够实际行道却不懂其道理者也不乏其人。卫国曾有一个善于做算术者，临去世前，他把算术的口诀传授给儿子。只是他的儿子知道算术口诀却不知如何使用。有人上门求教后，这个卫国算术家的儿子将父亲所传授的口诀告诉了来者。结果上门求教者就以这种口诀来使用其术，居然都达到与那卫国算术家的本事没有多少差别的水平了。既然如此，又怎么能说那位死者不可以称自己掌握知晓长生之术呢？"

上述故事取自《冲虚真经》，即《列子》中的《说符》篇。冲虚真人列御寇借众人之口，表现了人们对长生术的各种认识，以及对此所持有的信服或怀疑态度。类似燕王这样急欲得到长生术奥秘的统治者，在以后各朝也不胜枚举，不值一提；而齐子与富子两人偏执一端的认识，同样不可取。其实，人们完全可以平淡地看待持有这种道术者，也没有必要将其神秘化，当然更无须过分去贬低这些知晓方术者。故事中提到的胡子，就是这样具有慧眼和卓识之人。

费长房随壶公学道

东汉时，有位名叫费长房的汝南人，在当地担任管理市集的小吏。市集中有位卖药的老翁，让费长房觉得非常神秘。这位老翁为人行止有些古怪，他在自己市集入口处将一把大壶高高地悬挂起来，就像一块招牌一样，大家也因此把他称作"壶公"。等到每日集市完毕，老人就马上跳入壶中。平时众人都没有注意这位老者的行踪所至，唯独费长房在不远处的酒楼上看得真切，好几日观察下来，将壶公的行踪尽收眼底。费长房估摸这位老先生必定是个世外高人，于是就准备好酒肉，前去拜谒壶公，请老先生喝酒。壶公心内明白费长房是冲着他的神奇方术而来，于是对费长房说："你可以明日再来看我。"

翌日，费长房果然再去拜见壶公，这回壶公与费长房一起，进入那神秘的壶中。只见玉石阶梯铺砌的大堂庄严雅丽，屋内美酒甘食佳肴是应有尽有。两人共同尽兴饮酒后，才来到壶外。壶公叮嘱费长房不得与别人言及此事。

又过了一些日子，壶公上酒楼等候费长房，两人见面后，壶公开口道："我本是神仙，因为犯下过错而受责罚，才会贬谪到这里来卖药为业。今天日期已满,我将离去,你肯不肯随我离开此地?楼下有一点酒,我特来与你话别。"

费长房叫下人去取壶公说的酒,但那下人根本搬不动。于是又加派更多人手,直到最后令十人去扛酒,两人一对,共五对人扛那酒器,还是拿不动。壶公在楼上听闻此事,笑着下楼,他仅以一个手指头,提之而上。看上去那酒器也就能装一升左右,但两人对饮了一整天,而且无论怎么喝,也都喝不完那器皿里装的酒。

至此,费长房提出了自己想求道的想法,但表示就是顾念自己的家人,心中放不下这些牵挂。壶公听了呵呵一笑,随手拿起手边一根青竹,比画一下和费长房的身形相等后再折断,然后将这根断竹悬挂在费家房舍后。待其家人看见,哪里还是什么折断的青竹啊,分明就是费长房的身躯形体!全家人以为费长房已经上吊自尽,一家大小无不惊呼号哭,最后只好将老爷殡葬入墓。其实,在家人忙活这些事情时,费长房就站立于一旁,而众人却没有一个能够看见他的。

这件事情了断后,放下了心头牵挂的费长房跟随着壶公进入深山,开始了自己艰苦的修道历程。他整天地在荆棘丛树中行走,在群虎中出没。到后来,哪怕是将费长房留下来与虎独处,他也不感到半点惊恐。壶公又让费长房卧躺在空屋中,以朽烂绳索悬挂着万斤重的巨石于心口的上方,而且有无数条蛇竞相来啃咬绳索,那绳索眼看就要断裂,费长房也不挪移地方。等到壶公从外面转回来,睹此情形,就很欣慰地对费长房说:"你倒真是一个可教之人啊。"之后,壶公对费长房的锤炼并没有停止,他接着又命令费长房去吃粪,粪中有三虫,特别臭秽,长房实在觉得恶心,不免流露厌恶之色,壶公一看到长房的反应,不免惋惜地说道:"你差一点点就可以得道为仙了,就恨在此关键上不成,可惜啊!"

费长房辞别壶公时,壶公给他一根竹杖,对他说:"你只要骑上这根竹杖,任由它前往,它就会自动载你前去目的地。到达后,即可将竹杖投于葛陂(今河南省新蔡县西北)中。"说着,壶公又专门为费长房制作一道符,交代他说:"用此可以役使当地的鬼神。"

长房接过竹杖,须臾之间,就回到自己的家乡。自以为离开家乡已经有数十天,其实已经过去了十几年了。于是以杖投陂,再仔细一看,原来是条龙。

费家大小看见"死"去多年的老爷返家,莫不惊诧,都不相信眼前此人就是老爷。长房说:"你们往日所埋葬的,不过是根长短和我相仿的竹杖罢了。"于是,费长房带领着家人开挖自己的墓穴,等到大家打开坟茔后,发现果如其言,那根竹杖还依然在棺柩中放着。家人这才高兴地将费长房迎回家中,而费长房到家乡后,开始为众人医病疗伤,鞭笞百鬼,甚至能够驱使社公。有时费长房坐在那里,竟然会独自一个人怒目圆睁地愤恨不已,旁人问其缘故,费长房解释说:"我是在责骂鬼魅中犯法的家伙呢。"

汝南之地每年都有一个鬼魅作祟,这个鬼魅往往伪装成太守的装束,到府衙门口击鼓,整个郡中都为此感到头疼。某日,鬼魅前来,而费长房正好前去衙门参见府君大人,和那鬼魅撞个正着,那鬼魅惊惶万分之间,惧怕得都不敢后退,干脆上前解开自己披着的衣冠,向费长房叩头乞活。长房大声呵斥道:"孽畜!还不快快回复你的原形!"说时迟那时快,顷刻间就见这鬼魅变成了千年老鳖的形状,其大小有如车轮,颈长则有一丈。费长房再命令其到汝南太守处去服罪，并交付其一片写上了字的木札，以递交给葛陂君，就是那条曾经化作竹杖载其返回汝南的龙。鬼魅叩头流涕，乖乖地拿着木札植入陂边，然后自己以长长的头颈环绕此札而死。

后来东海君，也就是东海龙王前来看望葛陂君，因为一时淫心大起，强暴奸污了葛陂君的夫人，被费长房知道此事后，就将东海君关押了三年。这一关不要紧，结果却造成了东海地方大旱多日，苦了东海地区的老百姓。费长房到了该地区，看见有民众在举行请雨仪式，于是说："东海君有罪，我以前将它关押在葛陂，今日将其放出来，让它降雨吧。"老百姓听他说完此话后不久，果然东海之地就真的大雨如注。

费长房曾经与人共行，路上见一书生打扮之人，戴着黄巾，穿着裘皮，骑在马上却无马鞍。这个书生看见费长房后，立即下马叩头。长房说："把马还给它，就赦免你的死罪！"同行人询问是何缘由，为什么有此对话。长房说："这是一只狐狸，偷盗了社公的马而已。"又有一次，费长房请客，使人到宛地买鲊（一种盐和红曲腌制的鱼），片刻间就赶回来，而后进餐。有时，在一天之内，分别在千里之外的不同几处，都有人称看见过费长房的身影。

后来由于不慎丢失了壶公当年递交给他的那道神符，费长房竟然为众鬼所杀害。

上述故事取自《后汉书》中的《方术列传》。壶公的故事在《神仙传》中也有记载。故事中的求道者费长房，其实本来就应该异于常人，是故只有他才能看见每日收市后壶公跳入那高挂在市集口的壶中，而众人却偏偏视而不见这位怪老头的隐遁行径，并不是老翁施过什么障眼法。其实这也可以看作一种隐喻，就是凡胎肉眼的众人，大多不会去仔细观察和琢磨身边的事，"灯下黑"的事情是经常在我们身边重复上演的。费长房先是有心，继而有幸，得以窥探壶公的秘密，看到那"袖里乾坤长，壶中天地广"的精彩世界。

费长房也毕竟是人，不是壶公那样的神仙，当其经历各种试炼，但碰到那臭不可闻的粪便当口时，难抑恶心之色，也是人之常情，可偏偏就是因此没能真正成道。有很多时候，我们做事就差那么一口气，缺乏再多一点的坚持，因而也就会与最后的成功失之交臂。

费长房后来返家，能够呼风唤雨，差遣鬼神，责罚魑魅魍魉中的犯法触禁者，好不威风，靠的是什么？还不是那真正有神仙资质的壶公给予的那道神符？你看他得意时，不是令千年老鳖伏法于葛陂边，就是将东海龙王都羁押达三年之久，真可谓"神"气十足。而一旦丢失那神符，其下场特别悲惨，居然是死于之前看到他都会簌簌发抖的众多鬼魅之手！由此，不禁让人想起那句老话：得饶人时且饶人。对通人性的鬼魅何尝不是如此？把被自己役使的对象逼得太紧了，平时责之过严，罚之过重，肯定会积怨甚多。若从上述故事中提到的费氏那种对神鬼的颐指气使及专横跋扈的腔调来看，费长房最后会有如此下场，也在情理之中。虽说上述故事是将近两千年前的传说，但对今人而言，尤其是那些手中握有一定权柄，手下有着被管束和使唤对象的人，还是殷鉴不远，个中的教训，值得吸取。

未卜先知的逢子康

逢萌,字子康,为西汉末年时北海都昌人氏,其家贫穷,后担任负责抓捕盗贼的亭长。一天,县尉有事路经其亭,逢萌迎候并拜谒了其人,等到公事结束,逢萌将手中的盾牌一扔,感慨万分,不由喟叹道:"大丈夫怎么能如此供人役使呢?"于是,他推掉了这个小小亭长的职务,去京城长安学习,学有所成的逢萌精通了《春秋》经学,成为满腹经纶的士人。

其时,正是外戚王莽在朝廷内掌控权柄之际。在王莽与汉平帝外家卫氏家族斗法时,王莽的儿子王宇觉得其父行事会招致年龄尚幼的皇帝长大后怪罪,自己想谏劝父亲,又担心王莽听不进去,想到王莽向来喜好鬼神那一套,于是这个当儿子的就在夜半时分,将血水洒到王莽的府第大门前,被守门小吏察觉,逮个正着,结果王莽来了个"大义灭亲",将儿子王宇执送大牢,甚至还让身陷囹圄的儿子饮毒药酒而死。在京城的逢萌听闻此事,就对朋友说:"三纲绝灭了啊!再不离去,祸害将连累到他人了!"逢萌口中所说的"三纲",指的就是那时维系社会伦理道德秩序的"三纲五常"中的"三纲",即所谓君为臣纲、父为子纲、夫为妻纲。逢萌看到当朝大臣尚且带头破坏纲常，对整个朝廷的前途也失去了信心。他说完这些话后，就将儒冠解下，挂在长安的东都城门（又叫青门），回家后，带着家属漂泊海上，流落到辽东半岛，成为客居他乡之人，为的就是远避兵燹人祸。

由于擅长阴阳术数，逢萌知道王莽篡汉一时得逞，但终将溃败。在其败象将露之前，逢萌头上顶着瓦盆，在集市上号哭道："新乎新乎！"王莽曾官拜新都侯，等到正式篡汉后，所立的政权取名号为"新"，所以逢萌才会哭喊着"新"的名头。在新莽政权尚未垮台之前，这样在公开场合为该政权"凭吊"，很有点谶纬的含义，也是非常犯忌之事，是要被杀头的。故此，他在这么公开"号哭"之后，也就潜藏了起来，不让人家知道其行踪和下落。

东汉王朝建立，定都洛阳。看到社会重新走上了安定发展的轨道，逢萌就赶到琅玡崂山（今山东莱州即墨县东南），开始了自己一直向往的养志修道、教化道德的生活，连周围的民众也都为其影响所感染。

北海太守从不少人那里听到逢萌的良好名声，于是派遣小吏前往崂山去拜谒逢萌，向其表示敬意。可逢萌却偏偏不领这个情，对太守的好意根本不作答复。这下惹恼了贵为一方父母官的太守。他怀恨在心，干脆就派人去抓捕逢萌。手下人叩头禀告道："子康君是大贤者，此乃天下共闻，他在哪里，哪里的民众就像奉敬自己的父亲那样对待他，我们若是前去抓捕他，肯定抓不到，并会自取其辱。"太守不听则已，听后越发来气，盛怒之下，将此小吏收押在狱，另外派其他人前去捉拿逢萌。这些派去的差役们刚到崂山，当地民众果然都相约而出，手拿刀枪弓弩等兵器地前来捍御逢萌。这些喽啰寡不敌众,在冲突中受伤流血,狼狈奔还衙门。北海太守最后还是拿逢萌没辙。

此后,朝廷专门来辟召逢萌的诏书下达,逢萌遇见使者,就托辞说自己年已老耄,都七老八十的人了,走路都迷失方向,东西不辨。他还对使者说:"朝廷所以敬重我,是以为我能够有益于朝中政事,如今我行路都不知道东西方向的所在,哪里还能济世啊?"使者见状无奈,只好返归洛阳。之后朝廷几番连征,逢萌都没有接受,直到最后寿终正寝。

逢萌是两汉之交的著名逸民,上述故事即取自《后汉书·逸民列传》。但逢萌还是一个聪明的修道之人,乱世到来前,能及时离开是非之地的长安,以免殃及池鱼之连累,不做新莽政权的殉葬品;及至中兴朝廷建立,依旧保持遁世的状态,最后安享天年,能够寿终,也算是正确的抉择。在其抗衡北海太守的淫威时,崂山的民众"相率以兵弩捍御",是逢萌免受牢狱之灾的最重要原因,而若追根溯源,关键还在于他当年在崂山"养志修道"时,"人皆化其德"带来的福报,以致"所在之处,人敬如父"。逢子康有极好的人缘和人气,民心皆可为其所用,这些不就是他当年修道时广结善缘和多修善德结下的善果吗?

知乱避世的郭文举

两晋之交的郭文，字文举，本是河内轵县（今属河南济源境内）人氏。郭文从小就爱山水，崇尚修道遁世避俗的行为，十三岁那年，每每到山林游逛，就会十多天不返家。等到文举父母双亡后，服完丁忧，他也不娶妻成家，而是辞家外出，开始了寄情于山水的生活。他到各处名山，走访华阴之崖，以观赏石室的石函。当时正逢五胡乱华之际，京城洛阳沦陷，大批北方士民南迁避难，郭文也步行挑担千里迢迢地来到吴兴、余杭的大辟山中穷谷无人之地，以散木倚靠着大树，用草席覆盖其上，就算搭了他自己居住的棚子，连起码的壁障都没有。当时猛兽出没，入屋害人，而郭文独自露宿于此达十多年，始终没有受到猛兽的袭击。

平日里，郭文经常是披着鹿皮，戴着葛巾，不饮酒，也不吃肉，自家种点菽麦，采撷竹叶果实，贩盐营生以供生计。他人若是只给低价收购采买，他也成交，并不与人讨价还价。此后人们都认识文举了，这才不再偿付贱价来换其物品。郭文常常将自己没有吃完的粮食拿来周济那些贫穷匮乏者；如若有人拿东西送他，郭文也并不拂逆人家的好意，但只是挑些粗陋的物品而已。

曾经有猛兽扑杀大麕鹿(即母鹿)于郭文的棚子旁侧,郭文告诉他人,人家拿去后卖掉换钱,并来和郭文分钱,郭文分文不收。他说:"我如果要钱的话,自己就会去市上卖,之所以告诉你,就是我不需要钱的缘故。"听闻此事的人都感慨系之,赞叹文举的为人。还曾经发生过猛兽突然张口对着郭文之事,郭文看见猛兽的血盆大口中横亘着它吞咽时卡到的其他动物的骨头,于是就伸手进去帮那只畜生拿出了让其难受的横骨。结果第二天一早,那只猛兽就来报恩一般地将一头扑杀的鹿叼来,放在郭文举的陋室前。时常有猎户前来寄宿,而郭文夜里为他们挑水而无半点倦色。

余杭县令顾飏与著名道士葛洪一同造访郭文,并携其共归城里。告辞时,顾飏考虑到郭文在山中行路,或者需要皮衣御寒,于是赠送他去毛加工鞣制的熟皮裤褶一具。郭文不肯接受,辞别两人后,再返归山中。顾飏追派使者将礼物置放其陋室中而去,郭文对此也没有再说什么。后来这套熟皮袭衣直到烂掉在该室内,郭文都始终没有穿过。

东晋初年的权臣王导闻其大名,于是派遣他人专门将郭文迎至东晋的京城金陵(今江苏南京),郭文不愿意搭乘船车,仍然是挑着行囊,徒步行走。等到了金陵,王导将其安排住宿于西园,园中果木成林,又有鸟兽麋鹿相伴,果然是个好去处。一时间,满朝士大夫都共同相约前往,想一睹这位当世奇人的真貌,而郭文却是一副颓然样子,旁若无人,根本没有留神来观看他的朝士们。大臣温峤曾经向郭文问道:"世人都有六亲相娱,唯独先生弃之,有何乐趣啊?"

郭文从容答道:"本来是为了学道,没想到遭逢世乱,欲归无路,所以来此地了。"

温峤又问:"肚子饿了要吃饭,年纪大了要娶妻,是人的自然本性,先生您唯独是无情之人吗?"

郭文答道:"情由忆生,不回忆就没有什么情。"

温峤再问:"先生独处穷山,若是疾病而致使丧命,则为乌鸦所食,这样看来,不是很残酷吗?"

郭文说:"人死后就是埋藏在地下,不同样为蝼蚁所食,有什么两样呢!"

温峤依然好奇地问道:"猛兽会害人,是人都会畏惧,而唯有先生不会畏惧吗?"

郭文答道:"人无害兽之心,则兽亦不害人。"

温峤最后又问:"如果世上不安宁,人身都得不到安全。如今将用先生以济时,好不好?"

郭文马上回答道:"像我这样一个山野之人,又怎么能够担任辅佐安邦立国之事呢?"

温峤碰了软钉子后,有些悻悻然,所以后来曾评论郭文举属于"有贤人之性,而无贤人之才",并说郭文比不上历史上的柳下惠那样的贤德之士。当时玄风大盛,士大夫清谈成为时髦,不少人在西园坐席间,频吐意深隽永之语,而郭文根本不参与其间。郭文的话语深意,也让人无法窥其究竟。王导曾经召集众位宾客共集西园,丝竹并奏,试着叫郭文来欣赏。而郭文瞪大眼睛,连眸子都不转动,只见他在华堂美宅中跨步,就像在林野中行走那样。永昌年间,流行疫病,郭文染病而且危殆,王导派人送药,郭文回答道:"命在天,不在药也。夭寿长短,时也。"

在王导的西园居住达七年后，郭文未尝出入园中半步，有天早晨，忽然向王导请求还返山中，王导不同意。之后，郭文寻机逃出西园，回返临安，结庐舍于临安的深山中。临安县令万宠将其迎置于县里的衙门中安顿下来。等到叛将苏峻造反时，叛军连余杭都攻破，唯独临安保全下来，大家都觉得此事颇为怪异，认为郭文是个不简单的人物，知晓天机。自此之后，郭文也不再说话，只是举手指以表达意思。到了病重时分，郭文请求回山中，意图枕石安尸，他不想让他人为自己办殡葬之事。可万宠不肯答应。郭文没有进食，虽粒米不入，却并不见其体瘦。万宠不安地向郭文询问："先生还能撑多少天啊？"只见郭文三次举起手来，后果然于十五天后仙逝。临安县令万宠将郭文埋葬于所居之处而祭哭这位奇人，社会名士葛洪、虞阐一起为其作传，以赞颂郭文的美德。

上述故事取自《晋书》隐逸列传中的《郭文传》。郭文其人，在玄风大炽的东晋初年，受到当朝士大夫的推崇，可以说是正逢时运地赶上了这个机遇。但可贵的是，郭文在王导、温峤等权势人物面前并未丧失其本真，外界的环境由山野树林变为华堂贵宅，他无动于衷；丝竹并奏五音于前，居然还瞪眸不转；权贵人物并集于园中，郭文依然旁若无人。在权贵面前，郭文保持了自己的气节。

至于郭文在面对温峤提问时，所作的"山草之人，安能佐世"之答复，是其贵有自知之明的表示，这种清楚地将自己与达官贵人区隔开来的朴实无华，反倒更能赢得那些附庸清净之雅的俗人尊敬。从这点意义上讲，温峤说郭文有贤人之性而无贤人之才的评断，显然也是未能完全认识郭文其人的片面之词。这一点,从后来著名的东晋高道抱朴子葛洪会专门为仙逝的郭文作传,以"赞颂其美"的行为上可获得佐证。惺惺相惜,唯有同道之人方能真正窥其堂奥。

附录　道教文化所含蕴的地域特色

中国文化源远流长，覆盖广大，但山川、河流等自然地理上的阻隔和千百年来各地民间传统风习的熏染，加上人文方面如史官文化和不同的学术流派的长期影响，使中国文化在其发展的历史长河中，往往会在文化大系统的各个方面程度不等地呈现出一种南北相殊的态势。这种中国文化南与北的历史分野，不仅是历史的产物，也深深地积淀在不同时代国人的意识中。人们素来习惯以南北地望冠诸各项领域内的名家巨擘的姓氏之前，好比清代康熙年间戏曲界有"南洪北孔"的响亮名号，前者是籍贯为浙江钱塘（即今杭州）的洪昇，后者乃祖籍为山东曲阜的孔尚任；而在20世纪五四运动前后中国早期共产主义运动的领军人物中，也有"南陈北李"的说法，他们分别指安徽怀宁人陈独秀和河北乐亭人李大钊。类似这种南北地域意识的反映，在历史上实在是不胜枚举。即便是进入网络时代的今天，我们依然可以发现人们那种地域意识的流露和宣泄，诸如对河南人的妖魔化、北方人对南方人说"鸟语"和带吴音南腔的普通话的鄙夷以及南方人对所谓"北方佬"的嘲讽等，都是显例。我们若将研究的视角聚焦在这个令人饶有兴趣的话题上，势必会促发更深入的探讨和引起社会的共鸣，同时也可由此对中国南北文化分殊耦合的历史轨迹加以较过去更系统和全面的勾勒。

倘若有人有意对自古以来中国南北文化的分野作一番梳理，其中包括对宗教文化在不同地域流布所产生的歧异和特征进行比较，同样会发觉许多有趣的文化现象，例如禅宗有所谓"南顿北渐"之分，主要反映在因慧能顿悟与神秀渐悟的文化颉颃而形成"南能北秀"不同的禅风，虽说六祖慧能在当初回答五祖弘忍问题时，也曾表示过人可分南北，而佛性无南北之分的看法，但禅宗分为南北两宗的事实，毕竟与它在不同地域赓续的宗派支脉紧密关联。即便后来南宗的发展播散至全国各地，以致神秀北宗基本湮没，可这一曾经在北方嵩洛地区盛行过的旨在强调拂尘看净、息想摄心的坐禅渐修，终究是佛教史上打上过地域文化标记的禅法。再举伊斯兰教为例，自传入中华大地后，穆斯林群落主要集中在西北地区，伊斯兰教和穆斯林民族在东南沿海地区的存在，沿袭了不同于西北的发展轨迹，表现于东南沿海地区的穆斯林在对教门的重视程度上与西北教胞有所区别，与传统儒家文化的契合程度当然也有差别。例如，以王岱舆、张中、刘智等为代表的汉译伊斯兰教经著的文化高潮，在明、清时偏偏形成于钟灵毓秀的六朝故都金陵，绝非偶然；而如由陕西穆斯林学者胡登洲所开创的经堂教育，即在伊斯兰教教内实行文化传承赓延的路径，会发轫于西北，同样有其文化上的重要缘由。上述这些现象正是受地域文化传习的不可避免的浸润和影响使然，才令宗教文化出现南北异地相殊的发展状况和特色。

道教作为在中国土生土长的民族宗教，从东汉后期形成以来，其发展在南北中国就有区别。张角兄弟领导的"太平道"兴起于北方，南方地区则流行张道陵创立的五斗米道。南北朝时期,北魏境内有寇谦之号称要去除"三张伪法",对传统的道教实行大刀阔斧的改革,时人谓之"新天师道"即北天师道；而陆修静、陶弘景等则在南朝疆域内对道教典籍、教义、仪轨进行整理、清肃和规范,他们走的路子却是"祖述三张,弘衍二葛"。在他们的努力推动下,被陈寅恪先生目为"海滨地区天师道"的南方道教(亦称南天师道)获得长足发展,新的道教教派如上清派(茅山宗)等在江南得到流传,南北道教也由此形成各自的路数和传统。宋、金南北对峙时期,河北地区再次衍生出新的道教教派,太一教、真大道教等,其中尤以王重阳和其门下"全真七子"所创立的全真道教各派发展势头最为旺盛。元代以后,在中国,又逐渐形成正一道在南方,全真道在北方的道教格局。有意思的是,全真道教并没有完全局囿于河北、山东之旧地,事实上,在正一道各派流布的南方,尤其是江南地区,也有全真道教的插足之地,在这块文化氤氲、人文荟萃、精英云集的土壤上,亦含蕴着全真道教的文化颗粒。对此,学界中鲜有人去从中发现那值得思索的文化义涵,对江南地区的全真道教所具有的文化底蕴,更少有人去展现其中所包含的和北方全真道所迥别的地域特色。

有幸承蒙昔日的同僚、现旅居于大洋彼岸的吴亚魁君惠赠其大作《江南全真道教》,笔者欣喜地发现,上述提及的学术缺憾,在这部由中华书局于2006年付梓刊行的重要著述中完全得到了弥补。亚魁在20世纪80年代中叶毕业于北大哲学系,后在上海社会科学院宗教研究所攻读硕士学位,为当时担任所长的陈耀庭先生门下高足。现已在退休后移民澳大利亚的陈先生出身道教世家,其人为上海著名高道、原道教协会会长,城隍庙住持陈莲笙的大公子,在道教文化研究方面成就卓著。陈先生在"文革"前就从北京大学中文系毕业,对有同校之缘的后生,自然青眼有加,格外栽培。毕业后留所工作的亚魁,随师从事道教研究,不久即在其领域崭露头角。进入21世纪后,经陈耀庭推荐,又转投香港中文大学宗教系,师从黎志添先生,攻读博士学位。《江南全真道教》就是其三年寒窗苦读之心血之作。我在尚未拜读是书之前,业已从圈内人士中听闻对此书的佳评好语,如在国内道教学研究方面堪称权威专家的刘仲宇教授,就曾对笔者由衷赞叹道:"亚魁这本书写得真是好!"至于笔者本人,在拿到此书后,一打开,先就被其章节标题所吸引,接着按照个人阅读习惯翻读后记,然后开始细细展读其中甚具文字张力且充满才情与创见的正文;在数小时的阅读中,还时不时地为其中的华彩段落击节称许。从对该书的研读中,我确实深深地感受到学术佳作那种本身内在的对读者的吸引力,也觉得"手不释卷"不仅是对一般畅销小说魔力的诠释;一部上好的学术佳作,若是充满智慧和洞见,加上如行云流水般的文笔和汪洋恣肆的发散性思维启迪,何尝不会具有让人一气读完为快的魅力?对于平日在学界内打拼,在典籍中爬梳,在文字里咬嚼的学者而言,学术性强、文字功夫深湛的佳作,其价值要远在那些让世人着迷的新派武侠小说或言情小说之上,这也是不言而喻的。客观来讲,《江南全真道教》就属于这样的好书。以笔者尚属浅陋的识见观之,从学术角度来说,该书在以下几个方面颇有建树:

一是关于江南全真道教流布区域的界定。偌大一个江南,自古以来不乏文人骚客的礼赞,以南朝萧梁时丘迟《与陈伯之书》中所描写的"暮春三月,江南草长,杂花生树,群莺乱飞"最为传神。然而到底"江南"二字所涵盖的准确地域概念为何处,历来说法不一,它泛指长江以南地区,在各时代有不同的含义。春秋至秦汉,江南甚至包括了湖北境内长江以南部分和湘、赣一带;唐、宋时,江南道或江南路还包括湖南、江西、福建、江苏、浙江等地区;清朝时期,顺治年间专门设有江南省,康熙时才分为江苏、安徽两省,习惯上仍合称为江南。除了朝廷的行政区划外,江南在民间的意识中多专指苏南和浙江一带,而在古代,这里其实又叫"江东"。为了对全真道教在江南的流布进行清晰的阐述,吴亚魁主要将此地域概念集中在所谓的"六府一州"之地,即苏州府、松江府、常州府、杭州府、嘉兴府、湖州府和太仓州。这里其实就是中国封建王朝的粮仓米窖,特别是唐代以降,中国社会经济重心南移之后,"苏湖熟,天下足"的民谚表明了是地富庶和经济发达的状况,原本兴起于中国北方的全真道教就在这样的地区流布开来,其文化上的意义体现在许多方面,当然也有政治上的原因。全真道教在丘处机(全真道教最大教派"龙门派"的创始者)掌教期间,曾应元太祖召请,在1219年带领十八名弟子西行,于1222年在西域雪山昆都斯(今阿富汗境内)与成吉思汗会晤,对长生术极感兴趣的后者尊长春真人为"丘神仙"。政教关系一时非常密切,而挟此强大蒙元统治集团之嘉惠恩遇,全真道教趁机成为当时国内势力强大的宗教实体,而如亚魁在《江南全真道教》中所指出的:"全真道教的南传,大致与蒙元平定江南的铁蹄同一步调。"(《江南全真道教》第65页)1279年灭国的南宋都城临安即杭州城内先后出现的全真道教宫观,就有玉阳庵、重阳庵等。时人对南宋偏安朝廷那种不思进取和醉生梦死的颓废奢靡曾有过辛辣讽刺,所谓"暖风熏得游人醉,只把杭州作汴州"!杭州由于麇居着大量自北方南迁的人士,而在口音上与毗邻的宁、绍平原的宁波话、绍兴话都有着显著的差别,是故留下"杭州官话"之南地北音的语言现象。全真道教宫观在南宋政治中心杭州地区的出现,是北方地区的宗教插足在南方重地的文化标志,不啻当时南北文化交汇融合的又一生动例子。而书中引用清人所撰《长春道教源流》(卷七),提到"宋平后,浙人多学全真者矣",也足见当时社会风气之一斑。

二是强调江南道教原有格局对南传全真道教所产生的影响。 值得一提的是,全真道教的南传,对其时江南原来道教的固有格局,固然带来一定的冲击,因为传统的道教分布状态必定遭逢这种文化生态上的刷新而呈现不同于过去的面貌。江南六府一州原本是南方各符箓道派的洞天福地,该地区的西北背靠上清派的腹地江苏茅山,东南紧邻金丹派南宗的祖庭浙江天台山,西南稍远则是三山符箓、赣有其二的龙虎山、合皂山,神霄派的源头为江西临川以及净明道的发祥地江西南昌西山等。正如亚魁在书中所称的那样:"江南六府一州的道教发展,不能不受到上述区域的道教文化形态的持续影响。"(《江南全真道教》第52页)及至全真道教南传并扎根下来后,"置身于符箓道教繁盛之地的江南腹地和三教融合、道派趋同的时代洪流之中,势不能不与南方本位道教正一派互相影响,交参融合,乃至改换门庭,转皈正一,仍想独善其身、全其本真显然是不可能的。"(《江南全真道教》第91页)故此,在江南原有的传统格局中生存发展的全真道教,会有别于全真北宗,如明代的全真道士大都兼嗣正一之法,如倪玄素、彭素云、沈野云、刘渊然之徒郭宗衡等。在笔者看来,这正是文化交汇过程中所出现的"橘逾淮而为枳"之效果。

三是对江南全真道教在明代处于"沉寂"的定论提出挑战。 国内学界对道教在明代的状况，主流意见多认定明朝对道教而言是流年不利的朝代，道教日趋式微，呈现"无可奈何花落去"的衰败景象，在时间节点上则以明世宗嘉靖（1522—1566）时期为其盛衰的分水岭。而全真道教在明代的"沉寂"的定论，却在《江南全真道教》中受到质疑，作者轻车熟路地运用史籍与新发掘的材料，加上国外学者的研究成果，认为与元代全真道教之显盛和清代以王常月为代表的龙门派的兴盛相比较，明代的全真道教确实要逊色一些，但作者并不认为全真道教在有明一代全面沦落到"沉寂"的凄凉局面，特别是在江南一带，情况可能还有出入。该书引清人陈铭珪在其著《长春道教源流》中提出的"当明之世，全真之显著者，多出南方"之论（《江南全真道教》第185页），并广引多种史料，介绍了彭素云、尹篷头等北方来的全真道士在南方活动的事迹，更让人感到作者对学术界传统定论的并不全然苟同。吴亚魁认为江南全真道教在明代并非完全陷于"沉寂"，是有其学术依据的。事实上，江南全真道教在清代获得卓著的发展，是众所周知的事实。如作者所归纳的，有清以来二百多年，至咸丰兵燹为止，江南六府一州境内的全真道教宫观，现已考明者有三十一座，在数量上几近于元明两代是地全真道观的总和（《江南全真道教》第249页），而大多又出现在距离明朝不远的顺、康、雍、乾等清代前期诸帝时，这样的发展，正是凭依着全真道教在此前业已建立起来的人脉和信仰基础。只有到了咸丰初年发生的太平天国运动，太平军所到之处，对佛、道教庙宇宫观进行无情的摧毁，才真正从根子上打断道教等传统宗教的发展势头，令清朝前期王朝鼎盛时产生的全真尤其是龙门派"中兴"现象戛然而止。此后不绝如缕的江南全真道教一息尚存，只是在近代社会经济勃兴的湖州、松江（上海）等地,方又出现道教各派重振的景象。作者在学术上的发见,并不止限于此,另如对清代所谓的"龙门中兴",认为真正将全真龙门派发扬光大于江南者,首推龙门第九代律师周明阳,而并不是诸多学人所推崇的第七代律师王常月等(《江南全真道教》第347页)。一般来说,要做到在学术上不人云亦云,或拾人牙慧,而是每每在众人以为早已铁板钉钉的定论上提出独到的见解,不仅需要学术上的勇气,还要有识见,更要有学术上的积累和扎实的功底。这也是《江南全真道教》一书中所具有的可贵的学术亮点。

常言道:金无足赤,人无完人。《江南全真道教》作为一本介绍区域性文化发展历史全貌的学术专著,在所涉专题方面确实有很精到的论述,其学术价值自不待言。但笔者觉得作者若能在江南全真道教的地域特征和文化意义上所作的阐述再完美一些,例如,将其与北方旧地全真道教的同样特征作比较研究,或许能更加完整地凸显江南全真道教在地域经济发展形态和文化形态及人文心理因素等多重影响下所呈现的特征。笔者相信,若将这种文化上"橘逾淮而化为枳"的现象剖析得愈透彻,换言之,把这种含蕴在全真道教文化中的江南地域特色展现得越是清晰,我们对江南全真道教的理解也就愈加深入,即与历史真貌的距离也会愈加接近。

图书在版编目(CIP)数据

道悟人生：道家、道教智慧故事 / 葛壮编著 .— 上海：上海社会科学院出版社，2020
ISBN 978-7-5520-2692-4

Ⅰ.①道… Ⅱ.①葛… Ⅲ.①道家—道教—通俗读物 Ⅳ.①B95-49

中国版本图书馆CIP数据核字(2019)第024279号

道悟人生：道家、道教智慧故事

编　　著：葛　壮
特约编辑：张小忠
责任编辑：陈慧慧
封面设计：梁业礼
出版发行：上海社会科学院出版社
　　　　　上海顺昌路622号　邮编200025
　　　　　电话总机021-63315947　销售热线021-53063735
　　　　　http://www.sassp.cn　E-mail: sassp@sassp.cn
排　　版：南京展望文化发展有限公司
印　　刷：上海颛辉印刷厂有限公司
开　　本：890毫米×1240毫米　1/32
印　　张：11.125
字　　数：245千字
版　　次：2020年12月第1版　2020年12月第1次印刷

ISBN 978-7-5520-2692-4/B·288　　　　　定价：48.00元

版权所有　翻印必究